수령,
독재의
정석

수령, 독재의 정석

비교정치로
알아채는
수령제의
내구성

한병진

곰출판

북한적인 너무나 북한적인

먼저 분명히 밝힌다. 이 책은 수령 개인을 공부하는 책이 아니다. 수령이라는 연습문제를 푸는 책이다. 풀이가 재밌고 공부가 잘된다. 왜?

북한 정치가 우리의 지적 상상을 자극할 만큼 흥미롭기 때문이다. '이 무슨 얼토당토않은 말인가?'라며 의아해할지도 모르겠다. 북한의 황량한 거리 풍경만큼이나 유명 아나운서 리춘희의 틀에 박힌 낭독에서 어떤 흥미를 느낀다는 말인가? 시대의 유행에 한참 뒤처진 동작과 소품으로 가득 찬 대중 집회와 공연은 20세기 중반 한국의 사회상을 담아놓은 문화사 박물관을 연상시키지 않는가? 아마도 매시간 뉴스 속보를 쏟아내는 한국 등 역동적인 선진국의 일상이 더 주목할 거리를 주지 않을까?

그런데 CNN 속보처럼 매시간 머리기사를 지정하는 대신 보도의 단위 시간을 늘린다면 이야기는 달라진다. 100년을 단위로 놓고 볼 때 인류에게 가장 중요한 속보는 아마도 지구 온난화가 아닐까? 매일 들리는 속보 중 이런 긴 시간 단위 속에서도 살아남을 만큼 중차대한 사건은 거의 없다. 20년 전, 아니 10년 전 국무총리의 이름 중 기억나는 인물이 있는가? 50년, 10년 단위로 시간 다이얼을 설정하면 북한 관련 소식은 머리기사를 장식할 만하다.[1] 긴 호흡으로 바라보는 세상에서 북한 현상은 기이한 사건들의 묶음이다. 3대째 비만으로 힘들어 보이는 인물이 엄청난 절대 권력을 누리고, 절대다수는 극심한 가난 속에 굶주리고, 신체 조각들이 흩어져 뿌려지는 무시무시한 공개 처형이 일상인 나라가 북한이다. 그런가 하면 한쪽에서는 충성을 맹세하는 열광적인 군중 집회가 주기적으로 열리고, 거대한 수령의 동상이 곳곳에 세워지고 있다. 초현실주의가 따로 없다. 이 기괴한 조합이 그 오랜 시간 동안 전혀 변하지 않는다. 21세기 사회주의 국가, 가난한 핵보유국의 3대 세습 수령 독재. 이 얼마나 눈을 뗄 수 없는 머리기사인가!

명탐정 셜록 홈스가 짖지 않는 개를 단서로 말 도둑을 잡았듯이, 수령이 일으키지 않는 사건들 역시 주목(?)할 만하다. 국가 소유 계획경제의 파산과 시장경제의 우수성이 분명히 판명난 지금 시대에도 수령은 왜 아래로부터의 자발적 시장화를 묵인하는 것을 넘어 위로부터 공식적인 시장개혁을 결정하지 않는가? 웬만한 세계적 테러 조직도 따라올 수 없는 특수전 능력을 지닌 북한의 수령이 1987년 KAL기 폭파 사건 이후로 아직까지 왜 남한 민간인을 목표로 한 공개 테러를 시도하지 않는가?

상상해보자. 아무것도 모르는 외계인이 서울과 평양을 내려다본다. 그의 눈에는 아마도 북한이 아니라 남한이 문제투성이로 보일 것이다. 말없이 조용히 걸어가는 평양 시민의 모습을 내려다보면서 관광하기 참 지루한 나라라는 생각마저 들지도 모른다. 겉모습을 곧이곧대로 받아들이는 외계인의 눈이 아니라 이면을 흐릿하게나마 비추는 사회과학이라는 안경이 절실한 나라가 북한이다.

지금 시대에 이토록 오랜 시간 동안 이렇게 변하지 않는 나라를 떠올리기는 어렵다. 사용하는 단어와 문장조차 3대에 걸쳐 그대로다. 그래서 북한의 과거와 현재를 대조하는 건 큰 소용이 없다. 다른 나라와 비교해야 북한의 특징이 선명해진다.

북한을 내부자의 눈으로 보자는 내재적 접근의 주장을 듣고 있으면 이런 의문이 든다. 탈북민이 북한학을 가르치는 게 더 낫지 않을까? 물론 우리는 내부자에게 이것저것 물어보아야 한다. 하지만 사건에 대한 설명은 북한에 오래 살았다고 자연스럽게 떠오르지 않는다. 학문 세계의 뛰어난 생각들의 도움이 필요하다. 내부자의 파편적이고 국지적인 경험과 인식을 보편적인 개념들의 관계 속에서 재정립함으로써 내부자를 포함한 모두가 납득할 수 있는 설명을 할 수 있다.

무슨 비법이 있는지 모르겠으나 수령의 생각과 심리를 직접 독해해내겠다는 주장 역시 의심스럽다. 도대체 어떻게? 수령의 마음은 왜 그렇게 유별나고 특별날까? 치명적 권력을 가진 수령 역시 모순투성이 인간이니 차라리 심리학에 기대는 편이 도움이 되지 않을까? 아니면 말과 글을 분석하는 언어학에라도?

낯선 외부자인 내가 격동의 시대를 살았던 내부자에게 그의 경험을 분석해준 적이 있다. 학위 논문에서 소련의 몰락을 관심 있게 살펴본 나로서는 리투아니아의 인기 드라마에서 소련의 마지막 총서기장을 스파이로 묘사한다는 이야기가 참으로 유쾌하게 우스웠다. 리투아니아 시민들의 마음이 이해가 간다. 제대로 저항하지 못하고 소련의 영토에 편입되었다는 회한을 가진 그들에게 그토록 원했던 소련으로부터의 해방이 그렇게 쉽게 오다니. 이 뜻밖의 커다란 선물에는 분명 거대한 음모가 있을 것이라는 의심을 떨치기 어렵다. 구소련의 에스토니아, 라트비아, 리투아니아공화국 시민들이 서로 손잡고 인간 띠

잇기를 할 때 소련 병사들이 자신들을 향해 곧 기관총을 쏜다는 두려운 확신으로 서 있었다는 대령의 소회가 많은 생각을 하게 한다. 대령이 대접하는 맥줏값을 한다는 심정으로 내가 전하는 미하일 고르바초프Mikhail Gorbachev의 오만과 실수를 그들은 질문을 섞어가며 귀를 세워 듣고 있다. 조금 전까지 그들의 복잡한 중세사를 이해하지 못한다는 동양의 이방인에게서 자신들의 중대한 역사적 순간을 새롭게 배우고 있다.

전작《나는 네가 어제 한 행동을 알고 있다》(2018)에서 나는 일상생활을 연습문제 삼아 행동과학의 주요한 발견을 다루었다. 이 책에서는 북한 정치가 연습문제이다. 가볍지 않은 주제지만 가볍게 다루고 싶다. 공부는 그렇게 하고 토론도 그렇게 하는 것이다. 북한과 남북관계를 토론할 때 흔히 나오는 과장되고 당위적이고 당파적인 주장은 좀 뒤로 밀어두자. 북한을 가지고 정치가 아닌 정치학을 공부하자. 공자는 "쉽게 믿고 공부하지 않으면 이는 남을 해하는 폐단을 낳는다(好信不好學 其蔽也 賊)"고 걱정하면서 학이시습지學而時習之는 참 좋다고 하지 않았던가?

그런데 북한 연구는 최근까지 누가 얼마나 더 내밀한 정보에 접근하는지를 다투는 장이었다. 소련, 중국 등 정보 접근이 어려운 나라를 연구하는 경우 흔히 나타나는 편향이기도 하다. 금단의 땅에 얼마나 자주 갔고, 내부자와 얼마나 친밀한가 등으로 연구자를 평가한다. 북한은 너무나 독특한 나라라 기존 학문적 성과가 큰 도움이 안 된다고 미리부터 속단하기도 한다. 그저 열심히 바라보고 있으면 우리에게로 설명이 다가온다고 믿는 듯하다. 밀교 집단의 암호 찾기를 닮았다.

반대로 북한 연구와 거리를 둔 이들은 자료가 턱없이 부족한데 무슨 연구냐며 깎아내리는 태도를 보인다. 북한은 진지한 학자가 다룰 수 없는 대상인 양 말이다. 그렇지만 북한적인 정치 현상이야말로 창의적 사고를 자극한다. 북한 현상이 극단적이다. 국가의 강성, 억압 정도, 주민의 고통 지수, 수령 권력의 정도 등등 다른 나라에서 찾아보기 어려운 조합이다. 왜라는 질문을 제쳐두기에는 너무나 자극적이지 않은가?

기이한 북한 현상에 답하기 위해서는 수령제와 전혀 상관없어 보이는 대상으로 우리의 시야를 넓혀야 한다. 안 좋은 소리를 들을 각오로 맷집을 가지고 괴짜처럼 탐구해야 한다. 기만과 의심으로 무너지는 중고차 시장에 관한 연구는 단일 위계 조직인 공산당의 지배가 가지는 내재적 약점에 대해 많은 것을 이야기해줄 수 있다. 다수와 연결되고 싶은 다수 이용자의 선택과 쏠림으로 독점을 누리는 카카오톡에서 우리는 절대 권력 탄생의 비밀을 엿볼 수 있다. 아프리카의 실패한 국가는 가난한 북한이 버티는 힘의 원천이 무엇인지 알려준다. 북한이 매일 매일 반복해서 떠드는 주체사상만 보아서는 나올 수 없는 이야기들이다. 주체사상의 위력을 깊이 음미하기 위해서도 우리는 여론과 집단행동의 관계에 대한 정치학, 언론학, 광고학, 심지어 언어학 관련 문헌들을 찬찬히 살펴보아야 한다.

대구 지하철 참사의 비극이 북한의 대규모 군중 집회와 일맥상통한다면 어떨까? 사회심리학이 주는 통찰이다. 교수 연구실을 사용하면서 공산당 엘리트의 국유재산에 대한 권리가 무엇인지 느낀다면 이상할까? 재산권에 대한 제도주의 경제학이 이 둘 사이를 연결한다. 무거운 짐을 실은 낙타가 등에 떨어진 깃털 하나에 풀썩 주저앉았다는 이솝의 우화는 북한의 미래에 어떤 암시를 줄까? 타인의 선택에 영향받은 나의 선택이 다시 다른 사람의 선택에 영향을 주는 선택의 상호의존성 모델이 낙타처럼 끙끙 버티고 있는 북한의 표면적 안정성과 급변 사태 가능성에 대해 많은 걸 알려준다. 김일성의 용인술, 김정은의 선당先黨 정치가 단지 북한 전문가의 예리한 관찰로만 끝나지 않도록 추상적인 죄수의 딜레마 게임, 조정 게임 등이 도와준다. 김일성, 김정일, 김정은 수령은 그냥 피에 굶주린 흡혈귀인가? 미시경제학의 체증 곡선과 체감 곡선을 이용하여 권력을 향한 공격과 수비를 대비하면 숙청이 정치적으로 얼마나 안전한지 드러난다.

이렇듯 북한 정치를 공부한다는 것은 밑도 끝도 없는 반복적인 과장으로 가득한 주체사상 총서와 김일성 노작(저작 선집)

을 밑줄 치고 읽는 게 아니다. 별로 상관없어 보이는 천재들의 고급스러운 생각들이 숨 막히는 북한 정치를 살아 숨 쉬게 한다. 주인과 산책하는 개에게 산책길은 갖가지 냄새로 가득 찬 탐험의 무대이고, 아이들의 눈에는 길가를 굴러다니는 돌멩이가 놀이 도구이다. 요리사 친구와 찾은 마트는 온갖 진기한 요리의 식자재 창고로 변해버린다. 이런저런 뛰어난 생각들은 개, 아이, 요리사 같다. 아는 만큼 보이는 게 단지 문화유산만이 아니다. 북한 현상은 아는 만큼 신기하고 흥미로운 사건이 된다.

이런 분석의 탐험 속에서 통념은 계속 도전받을 것이다. 주민의 탈북은 북한 정권을 위협하는가? 북한 정권은 스스로 위기라고 판단할까? 수령이 할 수 없는 것은 없을까? 수령과 노동당 간부는 일심동체일까? 과연 중국은 북한을 가지고 싶을까? 별다른 고민 없이 그렇다고 답할 만한 질문들이다. 과연 그런가?

이 모든 이야기의 핵심에는 수령제의 비교정치와 정치경제가 있다. 이는 북한을 수령과 엘리트로 분해해서 내부를 들여다본다는 의미이다. 당연한 말처럼 들리는가? 지금껏 많은 이들이 북한을 그렇게 다루지 않았다. 북한을 단일 행위자로 전제하고 이야기해왔다. 전문가들은 국가의 대외 노선을 설명할 때 국내 정치를 무시하고 국가를 당구공처럼 단단한 단일 행위자로 가정했다. 국제 정치학계의 오랜 비판과 자성이 무색할 정도였다. 그들이 다른 독재정치를 비롯한 북한의 국내 정치가 얼마나 갈등적인지 상상하지 못했기 때문이 아닐까? 핵무장, 위로부터의 시장개혁의 거부 등에 대해 어떤 반대의 목소리도 들리지 않는 것을 보면 언뜻 단일 행위자 모델이 그리 틀리지 않았다고 생각할지도 모르겠다. 이는 들리지 않는 목소리를 아예 없는 것으로 치부하는 잘못이다. 항암 치료 후 암이 있다는 증거를 찾지 못했다는 검사 결과만으로 암이 없다고 선언하는 의사의 실수처럼 말이다. 모유의 긍정적 효과를 아직 발견하지 못했는데 모유의 특별한 장점이 없다고 결론 내리고 분유만 먹인 과거의 잘못이기도 하다.[2]

마찬가지이다. 북한에서 크게 들리는 투덜거림이 없지, 불만이 없는 게 아니다. 방금 혁명화 조치를 마치고 복귀한 노동당 간부는 아무도 없는 대나무 숲에 가고 싶다. 거기서 그가 가장 하고 싶은 말이 무엇인지 상상해보자. 아마도 "수령! 인제 그만 멈춰." 수령제 대신 조선로동당이 직접 지배하면 엘리트는 기득권도 지키면서 수령의 공포에서도 벗어날 수 있다. 꿩도 먹고 알도 먹을 수 있는 길이 있는데 수령에게 진심으로 충성할까? 이 생각을 조금 더 밀고 나가면 핵심 정책에서 수령과 엘리트의 생각이 크게 다를 수 있다는 데까지 미친다. 결국 북한의 자주노선, 핵무장, 시장개혁의 부재 등에서 다른 모든 걸 희생해서라도 수령제를 지키고 싶은 수령의 정치적 욕망이 느껴진다.

　이런 식으로 수령과 수령제를 풀이하는 이 책은 다음과 같이 이루어져 있다. 1장에서는 독재의 원리, 권력투쟁, 공산주의 제도의 인센티브, 집단행동의 어려움, 국가 건설, 전체주의의 퇴행, 정치 변동, 시장개혁 등에 관한 이론들이 북한 정치를 어떻게 관통하는지 살펴본다. 정치, 국가, 경제의 순서이다. 공산주의와 수령제를 주제로 한 사회과학 콘서트인 셈이다. 2장에서는 북한 정치의 여러 수수께끼 풀이다. 논의의 큰 줄기는 수령은 인민 생활을 개선할 통치는 (고의로) 몰라도 어떤 어려움에도 권력을 지키는 지배 원리는 알고 있다는 것이다. 주체사상의 위력, 순차적 숙청, 가난한 국가의 흔들리지 않는 지배, 탈북의 미학, 수령의 고의적 무위無爲인 시장개혁과 테러의 부재 등을 포함한다. 3장에서는 김일성과 김정은의 지배 기술을 비교한다. 여기서 독재의 일반적인 원리를 관통하면서도 신생 수령과 세습 수령이 만들어내는 차이를 볼 수 있다. 4장에서는 밖으로 조금씩 흘러나오는 북한 내부 소식 한 조각을 접할 때 주목해야 할 지점을 다룬다. 북한이 감출 수 없고 감추지 않는 관찰 가능한 소식들을 통해 북한의 현재와 미래에 대한 힌트를 논한다. 또한 통일 문제와 관련하여 북한의 중국 식민지화, 통일 헌법 등을 검토하고 평가한다. 마지막으로 에필로그에서는 남한 주체사상파(이하 주사파)의 잘못을 되짚어보면서 지금 우리의 모습을 살핀다.

본격적인 논의에 앞서 한 가지 더 덧붙이자. 북한을 이해하려면 변동성에만 주목하는 우리의 인지적 본능을 버려야 한다. 우리는 맹수가 우글거리는 사바나에서 살아남기 위해 사소한 수풀의 흔들림에도 민감하게 반응하도록 진화해왔다. 늘 잘해주는 이보다 가끔 놀라운 즐거움을 선사하는 이에게 감동하는 우리의 어리석음이기도 하다. 북한을 관찰할 때도 우리는 잘 보이지 않는 변화를 찾아 헤맨다. 그래서 수령이 마음대로 내뱉는 말 한마디 한마디를 시시각각 쫓아다닌다. 이를 과도하게 해석하고 임박한 변화를 예견한다. 결국 매시간 변하는 주식 가격을 임시변통으로 설명하는 뉴스 해설처럼 내용이 뒤죽박죽이다. 가짜 변동성을 좇는 대신 북한의 변하지 않음에 먼저 주목해야 한다. 대내외적 어려움이 산더미지만 그런데도 흔들리지 않는 수령제의 내구성이 만만치 않은 연구 대상이다. 이 책은 이에 대한 정치학적 설명을 제시한다.

북한 정치에 대한 냉정한 분석의 끝은 하나의 사실을 가리킨다. 북한은 독재이다. 지독한 독재이다. 수령만 있고 인민은 없는 철저한 개인 독재이다. 이 사실을 제대로 세우는 것만으로 국가 폭력에 가슴 조리며 떨고 있는 북한의 양심에 큰 위로가 될 것이다. 우리가 그랬다. 외부자의 연대가 얼마나 큰 힘이

되는지 민주주의를 외친 자들은 안다.

머릿속을 인권방과 통일방 등으로 나누고 마음의 장난질에 독립적 판단을 내맡기는 순간, 과거 우리가 원망한 자들의 잘못을 북한 인민들에게 반복하게 된다. 그러면 안 되는 것이다. 독재를 독재라 부르고 수령의 체계적이고 무자비한 인권 탄압을 열심히 분석해야 한다. 민주주의의 소중함을 아는 자는 말이다.

물었다. "당신의 희생은 무시당하고, 잊힐 것이다." 존경과 감사의 마음을 숨기기 위한 나의 냉소였다. 흔들리지 않는 절망의 나라를 민주화시키겠다는 젊은 영웅은 대답했다. "잘 알고 있다." 다시 물었다. "왜?" 그는 대답했다. "I feel a clear sense of responsibility." 그는 대한민국 시민이 아니었다. 굴종하지 못하는 자신의 양심을 두려워하는 북한 인민의 양심에 위로를, 대중의 호의적 태도가 얼마나 쉽게 바뀌는지 아는 젊은 영웅의 행위에 박수를 보내는 심정으로 글을 시작하고자 한다.

3장 | 신생 수령 김일성과 세습 수령 김정은

4장 | 전망과 계획

1장

이상한 수령제,

이상하지 않은 설명

한 번 수령은
영원한 수령

한번 답해보라. 가장 북한적인 현상인 수령의 절대 권력에 대하여. 김일성을 비롯한 수령의 힘은 왜 그렇게 센가? 세니까 세다는 동어반복을 넘어 어떻게 설명할 것인가? 쉽지 않다. 나역시 이 질문을 받고 말문이 막혀버렸다.

북한 정치의 핵심인 수령제의 원리를 여는 가장 중요한 열쇠는 바로 조정coordination이다. 왜 신체적으로 그리 훌륭하지 않은 개인이 절대 권력을 누리는가? 왜 대내외적 위기에도 불구하고 수령 독재에 흔들림이 없는가? 왜 북한의 주체사상과 혁명적 수령관이 정권 유지에 위력적인가? 왜 북한은 비정치적 불평마저 틀어막는가? 왜 공개 석상에서 다리를 꼬거나 조는 게 죽을죄인가? 주민들이 굶어 죽어가는 고난의 행군 시절에도 왜 주석궁인 금수산 태양궁전을 개축하는가? 열심히 일해도 삼시 세끼가 어려운 마당에 왜 엄청난 인원이 모여 고도로 훈련된 집체 공연을 하는가? 우스꽝스러운 개인 우상화는 왜 계속하는가? 너무나 북한적인 이 모든 정치 현상의 바탕에는 조정의 원리가 있다.

카카오톡은 조정의 원리를 잘 보여준다. 당신은 카카오톡을 왜 사용하는가? 약간은 당황스러운 질문이다. 왜냐하면 답이 너무 당연해 보이기 때문이다. 모두 사용하니까 사용하는데 말이다. 모두의 선택이 모이면서 카카오톡의 독점이 되었다. 그리고 독점은 상당히 안정적이고 지속적이다. 다른 웹 메신저 서비스가 카카오톡을 대체하기 위해서는 많은 이용자가 때를 맞추어 함께 이동해야 한다. 당신이 이 과제를 해결할 묘책이 있다면 엄청난 연봉을 제안받고 경쟁사에 바로 스카우트되지 않을까?

카카오톡처럼 다수의 선택에 자신의 선택을 맞출 이해가 강할 경우 개개인은 각자가 관찰하거나 예상하는 다수의 선택을 따른다. 이것이 조정이다. 다수를 따르고 싶은 이해가 가장 강력한 세상이 바로 독재의 권력투쟁이다. 북한의 수령제처럼 권력의 집중도가 높을수록, 패자에 대한 처벌이 끔찍할수록 모두는 제대로 줄을 서고 싶다. 총살형과 연좌제가 난무하는 국가 폭력의 그림자 아래에서, 절대다수 엘리트와 주민은 다수의 선택에 반하는 자신의 어긋난 선호―다른 대안이 외부에서 주어지지 않으면 스스로 다른 생각하기도 쉽지 않지만―에 따라 독립적으로 행동할 엄두를 낼 수 없다. 수령의 세상에서 독립성은 멋짐이 아니라 어리석음이다. 김일성, 김정일, 김정은에 대한 자신의 호불호는 중요하지 않다. 살고 싶으면 생각을 멈추어야 한다. 정말이지 자신의 영혼은 땅속 깊이 묻어두고 다시는 파내지 말아야 한다. 그래야 실수를 안 한다. 흐트러짐 없는 조정만이 살길이다.

누가 승리자가 되느냐만큼이나 승리자가 얼마나 큰 권력을 누리느냐 역시 조정의 문제이다. 간단한 숫자 일치하기 놀이로 살펴보자. 각자가 종이에 1에서 10까지 숫자 중 하나를 적는다. 만약 적어낸 번호가 모두 같으면 상금을 받고 그렇지 않으면 빈손이다. 그리고 일치한 숫자에 따라 상금이 달라진다. 그래도 빈손보다는 낫다.[1] 이 게임은 정치 질서의 다양성이 사회 구성원의 조정에서 비롯된다는 사실을 일깨워준다. 각 숫자를 지배자가 누리는 권력의 크기라고 상상해볼 수 있다. 수령제는 모두가 숫자 10을 적어낸 경우이다. 모두 1이면 서유럽의 성숙한 민주주의, 중간 숫자이면 민주주의와 독재 사이의 어중간한 정권이다.

일단 특정 숫자로 다수가 조정하고 나면 여기서 벗어나기가 만만치 않다. 숫자가 클수록, 즉 독재적일수록 더욱 그렇다. 다수의 일치된 수는 누구도 혼자서 다른 숫자를 선택하고 싶지 않은 안정적인 조정 균형이다. 이는 수령이 자리와 권력을 지키기가 어렵지 않다는 의미이다. 눈앞에서 총칼로 위협하지 않아도 모두의 복종을 관찰하거나 이를 기대하고 있는 모두는 수령에게 절대 충성을 맹세한다. 속으로 구시렁거리는 것은 상관없다.[2]

그리고 모두의 선택이 일치하는 과정에서 모두의 머릿속에 공동의 기대가 생긴다. 하나로 모인 기대는 다시 그 선택을 공고히 한다. 이 기대를 공동 지식으로 명명한다. 모두가 그렇게 생각한다고 모두가 믿는 생각으로, 여론에 대한 여론으로 보아도 무방하다. 공동 지식이 만들어지는 순간 누구에게 얼마만큼 복종할지가 결정 난다. 이렇듯 권력투쟁의 승패와 권력의 크기는 상호적이고 간주관적inter-subjective 인식에 크게 달려 있다.[3] 쉽게 말해 무형의 여론이 핵무기를 마음대로 쏠 수 있는 절대 권력의 원천이다.

수령과 그의 수하들은 공동 지식과 여론 등 주관적 요인이 독재의 근본임을 아주 분명히 자각하고 있는 듯하다. 그들은 줄기차다. 수령제에 이른 절대다수의 조정 균형(10, …, 10)에 한 치의 흔들림도 없도록 개인 우상화를 매일 매 순간 "참된 삶"의 본질로 만들어버린다. 주체사상은 개인 우상화를 의전과 의례가 아닌 이념의 수준으로 격상시켜버린다. 주체의 세계관에서는 수령에 대한 절대 충성 자체가 유토피아이다. 수령에 대한 무한한 헌신, 희생, 충성이 바로 주체사상이 규정하는 인간 본성의 핵심인 자주성을 완성하는 길이다.

그래서 인민 해방을 밥 먹듯 떠드는 주체주의자들은 인민에게 침묵할 자유를 조금도 주지 않는다. 수령 만세를 쉴 새 없이 외쳐야 산다. 수령의 절대성, 무오류성, 무한 사랑을 모두 한목소리로 끊임없이 떠든다. 이런 광적인 소리 지름은 절대 권력을 뒷받치는 힘인 모두가 절대복종하고 있다고 모두가 믿는 공동 지식을 끊임없이 재생산한다. 빈틈이 없다. 공동 지식을 지키는 또 다른 노력으로 주민들이 굶어 죽어도 모두가 보고 있다고 모두가 믿는 궁전을 개축하고 동상을 세운다.[4] 이 지겨운 놀음을 지겨워하지 않고 무한 반복하는 것이 튼튼한 수령제의 핵심 비밀이다.

요약하면 총이 아니라 총을 멘 자의 마음이 권력의 원천인데, 주체주의자들은 이에 아주 걸맞게 행동하고 있다. 주변 강대국의 간섭과 위협 등 우호적인 물적 조건에 기댈 수 없는 북한의 곤란한 처지 때문인지 모르겠으나 그들은 본능적으로 지배를 안다. 몇십 년 동안 조금의 변화도 없다. 지금 나오는 북한 문건의 날짜만 바꾸면 과거의 것과 구별하기 어렵다. 그래서 매일 북한을 뚫어지게 보기는 참으로 지겹다. 반복하는 자들의 참을성이 두려울 정도이다. 다른 공산주의 이념은 이런 지겨움을 스스로 이기지 못하고 새로운 것을 시도하다 실패했다. 지겨움은 수령의 힘이다.

그럼 수령 독재로 모두의 조정이 이루어지는 과정의 핵심 특징을 살펴보자. 권력이 자라는 과정은 지수함수와 비슷하다. 코로나의 확산처럼 말이다. 바로 직전 얼마나 많은 사람이 감염되었는지가 오늘 감염자 수에 비례적으로 영향을 준다. 이는 수학에서 지수함수만이 가지는 핵심 특징이다.[5] 오늘 처음 감염자가 나오고 내일 2명을 감염시킨다고 가정하자. 그리고 그들이 다시 2명씩 감염시키는 식이다. 이를 함수로 표현하면 2^x이다. 이제 이 함수의 순간 변화율을 구해보자. $\frac{dy}{dx} = \ln 2 \cdot 2^x$ 이다. 이 도함수에는 원래 함수 2^x이 그대로 살아 있다. 순간 변화율이 직전 감염자 수에 비례한다는 의미이다. 마찬가지로 권력이 자라는 모습도 기하급수적이다. 지지자 수가 늘어날수록 지지자의 순간 변화율은 점점 더 커진다. 단 상승 곡선의 초반은 접선의 기울기가 아주 평평하다. 지지자의 수가 아주 느리게 증가한다. 초반에는 아직 대세가 불분명하다는 권력투쟁의 특징을 반영하는 것이다.

불확실한 초반전을 이기고 나면 승리자의 길은 경로 의존적이다. 우연히 첫 번째 대결에서 이기면 다음 대결에서 이길 확률이 올라간다. 그리고 몇 번의 대결에서 연속해서 승리하고 나면 수령 독재로 가는 길은 오솔길에서 점점 더 탄탄대로로 변한다. 더는 돌이킬 수 없다.

수령제로 길이 점점 넓어지는 경로 의존은 동전 던지기의 반대이다. 동전 던지기의 특징을 잠시 살펴보자. 한 번 시행에 46회의 동전 던지기를 100회 시행하자. 각각의 시행에서 나온 앞면의 총수를 그래프에 하나씩 표시하면 정규분포가 나온다. 앞면이 아주 많이 나오거나 아주 적게 나온 경우는 극히 드물다. 앞면이 나온 총횟수는 평균값 23회를 중심으로 확률 이론에 따라 미리 계산된 표준편차와 거의 일치하는 종 모양으로 분포한다. 동전 던지기는 독립 시행이기 때문이다. 흥미롭게도 형제가 아주 다르지도 아주 같지도 않은 원리이기도 하다. 형제들이 각각 부모 염색체에서 같은 부분을 취하는 경우 (확률 값이 2분의 1)를 동전의 앞면으로 가정하면 이해하기 쉽다. 앞면은 적당히 나온다. 닮음의 정도는 정규분포를 보인다.[6]

동전 던지기와 반대로 권력투쟁에서는 각각의 사건이 독립적이지 않다. 종속적이다. 이번 판에서 이기면 다음 판에서 이길 확률이 올라간다. 그럼 더 많은 이들이 넘어온다. 이 덕분에 이길 확률은 더욱 올라간다. 상승의 되먹임이다. 권력이 권력을 불러온다. 마침내 폭발이다. 반대로 한번 기세가 크게 꺾이고 나면 시간은 그들의 적이다. 시간이 갈수록 소멸의 연쇄를 겪는다. 이길 가능성은 점점 더 낮아진다. 점점 더 많은 이들이 떠나고 남은 소수의 무리는 그래도 미련을 버리지 못하고 함께 덤벼들어 본다. 1956년 북한의 종파 사건의 역사가 증명하듯 자폭이다. 막판 뒤집기는 없다. 생물학적 수명을 다할 때까지 시간은 철저하게 수령의 편이다.[7]

권력투쟁이 만들어내는 경로 의존성은 역전이 어려운 만큼이나 불평등하다. 불평등의 경로 의존성은 우연이 필연이 되는 세상이다.[8] 경론 의존의 많은 예들은 슬프다. 연예인은 몇 번의 우연으로 인생이 결정된다. 수많은 지망생 중 소수만이 거듭된 성공을 경험한다. 절대다수는 소소한 성공과 실패를 불규칙적으로 반복하다 슈퍼스타의 그림자 저편으로 사라진다. 춤 잘 추고 노래 잘 부르고 얼굴 잘생기고 키 큰 이들은 많다. 이들의 예능감을 구분할 객관적 기준이 있을 리 만무하다. 그래도 누군가는 이런저런 일차원적인 설명을 내놓을지 모른다. 성공한 연예인 한 명을 사례로 삼아 그의 특징과 성공을 연결한다. 이런 허무맹랑한 주장은 재기발랄하고 매력 넘치는 실패자를 보지 못했기 때문이다. 그는 우리의 눈앞에서 사라졌을 뿐이다. 누가 스타가 될지는 누가 제때 피디와 감독의 눈에 들었는지에 따라 정해진다. 라라랜드의 여자 주인공처럼 말이다. 그녀의 일인극에 몇 안 되는 관객 중 한 명이 그녀의 인생을 송두리째 바꾼 것처럼 말이다.[9]

소수가 다수가 되고 우연이 필연이 되는 조정과 경로 의존의 등에 올라탄 수령은 절대 권력을 차지한다. 나머지는 주구가 되거나 소멸한다. 이제 조정, 공동 지식, 쏠림, 경로 의존이 만들어내는 강력한 현상 유지의 힘 때문에 북한 정치는 한 장의 사진 같다. 그 후로 행복하게 살았다는 디즈니 동화처럼 그렇게 끝나버린다. 그렇지만 물밑으로 발을 쉴 새 없이 움직이는 우아한 백조처럼 수령도 끊임이 없다. 다음을 무한 반복한다. 사상사업, 인간 개조, 혁명적 수령관. 개인 우상화.

수령과 엘리트는
생각하는 방식이 다르다

어떻게 다른가? (예비) 수령은 극대화자이고 권좌를 탐하지 않는 조선노동당 엘리트는 순진한 만족자이다.[10] 이것이 북한이 수령제의 늪으로 푹푹 빠져 들어가버린 까닭이다.

아직 수령의 매운맛을 제대로 보지 못한 엘리트는 수령은 위대한 능력자라고 속으로 반복반복한다. 그래야 수령의 뜬금없는 명령에 싫은 내색하는 생각 없는 실수를 하지 않는다. 그리고 수령은 자신의 위대성을 믿고 싶어 하는 그들에게 조작된 증거의 조각들을 여기저기 뿌려대고 있다. 일례로 위대한 수령은 합창부대에 가서 화음마저 지도한다. 그걸로 충분하다. 3층 서기실의 오스트리아 음대 출신 박사의 메모가 있었겠지

만, 서기실 간부는 더 이상의 깊은 생각을 멈춘다.[11]

여기에 한발 더 나아가 수령이 나를 좋아하고 아낀다고까지 생각한다. 그래야 발 뻗고 잘 수 있으니 말이다. 사실과 무관하게 마음이 편안한 것이 더 중요하니 어쩌면 머리를 땅속에 박고 임박한 위험을 애써 무시하는 타조와도 닮았다.

이런 애처로운 믿음을 유지하는 게 아직까지 어렵지 않다. 지금까지 수령의 은덕으로 높은 자리까지 올라온 그다. 그런 그에게 방금 수령이 사려 깊은 눈빛을 보내고 호탕하게 웃어준다. 오늘도 흥겨운 휘파람 노래에 맞추어 당당하게 3층 서기실로 출근한다. 육중한 서기실 문을 열며 혼자 생각한다. '수령님은 나를 사랑하는 게 맞다.' 비서실의 부부장은 사랑과 덕의 수령님 가설을 쉽게 확증한다.

대부분이 흔히 하는 엉터리 계산 덕분에 수령의 가신들은 마음이 편하다. 어르신은 젊은이에게 인사성이 밝으면 성공한다고 타이른다. 그런데 그리 간단한 문제가 아니다. 어르신의 말씀이 어느 정도 타당한지 알려면 인사를 잘했는데 성공한 경우와 실패한 경우, 인사를 제대로 안 했는데 성공한 경우와 실패한 경우 등 네 가지 경우의 수를 모두 따져보아야 한다. 그런 수고 대신 어르신은 가설에 부합하는 하나의 경우만 살핀다. 결국 가설은 쉽게 확증된다. 맞을 수도 있다. 하지만 여전히 가설이 틀릴 가능성을 배제하지 못한다.[12]

엘리트만큼이나 수령도 쉽게 가설을 확증한다. 다만 노동당 엘리트의 것과 다를 뿐이다. 더 올라갈 곳은 없고 지켜야 할 권력이 너무나 큰 불면의 수령은 의심의 가설을 세울 수밖에 없다. 그는 자기 앞을 성큼성큼 걸어가는 당 조직지도부 부장이 역심을 품지 않았나 의심한다. 연설 도중 그가 졸고 있다. 역심이다. 가설은 쉽게 확증된다.[13]

사랑의 가설을 세우는 엘리트는 만족자이고, 의심의 가설을 세우는 수령은 극대화자이다. 수령의 총애로 성공한 엘리트는 다른 이웃 주민들과 비교해서 상대적으로 높은 지위와 부에 대체로 만족한다. 그의 비교 대상은 수령이 아니다. 수령은 저 멀리 딴 나라 사람이다. 우리가 대통령을 보고 부러워하거나 배 아파하지 않는 이유이다. 동료 엘리트 혹은 동료 시민과 비교해서 그보다 나으면 그걸로 족하다.[14] 현진건의 《운수 좋은 날》의 인력거꾼처럼 말이다. 만족하고 돌아가려는데 연달아 손님을 태운다. 그는 오히려 비가 만들어준 운수에 불안한 마음을 떨치지 못한다.

만족하는 마음은 가진 것을 소중히 하는 인지상정이다. 사람은 자기 손에 쥐고 있는 걸 잃을 때 큰 고통을 느낀다. 동전을 던져 앞면이면 200만 원을 얻고, 뒷면이면 100만 원을 내놓는 내기를 당신은 할 것인가? 만약 이에 응한다면 당신은 소수파인 위험 감수형 인물이다. 보통은 100만 원을 잃는 고통이

200만 원을 얻는 기쁨보다 많이 크다.[15] 이런 마음의 버릇에 비추어볼 때 가진 것이 많은 북한 엘리트는 지금 이대로 쭉 가기를 원할 것이라 어림짐작할 수 있다. 강물에 비친 자기 입에 물린 고깃덩이를 보고 짖어대는 욕심쟁이 강아지 같은 엘리트는 별로 없을 듯하다.

그런 엘리트의 처지에서 수령의 자리에 도전하는 것은 고위험 고배당이다. 억만장자가 자신의 모든 걸 걸고 빌 게이츠와 승자독식의 도박을 벌이는 것처럼 어리석다. 억만에 더해지는 억만의 한계효용은 거의 없다. 도박 자체를 매우 좋아하는 특이한 이들을 제외하면 대부분 우리의 욕심은 한계효용이 갈수록 크게 떨어지는(체감) 식이기 때문이다. 아무리 좋은 음식도 질리는 것이 보통의 우리 마음이다. 사회의 일등석에 타고 있는 배부른 엘리트가 수령이 나를 사랑한다고 혹은 나를 죽어라 미워하지 않는다고 믿는데, 목숨을 잃을 수도 있는 위험을 감수할 까닭이 없다. 만족하고 멈춘다.

반대로 수령에게 만족하는 마음의 여유는 사치이다. "만족할 줄 아는 자가 부자(知足者富)"라는 노자의 말은 수령에게 통하지 않는다. 첫째, 무엇보다 그의 마음은 손실에 꽂혀 있다. 절대 권력이라는 현재의 기준점에서 올라갈 일은 없고 내려갈 위험만 있기 때문이다. 10만 원을 얻는 것보다 10만 원을 잃지 않기 위해 달릴 때 더 열심인 마음가짐과 유사하다. 잃을까 빼

앗길까 노심초사이다. 폭음, 폭식과 줄담배이다.[16] 둘째, 수령은 만족하고 싶어도 독재의 구조적 불신의 그림자가 너무나 짙다. '이 정도 권력이면 충분하겠지'라며 (잠재적) 경쟁자를 고위직에 그대로 두거나 잠깐 좌천 보내는 식으로는 불안하기 짝이 없다. 그가 패배를 인정하고 조용히 살겠다고 눈물로 호소해도 수령의 마음은 잠잠해지지 않는다. 그의 진심을 수령이 알아야 하고, 수령이 알고 있음을 그가 알고 있고, 이를 다시 수령이 아는 식으로 신뢰의 단단한 고리가 완성될 때 둘 다 피의 경쟁을 멈출 수 있다. 그런데 한 번의 방심이 회복할 수 없는 피해를 낳는 무정부적 자리싸움에서 이미 한번 일그러진 관계는 복원할 수 없다. 각자의 선의마저 무기력해지는 뿌리 깊은 불신의 구조이다. 이런 불신의 어두운 그림자 아래에서 수령은 유배 보낸 충성스러운 신하에게 사약을 내리는 왕의 마음처럼 불안하다. 그런 마음으로 살펴보니 돌아서 걸어가는 이인자의 걸음걸이가 왠지 건방져 보인다. 그를 죽여 권력을 극대화하는 것이 불안한 수령의 유일한 안전판이다.[17] 힘센 공신의 토사구팽은 피할 수 없다.

그래서 수령은 죽을 때까지 권력을 놓지 못한다. 그리 부러운 인생은 아니다. 조용한 은퇴란 없다. 늙어 병들어 죽어가는 아버지와 젊은 아들 사이의 부자세습만이 그나마 안전하다. 혈연과 세대의 나이 차가 주는 안심이다.[18] 이 때문에 김영주는 김일성의 아들 김정일에 처음부터 맞서지 말았어야 했다.

극대화자인 수령은 마침내 "위대한" 수령이 된다. 개인 우상화를 멈추지 않는다. 숙청을 그만두지 않는다. 고립과 가난에도 자주노선을 수정하지 않는다. 시장의 자유를 공식적으로 인정하지 않는다. 절대 권력에 도움이 되지 않는 어떠한 노선 변경도 없다. 절대 권력의 기준선에서 조그마한 후퇴도 없다. 그래서 북한은 먹통인 컴퓨터 정지 화면 같다. 수령제를 지키는 합당한 모습이다.

엘리트,
죄수의 딜레마에 빠지다

당신은 지금 자신의 미래를 어떻게 생각하는가? 아직 죽음을 상상하기에는 남아 있는 시간이 많다고 생각하는가? 그렇다. 그래서 오늘도 무거운 몸을 일으켜 책가방을 메고 학교로 학원으로 향한다. 당장 돈벌이에 나서기보다는 미래의 더 나은 수입을 위해 오늘 기술과 지식을 연마한다. 그런 당신에게 의사가 6개월 시한부를 선고했어도 발걸음이 학교로 향하고 있을까?

반대로 미래가 확실하면 우리는 엄청난 인내심을 발휘한다. 부모를 졸라대는 꼬맹이는 분명 꼬치 안에 들어 있는 소시지를 원한다. 하지만 덥석 한입 무는 대신 먼저 바깥을 깨끗하게 발라먹는다. 인내심이 느껴진다. 유명한 마시멜로 실험은 달콤한 보상을 얼마나 참을 수 있는지를 살피고, 오랜 추적 조사 끝에 인내심이 학업과 인생의 성공에 큰 영향을 미친다는 사실을 밝힌다. 그런데 발전하는 과학이 그러하듯 이 실험 연구를 반박하는 대안적 설명이 충격적이다. 아이들의 인내심이 아니라 이들이 바라보는 세계관이 참을성에 영향을 미쳤다고 주장한다. 안정적인 가정환경 덕에 미래를 불안해하지 않을수록 인내심을 발휘한다는 주장이다. 이에 따르면 인내심은 독립변수이기보다는 종속변수이다.[19]

관계의 시간이 얼마나 남아 있는가에 관한 판단에 따라 개인의 참을성이 변하는 모습은 교양과 전공 수업을 대비하면 쉽게 확인할 수 있다. 교양 수업에 들어온 타전공 학생은 담당 교수와의 만남이 이번 학기로 끝난다고 예상하기에 잘못된 행동으로 자기 이미지가 나빠진다 해도 개의치 않는다. 졸리면 쿨쿨 잔다. 반대로 전공 수업, 특히 배우고 익히는 학문의 특정성specificity이 높아 졸업생들의 진로가 한곳으로 몰리는 경우(주로 예체능 전공) 전공 교수와의 인연은 좋든 싫든 오래도록 간다고 오늘 예상한다. 이전 교양 수업에서 편하게 딴짓했던 그는 표정 관리하고 자세를 바로잡는다. 졸려도 대놓고 자는 대신 불편하게 고개를 꾸벅꾸벅할 뿐이다.

미래에 대한 믿음에 따라 오늘의 선택이 달라지는 또 다른 인물이 바로 만족할 줄 아는 북한의 엘리트이다. 여기서는 소시지나 마시멜로 정도가 아니다. 죽이고 살릴 수 있는 권력이다. 수령이 얼마의 권력을 가지고 엘리트가 얼마나 큰 나머지를 가질 것인가이다. 이것이 독재의 종류를 규정하는 핵심이다. 독재의 권력 나누기는 엘리트 사이가 어떠냐에 전적으로 달려있다. 크게 보아 동료와 협력해 수령에 맞서거나, 서로 반목하고 배신하거나이다. 두 가지 선택의 갈림길에 선 엘리트 개개인은 곰곰이 생각한다. 수령과 얼마나 오래갈 수 있을까? 이 질문에 대한 답에 따라 엘리트 사이는 죄수의 딜레마 게임이거나 조정 게임이다. 배신이 최선인 죄수의 딜레마 게임으로 결론 나면 대다수 엘리트는 자멸한다.[20]

수령 밑에서 얼마나 오래 잘 지낼까에 대한 판단이 어떻게 엘리트 사이를 죄수의 딜레마 혹은 조정으로 가르는지 살펴보자. 다음의 표는 분석의 편의상 두 명의 당 간부가 하는 정치 게임을 상정하고 있다. 주어진 선택은 도전 혹은 충성이다. 만약 처음부터 똘똘 뭉치면(도전, 도전) 수령과 권력을 나누어 가질 수 있다. 진정한 의미의 선당이다. 혼자 도전하면 그는 숙청된다. 혼자 충성하면 일단 수령의 은사로 큰 몫을 챙길 수 있다. 엘리트가 얻는 1회 보상의 크기는 혼자 충성한 수령 독재의 x, 노동당 지배의 y, 모두 충성한 수령 독재의 z 순으로 차이가 난다고 가정하면 큰 무리가 없다.

수령(제)과의 장래성에 대한 믿음에 따른 엘리트의 상호작용

엘리트B

	도전	충성
도전	$\dfrac{y}{1-p(노동당)}$, $\dfrac{y}{1-p(노동당)}$	0 , $\dfrac{x}{1-p(수령)}$
충성	$\dfrac{x}{1-p(수령)}$, 0	$\dfrac{x}{1-p(수령)}$, $\dfrac{x}{1-p(수령)}$

엘리트A

　수령과의 장래성에 대한 믿음 정도는 $p(수령)$로 표현할 수 있다. 믿음이 높을수록 1에 가깝고 반대로 낮을수록 0에 가깝다. 수령 대신 노동당이 지배하는 경우 다음에도 자리를 지킬 확률 $p(노동당)$는 상당히 높다. 권력을 나누어 가진 엘리트 개개인이 자신에게 불리한 결정을 거부할 권리를 가지기 때문이다. 종합해서 계산해보면 엘리트가 오늘 예상하는 미래의 보상을 포함한 총 기댓값은 각각 $\dfrac{x}{1-p(수령)}$과 $\dfrac{y}{1-p(노동당)}$이다.

　엘리트의 협력 가능성은 어느 값이 더 큰가에 달려 있다. 만약 $\dfrac{y}{1-p(노동당)}$보다 $\dfrac{x}{1-p(수령)}$이 더 크면 죄수의 딜레마 게임이다. 표를 보면서 음미해보자. 상대가 도전을 선택했다면, 도전보다 충성이 나에게 더 나은 보상을 준다. 상대의 충성을 가정해도 나에게는 여전히 도전보다 충성이 더 낫다. 결국 상대가 무엇을 선택하든 상관없다. 충성이 나의 똑똑한 선택이다. 이와 달

리 $\frac{y}{1-p(\text{노동당})}$ 가 $\frac{x}{1-p(\text{수령})}$ 보다 큰 경우 조정 게임이다. 서로 같은 선택을 하고 싶다. 도전에는 도전, 충성에는 충성이다. 각자가 생각하는 똑똑한 선택은 상대가 어떤 선택할 것인가에 대한 예상에 달려 있다.

$\frac{y}{1-p(\text{노동당})}$ 와 $\frac{x}{1-p(\text{수령})}$ 사이의 부등호의 방향은 $p(\text{수령})$에 크게 달려 있다. 핵심 변수이다. 수령의 말과 행동에 따라 그 값이 크게 변할 수 있다. 수령이 그의 등을 쓰다듬고 손을 꼭 잡아주면 $p(\text{수령})$가 천정부지로 올라간다. 수령의 은덕으로 오랫동안 출세할 수 있다고 믿은 개인의 머릿속에서 $\frac{x}{1-p(\text{수령})}$가 $\frac{y}{1-p(\text{노동당})}$ 보다 크다는 계산이 얼추 비슷하게 나온다.

그렇게 되면 주위 당 간부와의 협력 가능성은 사라진다. 앞서 분석했듯이 죄수의 딜레마 게임이 되기 때문이다. 특별히 죽음의 그림자가 어른거리는 속에서 게임은 한 판으로 끝나버린다. 다시 말해 속은 자는 함께하자는 약속을 어긴 자에게 복수하지도 못하고 게임에서 제거된다. 그래서 모두는 배신이다. 어찌할 도리가 없다.[21]

수령에 대한 순진한 믿음으로 인해 엘리트가 죄수의 딜레마 게임을 벌인다는 주장을 가장 잘 뒷받침하는 사례가 1950년대 초의 소련파이다. 김일성이 박헌영만큼 힘들어하는 소련파의 일인자 허가이를 숙청하는 데 다수의 소련파가 앞장섰다. 김일성은 "숙청의 돌격대장"으로 당 중앙위원회 선전부장 박창옥(소련파), 간부부장 박영빈(소련파), 연락부장 박금철(빨치산파), 부위원장 박정애(국내파)를 뽑았다. 그중에서도 선봉에 선 자가 소련파의 이인자 박창옥이었다. 시간이 지나고 숙청의 칼날을 피해 소련으로 돌아간 소련파의 한 간부는 "우리는 밤새도록 60도의 보드카를 들이키며… 골수에 맺힌 한을 털어놓았다. 아울러 쥐꼬리만 한 권력에 연연한 나머지 김일성 왕국의 하수인이 되어 동료들의 숙청에 앞장서다 끝내 우리 자신들도 숙청의 신세를 면치 못한 데 대한 때늦은 반성이기도 했다"고 일간지에서 회고했다. 수령과의 장래를 착각한 엘리트의 후회스러운 마음이 잘 드러난다.[22]

소련파의 회고처럼, 수령제를 달성한 수령은 모두를 다 데리고 갈 필요가 전혀 없다. 박헌영, 허가이 등 명망가들을 누르고 절대 권력을 잡기는 어려워도 지키기는 수월하다. 권력의 꼭대기에 올라와 돌아보니 마음에 들지 않는 인물들이 하나둘 눈에 들어온다. 숙청이다.

이제부터 엘리트는 토사구팽의 배신을 주기적으로 거듭 목격한다. 아직 살아남은 구 엘리트는 더 이상 미래를 확신하지 못한다. 이로써 p(수령)가 크게 낮아진다. 불안해진 구 엘리트의 상호작용은 더는 죄수의 딜레마 게임이 아니다. 조정 게임이다. 즉 다수의 도전을 다수가 믿는다면 함께 도전하는 것을 불안한 각자도생보다 선호한다.

하지만 이는 뒤늦은 깨달음이자 후회이다. 많이 늦었다. 소련파, 연안파가 충성 경쟁이라는 균형(충성, 충성)에서 같이 도전하는 균형(도전, 도전)으로 동시에 이동하기가 만만치 않다. 불만자들은 이제 죄수의 딜레마 대신 조정의 딜레마라는 어려움에 마주한다.[23]

이를 극복하고 서로 믿고 함께 움직이기 위해서는 밀도 있는 소통이 필요하다. 그런데 서로의 마음을 전달하는 소통은 원래 쉽지 않다. 루소의 노루사냥 게임 이야기를 조금만 들어보자. 동굴에서 나온 원시 사냥꾼은 두 가지 중 하나를 선택한다. 토끼를 아니면 노루를 잡으러 갈까? 뼈 반 고기 반인 토끼고기는 저녁 끼니로 족하나 풍성하지 않다. 노루는 고기의 맛과 양이 토끼와 비교할 수 없을 정도로 좋다. 문제는 노루는 함께 사냥해야만 잡을 수 있다. 만약 혼자 사냥터로 나서면 토끼도 못 잡고 저녁을 굶어야 할 판이다. 멀리 떨어진 이웃 동굴의 사냥꾼에게 소리를 친다. 중간에 맹수들의 울음소리로 이웃에게 의사가 제대로 전달되었는지 걱정이다. 사실 이웃은 그의 제안을 들었다. 손을 흔들어 이웃은 들었음을 표시했다. 그런데 먼지가 날려 시야가 흐릿하다. 이웃은 흔드는 손을 상대가 보았는지 의심스럽다. 갑자기 맹수가 들이닥치는 바람에 그들의 대화가 여기서 끝났다. 그들은 과연 노루 사냥터에서 만날 수 있을까? 비슷한 실험 결과는 만나지 못하는 쪽으로 나왔다.[24]

사자 소리와 먼지에도 이렇게 어려운데 수령의 수족 노릇을 하는 노동당 조직지도부가 누가 모여서 무슨 술 마시는지 빤히 보고 있으니 밀도 있는 소통은 어림없다. 위험을 무릅쓰겠다는 서로의 마음을 서로 알고 있음을 서로 확신할 수 없다. 조정의 실패이다. 그리고 조정에 실패한 엘리트는 노루는 고사하고 나중에 토끼마저 잃는다. 미리 똘똘 뭉치지 못한 소련파의 운명처럼 말이다.

설마가
엘리트를 잡는다

독재의 역사에 정통한 독자들은 토사구팽이 빈번한데 어떻게 저항이나 독살·암살의 음모가 거의 없었는지 의아해한다. 역사책이 주는 오해이다. 오늘 쓰는 역사는 당시의 혼란과 헷갈림을 제대로 재생하기 어렵다. 삼인칭 전지적 작가 시점에 따라 사후적 관찰을 하는 데서 오는 잘못된 역사 해석이다. 당시 대부분은 그럴 줄 몰랐다. 지금 우리만 그럴 줄 알았다.[25]

우리의 사후적 해석은 스포츠 하이라이트를 닮았다. 너무나 많은 것을 생략하고 있다. 접전의 한국시리즈 7차전의 10분짜리 짧은 영상은 볼 카운트가 하나하나 오르락내리락할 때 느끼는 걱정, 환희, 안타까움, 놀라움, 긴장 등을 모두 놓치고 있다. 그저 게임이 있었고, 누가 이겼다는 사실이 당연해 보인다. 그렇지 않다. 게임의 흐름이 바뀔 때마다 현장의 관객들은 낙담도 하고 환호도 하면서 정신없다. 그들마저 게임의 결과가 나오고 조금만 시간이 지나고 나면 그 순간의 불안과 불확실성을 잊어버린다. 당연히 스포츠 하이라이트는 이를 놓친다.

그래서 역사는 어렵다. 1904년 대표적 친일 단체인 일진회 설립 당시 수많은 회원이 동학 출신이라는 역사학의 발견을 알려주면 사뭇 놀란다. 당시 그들의 생각과 판단을 밝히는 대신 지금 시대의 선입견으로 재단해버렸기 때문이다.

과거의 현재를 크게 틀리지 않게 재생하기 위해서 우리는 우리의 인간적인 모습에 솔직해야 한다. 삼인칭 전지적 작가 시점이 안 되는 지금 이 순간에 우리가 어떻게 판단하고 있는지를 직시해야 한다. 사회적 사건은 복잡하고 모호하다. 변수와 변수 사이의 상호작용이 무수히 많아 복잡하고, 사건의 성격은 여러 가지로 해석될 수 있다. 이 때문에 사건의 소용돌이 속을 돌고 있는 행위자는 그 순간 종종 사후적으로 이해하기 힘든 틀린 판단을 한다. 우리의 어리석음과 순진함 때문이다. 선거 때마다 이야기되는 프레임의 강력한 영향력 하나만으로도 우리의 판단이 얼마나 섣부른지 느낄 수 있다. 더욱이 자신도 모르는 사이에 우리는 뻔히 눈앞에 놓인 사실보다 어리석은 소망에 훨씬 강하게 끌린다. 다시 말해 불순한 의도의 프레임이 보여주는 대로 보고 선입견에 따라 자기가 보고 싶은 대로 본다. 그런 우리의 자화상을 항상 염두에 두고 쉽게 만족하는 어리석고 순진한 엘리트를 살펴야 한다.

우리의 인지적 약점에 더해 독재에 만연한 정보의 희소성은 어리석음을 더욱 짙게 한다. 독립적이고 자유로운 언로가 꽉 막힌 독재에서 정보는 희박하다. 기껏 각자가 어렵게 구한 찢어진 몇 조각의 신문을 읽는 황당함이다. 얼마나 불완전하고 왜곡된 정보에 입각하고 있는지 미루어 짐작하지 못한다.[26] 조각조각 던져진 정보를 마구잡이로 이어 붙여 그럴싸한 이야기를 만들고 믿어버린다. 인과관계에 항상 굶주린 우리 뇌는 기승전결의 이야기로 족하기 때문이다.

설사 누군가 예비 수령의 포악한 본모습을 제대로 목격해도 판단의 어려움은 해소되지 않는다. 허가이 숙청을 준비하기 위한 김일성과 소련파 2인자 박창옥의 만남을 목격한 또 다른 소련파의 핵심 인사의 소회가 당시 분위기를 잘 전달한다. "허가이와의 인간적인 의리를 생각하면 귀띔"이라도 해주어야 하나 "수상실에서 얻은 기밀을 흘리다 들통이 나면 내 목숨은 하루아침에 온데간데없을 것"이라는 판단에 침묵하고 사태를 관망했다.[27] 이렇듯 아직 유일 영도 체계의 수령제가 뿌리내리기 전인데도 대놓고 떠들지도 못하고 귀띔밖에 할 수 없었고, 이마저도 매우 꺼려지는 상황이었다. 설사 소곤거리더라도 귓속말로 전달되는 목격담은 별다른 파괴력을 지니지 못한다. 전달과 전파가 매우 제한적이다.[28] 원자화까지는 아직 아니지만, 파편화된 연결망 때문에 자신과 사회적 거리가 있는 이들도 같은 정보를 들었는지 다수는 회의적이다. 이런 어려움 탓에 귓속말로 전달되는 예비 수령의 본모습은 선전선동부의 선전 속에 파묻힌다.

희망찬 기대에 반하는 차고 넘치는 증거에도 어리석고 순진한 판단은 바로 교정되지도 않는다. 믿음을 버리지 못하고 '설마 나는 아니야!' 하는 미련에 소중한 시간을 허비한다. 결국 제때 생각을 바꾸지 못한다. 버스정류장 전광판이 없던 시절 우리는 처음 몇 분 동안은 편안한 마음으로 기다린다. 배차 간격 안에는 오겠지 하면서 말이다. 그러다 기다림이 너무 길어지면서 슬슬 마음이 불안해진다. 편안한 기다림은 이제 안절부절로 변한다. 고개를 쭉 빼 저 멀리 응시한다. 그리고 몇 분이 더 지나면 지갑을 꺼내 택시비를 살핀다. 아마도 교통체증이 심해 버스가 늦어지겠구나 하는 걱정이다.[29] 걱정하는 마음이 너무 늦게 생긴다. 엘리트의 마음도 그렇게 늦다.

정치 현실의 복잡함과 모호함만이 그럴 줄 모르게 만드는 게 아니다. 수령은 고의로 속인다. 김정은의 할아버지 김일성이 몇 가지를 몸소 제시했다. 파벌을 안배하는 용인술, 공개적 이유를 명확히 하는 순차적 숙청, 사적 만남을 통해 안심시키는 위선 등이었다. 이러한 김일성의 위장술이 얼마나 성공적이었는지를 보여준 인물이 1953년 허가이 숙청 이후 소련파의 지도자로 떠오른 박창옥이었다. 그는 공개석상에서 김일성파 핵심들에게 맹비난당하고 김일성에게 직접 비판을 듣기도 했다. 그런데 사적으로 만난 김일성은 박창옥을 위로해주었다. 박창옥은 그런 김일성을 오랫동안 믿었다. 1956년 4월 당대회 전까지도 소련파의 지도자 박창옥은 자신에 대한 김일성의 오해를 풀 수 있다는 자신감을 소련 대사와의 대화에서 분명히 내비쳤다.[30] 너무 늦게 김일성에 대한 기대를 거둔 그는 그해 8월 종파 사건을 주동했다. 당연히 허무한 패배였다.

할아버지 김일성처럼 김정은도 위장술을 펼쳤다. 용인술 대신 선당 노선이었다. 어린 수령은 아버지 김정일 시대에 무너져버린 노동당의 최고 의결기구인 정치국을 정상화하고 국방위원회 대신 당 중앙군사위원회를 전면에 내세웠다. 당시 오랜 외부 관찰자들마저 이러한 변화를 공산당이 통치하는 사회주의 정상화라 판단했다.[31] 2013년 이름이 살짝 바뀐 북한의 십계명인 "당의 유일적 영도체계 확립의 10대 원칙"에서는 노동당을 앞세우는 내용 수정마저 이루어졌다. 그리고 김정은 제1비서는 아직 자신을 그렇게 내세우지는 않고 있었다.

이에 혹해 제대로 판단하지 못한 대표적 인물이 바로 김정은의 고모부 장성택이다. 김정은 시대 그의 행보는 김일성의 사위로 간택될 때부터 산전수전을 다 겪은 인물일까 싶을 정도로 순진했다. 수령의 호의는 변덕스럽다는 걸 여러 차례 경험한 그였지만 미리 조심하지 못했다. 조직지도부 핵심 인사의 잇따른 사고사 등 김정은 계승기에 찾아온 행운이 그를 오만하게 만들었는지도 모르겠다. 북한에서 수령제가 자리 잡은 이후 수령의 힘이 가장 약했다고 볼 수 있는 2012년 장성택은 군부, 국가안전보위부, 당 조직지도부 등 북한의 실세들과 새로운 질서를 위한 통 큰 단결 대신 사사건건 다툼을 벌였다.[32] 장성택의 오만은 2012년 대규모 방중 수행단을 이끈 실수에서 잘 드러난다. 북한 〈로동신문〉은 애써 무시했지만, 중국 〈인민일보〉의 보도에 따르면 중국에서 당시 주석인 후진타오로부터 국가 원수급 환대를 받았다.[33] 그의 어리석음이었다. 이듬해 종파, 파렴치범, 동상이몽, 불경죄로 몰려 무서운 죽음을 맞았다.

등치고 배 만지는 수령의 음흉함 속에서 정보는 왜곡되고 판단은 어렵다. 만족자인 엘리트는 수령의 다정한 몸짓과 웃음을 부여잡고 자신의 승승장구를 믿어버린다. 그리고 평소 건방지게 굴던 피투성이 동료를 보며 고소한 마음을 숨기지 못한다. 배신하고 기뻐하는 죄수의 딜레마에 빠져버린 것이다. 아뿔싸! 입술이 없으니 이가 시리다. 그의 시간도 얼마 남지 않았다. 이를 미리 꿰뚫어 보기가 참 어려울 뿐이다.

"친구야,
세뇌가 아니야"

북한은 가난한 인민, 무너진 경제와 튼튼한 수령제가 공존하는 나라이다. 뉴스 진행자는 북한의 임박한 위기를 이야기하다가도 북한 정권은 정당성을 누리고 있다고 편하게 이야기한다. 배고프고 춥고 무서워 떨고 있는 인민이 반인도주의적 정권의 정당성을 여전히 인정한다? 뭔가 좀 이상하지 않은가? 많은 한국 사람들은 세뇌가 정말 무섭고 북한 공산당이 대단하다 무심히 이야기한다. 뭔가 부족해 보이지만 그렇다고 딱히 틀린 것 같지도 않다.

그런데 북한 정권이 정당성을 누린다는 설명을 듣고 있으면 강한 자가 살아남는 게 아니라 살아남는 자가 강한 것이라는 상투적인 거리의 가르침이 떠오른다. 집합적 결과를 보고 구성원의 태도를 이에 꿰맞추는 식이다. 세상을 바라볼 때 우리가 흔히 하는 실수이기도 하다. 극히 사후적이고 임시방편적이다. 시위에 참여하는 모두는 정권에 대해 불타는 적개심을 가지고 있고, 거리에 시위가 없다면 모두가 정권을 지지한다고 생각하는 식이다. 정치적 안정을 정당성으로 설명하려 할 때 생기는 생각의 잘못이다.

법치가 작동하지 않는 나라의 정치 변동을 연구하는 비교정치학자인 나에게 가장 불편한 개념 중 하나가 정당성이다. 정당성이라는 개념은 정치적 사건을 설명할 때 오남용되는 대표적 개념이다. 정당성은 피지배자가 복종할 마땅한 근거를 찾는다는 관점에서 만들어진 혁신적인 개념이긴 하다. 지배가 단순히 힘과 폭력의 문제만이 아님을 일깨워준다. 막스 베버 Max Weber는 피지배자의 자발적 복종의 근거인 정당성의 세 가지 종류를 제시한다. 전통적 정당성, 카리스마적 정당성, 법적·합리적 정당성이다.

그런데 많은 국민이 지배가 부정의하다고 믿으면 정권은 어떻게 되는가? 정당성을 상실한 정권은 바로 흔들리거나 무너질까? 이렇게 질문하니 최소한 정당성이 정권의 안정에 필요조건(정당성이 없으면 정권의 안정은 없다)이 아니라는 사실이 분명해진다. 정당성의 유무는 겉으로 보이는 정권의 내구성과

거의 상관없다. 대부분의 시간 동안 정당성 없는 독재가 양극화된 민주주의보다 평온하다.

특별히 수령제는 더욱 그렇다. 소수의 충성파로 충분한 수령제이기에 수령은 정당성 회복을 위한 노력을 따로 하지 않는다. 그냥 과거의 방침을 북한식으로 답습하고 있는 북한은 손자孫子가 칭송하는, 전쟁에서 지지 않는 선수자善守者의 전형이다. 적이 나를 이길 수 없음은 자신에게 달려 있고, 이김은 적의 실수에 달려 있다는 손자의 가르침을 제대로 실천하고 있다.

땅속 깊이(구지지하九地之下) 안전하게 웅크린 완벽한 수비의 원천은 줄기찬 자주노선이다. 외부와의 연결성을 끊어버린 덕에 주체주의자들은 꽃신에 유혹당해 발바닥이 물러진 원숭이 신세를 피할 수 있었다. 외부의 누구에게 매달릴 일이 없다. 돈이 없을 뿐 지지 않을 형세이다. 가난하지만 취약하지 않다.

무엇보다 정권의 안위를 북한 엘리트와 인민의 호의적 판단에 맡기지 않는다. 사소한 반항도 죽음이다. 나만 아니라 가족 모두의 죽음이다. 이렇듯 가난한 북한은 대외적 자주와 대내적 국가 폭력으로 매우 정당하지 않지만 매우 튼튼하다. 삼대에 걸쳐 하던 대로 하고 있는 수령은 매우 편안하다.

반대로 절대다수는 편안하지 않은 정도가 아니다. 극심한 가난과 반인도주의적 국가 폭력에 많은 이들은 하루하루가 전쟁이다. 제대로 설문조사를 할 수 없지만, 오랫동안 여기저기서 일관되게 들려오는 소식을 종합할 때 심각한 북한 주민의 사정은 미루어 짐작할 수 있다. 이들 다수가 수령과 노동당의 지배가 정당하다고 생각하지 않는 듯하다. 비사(비사회주의) 단속 요원에게 몇 푼 뒷돈을 잡아주는 북한 주민과 겁 없이 불평하다 총살당하는 군 장성의 모습에서 세뇌의 흔적을 찾아보기는 어렵다.

세뇌도 아닌데 누구도 발 벗고 나서지 않는다. 민주 시민들은 갸우뚱한다. 언론·출판·집회·결사의 자유에 익숙한 민주 시민은 억압에 비례해서 그만큼의 저항이 있을 것이라 기대한다. 세상이 정의롭기에 비례의 정의가 작동한다고 믿는다.

착각이다. 세상은 익명의 공간인 대나무 숲이 아니다. 인생에서 개인의 노력과 성공이 자주 어긋나듯이 정치에서 인민의 고통과 저항도 별로 비례하지 않는다. 비인간적인 대우와 삶 속에서 집단 저항의 부재는 북한적이지도 특수적이지도 않다. 저항은 원래 드물고 세상은 좀처럼 변하지 않는다. 지독한 변화 없음은 독재 사회의 일반적 특징이다. 왜 그런지 우리의 자화상에서 하나씩 찾아보자.

우리의 자화상은 진보를 위한 진군에 어울리지 않는다. 무엇보다 우리의 똑똑함 때문이다. 비용과 편익을 계산할 때 정치적 저항은 많은 경우 수지가 맞지 않는다. 여러 가지 요인이 계산에 영향을 미친다. 첫째, 무엇보다 위험하다. 북한에서는 투옥 정도가 아니라 목숨이 왔다 갔다 한다. 둘째, 저항의 초기에는 집단행동의 성공 가능성이 좀처럼 상승하지 않는다. 목숨을 건 선도자의 희생이 아직 체제의 떨림조차 만들지 못한다.[34] 셋째, 저항이 성공하더라도 혜택이 저항의 참가자에게만 배타적으로 돌아가지 않는다. 더 정의로운 세상은 모두에게 축복이다. 누구도 소외시킬 수 없는(소외시켜서도 안 되지만) 공공재이다. 그래서 처음부터 공짜로 혜택을 즐기고 싶은 무임승차의 욕구가 강하다. 민주화 운동의 역사에서 알 수 있듯이 밥상 차리는 사람, 밥 먹는 사람 따로 있다.[35]

결국 똑똑한 우리는 수수방관한다. 한 번이라도 공익을 위한 투쟁을 이끌어본 시민은 다수의 무관심이 얼마나 단단한지 알 것이다. 당신이 큰 소리로 공익 수호를 외쳐도 대부분은 당신에게 눈길조차 주지 않고 가던 길을 재촉한다. 갑질하는 상사, 아이의 학업 문제, 불편한 구두 등으로 오늘도 출근길이 무거운 이들이 대의명분에 쉽게 동참할 것이라는 판단 착오는 유아적이다.

우리는 심지어 사회에 어떤 문제가 있는지 생각하기조차 반기지 않는다. 정치경제학은 많은 이들이 세상 돌아가는 사정에 눈감는 모습을 합리적 무지rational ignorance로 표현한다. 문제 해결을 위한 협력에 앞서 세상 문제를 고민하는 데 시간과 에너지를 쓰는 것 자체를 아까워한다는 의미이다. 길거리에서 아무나 잡고 물어보라. 지금 국무총리가 누구인지? 국무총리 이름 대신 영어 단어 하나 더 외우는 편이 낫다고 생각하는 이들이 적지 않다.

비겁한 이기적 계산을 넘어서기에는 우리 대부분의 정의감과 용맹성은 허약하다. "견의불위 무용야見義不爲 無勇也"라는 공자의 말에 마음이 무겁다. 분명 우리는 부정의보다 정의를 사랑한다. 단 정의감은 단단하지 않다. 정의와 이익을 모두 다 가지려는 우리이기에 자신의 이해관계가 걸려 있는 한에서만 정의를 추구한다.[36] 그래서 국가 폭력의 그림자가 발끝에 닿기만 해도 대부분은 애써 부당한 세상을 눈감아 버린다. 일부러 열심히 생각하지 않는다. 윗사람의 얼토당토않은 명령을 아무 생각 없이 수행한다. 비겁한 자신을 대면하기 싫기 때문이다.

여기에서 집단행동의 어려움은 끝나지 않는다. 많은 개인이 도저히 참을 수 없는 분노와 새 시대에 대한 희망으로 용기를 내고 있다. 모두의 마음이 변했다. 그래도 여전히 크게 부족하다. 소통과 관찰 가능한 퍼포먼스로 우리 편이 다수임을 다수가 보고 알아야 한다.[37] 이를 통해 결전의 순간 다수의 참여를 다수가 확신해야 한다. 정치적 저항은 "잠수 타버린" 학생들을 원망하는 몇몇 모범생들이 밤새워 완성하는 팀프로젝트 과제가 아니다. 민주화, 혁명, 쿠데타 등은 소수의 미친 자, 용감한

자, 화난 자의 외로운 저항만으로는 턱없이 부족하다. 밤새 일어난 산발적 투쟁은 대의명분의 혁명이 아니라 사회 혼란과 불편을 일으킨 어리석은 청춘의 객기로 아침 신문에 보도된다.

대의에 동의하는 자들이 광장에 모이고 관찰 가능한 표식을 옷이나 손목에 거는 것은 이 때문이다. 남녀가 사랑하는 마음만으로 연인이 될 수 없는 이치와도 같다. 서로에게 고백해야 연인이 된다.[38] 이런저런 까닭으로 고백에 실패하듯 수많은 이들이 서로의 마음을 전달하지 못한다. 사회적 통념에 가로막힌 사랑하는 둘 사이도 이렇게 어려운데 수천수만의 낯선 이들 사이에서는 더욱 힘겹다. 수령의 허락 없이 몰래 술자리를 가지는 게 죽을죄가 되는 북한에서는 오죽하겠는가?

이기적 똑똑함, "내로남불"의 허약한 정의감, 서로에 대한 믿음의 부재 등에 더해 북한의 무자비한 국가 폭력은 반역과 혁명의 무거운 수레를 끌 수 있는 임계대중critical mass의 출현을 막아버린다. 미약한 시작조차 엄두가 나지 않게 만들어버린다. 민주화 운동이 한창인 나라의 젊은이들에게 자신의 노하우를 전수하는 것을 업으로 하는 세르비아의 어느 민주화 지도자는 북한에서도 칠레 시민들처럼 천천히 걷기 등 아주 낮은 수위의 시위는 가능하지 않을까 제안한다.[39] 우리도 1987년 6월 당시 택시와 버스가 오후 6시에 경적을 울렸다. 천천히 걷고, 천천히 운전하고, 경적을 울리는 시위는 많은 나라에서 그렇게 위험하지 않다. 아니면 공원에서 손뼉 칠 수도, 우산을 들 수도 있다. 북한에서는 턱도 없다. 어떤 사소한 불손마저 극단적 처벌의 대상이다. 다리가 불편한 이들이 단체로 천천히 걸어도 큰일 나지 않을까 싶을 정도다.

공개적 행동이 위험할 경우 사람이 광장에 모이는 과정은 좀처럼 큰 변화가 보이지 않는 체증 곡선이다. 경제학 원론에서 배우는 한계효용 체감 곡선의 반대를 생각하면 쉽다.[40] 사랑에 조심스러운 이가 호감을 느끼고 만나는 상대에게 좀처럼 마음을 열지 않는 조심스러움을 상상해도 좋다. 철벽 방어인 셈이다. 그렇게 세상 사람들은 방구석을 박차고 광장으로 좀처럼 나오지 않는다.

사정이 이러하니 앞서서 나가는 이들이 필요하다. 전위조직과 같이 피의 맹세로 똘똘 뭉친 이들이 절실하다. 이들은 "세상을 바꿀 수 있다고 믿을 만큼 미친 자"들이다. 성공 가능성이 작고 위험성이 높은 민주화 투쟁의 시작에서 계산에 둔감한 미친 자들이 민주화의 마차를 밀어야 한다. 그들의 시작이 없으면 그냥 없다.

그런데 북한은 신념에 미친 자들마저도 제정신 차릴 정도로 두들겨 패고 수용소로 보내고 고사포로 흔적을 지워버린다. 그것만이 아니라 그와 엮인 모두를 가혹하게 처벌해버린다. 미치기 어렵다. 결국 혁명과 반역의 위험한 골짜기를 건널 수 있는 임계대중은 없다. 그들은 숨죽인 채 살거나 몰래 혼자서 탈출한다.

그래도 영웅은 죽음을 감내할 수 있다. 자신의 죽음으로 사람들에게 희망과 용기를 주고 싶다. 전 세계가 관찰할 수 있는 장소를 물색해 거물을 암살한다. 민족의 영웅 안중근 의사는 열차 역에서, 윤봉길 의사는 공원에서 거사를 집행했다. 그들은 자신의 용감한 행위가 민족 구성원 모두에게 오랫동안 기억되리라 확신했을 터이다. 잠재적 영웅은 자신의 헛된 죽음을 피할 뿐이다. 자살 테러 연구가 밝히고 있듯이 자발적으로 목숨을 희생하는 자는 동료, 공동체, 관객의 주목을 믿는다. 수많은 이들이 지켜보고 추모해주고 전 세계 언론이 보도한다는 것을 알기에 궁극의 희생을 마다하지 않는 것이다.[41]

철통같은 통제 사회인 북한에서는 이런 연극적 효과를 전혀 기대할 수 없다. 입장 금지로 관객이 없으니 영웅도 없다.

그렇다. 어떤 흔들림도 없는 수령제는 세뇌와 정당성과 아무런 관련이 없다. 확실하고 무자비한 처벌, 춥고 배고픈 자주의 늪, 당 관료의 광범위한 부패, 그들의 치열한 이권 다툼, 지속적인 탈북, 줄지 않는 수용소, 국가 배급제를 대체한 장마당 등이 알려주듯 정당성의 위기는 맞다. 그러나 정치적 위기는 아니다. 총살과 연좌제의 북한에서는 어떠한 집단행동도 수지타산이 맞을 수 없다. 미친 자마저 제정신을 차린다. 영웅은 거사 대신 탈출을 택한다. 모두는 모두의 생각에 헷갈리면서 관습의 힘에 짓눌려 같은 선택을 반복할 뿐이다. 변하는 것은 없다. 이를 두고 세뇌당한 자들의 자발적 복종이라 이야기하지 말자.

정당성의 위기에도 수령을 보위하는 "갑옷" 같은 소수의 만족자들은 있다. 북한의 실패는 모두의 실망이 아니다. 한번 질문해보자. 남한의 눈부신 경제 발전은 평양 보통강 주변에 사는 평양 상류층 시민의 실망과 분노로 이어질까? 그렇지 않을 것이다. 우리는 우리보다 잘난 이들 모두를 다 질투하지는 않는다. 대통령은 우리의 비교 대상이 아니다. 아프리카, 중앙아시아, 남미의 실패한 국가의 시민들도 아니다. 같은 학교에 다니는 또래 동문이다. 평양 시민들의 비교 대상은 서울이나 베이징 시민이 아니다. 추위와 굶주림에 고통받는 비非 평양 주민들일 것이다. 그들은 안도하고 행복하다. 일등칸 승객이 불편하게 좁은 의자에 앉아 장거리 여행을 떠나는 삼등칸 승객을 보면서 비싼 푯값을 아까워하지 않는 얄팍한 마음처럼.[42] 그리고 수령은 그런 그들로 충분하다. 국가 폭력에 어떠한 제한도 없기에 소수의 만족자가 오합지졸의 고통 받는 절대다수의 인민을 집단행동의 딜레마에 빠트린다. 북한, 지키기 참 쉽다.

여전히 의문은 남는다. 수령이 마음대로 할 수 있는데 그냥 북한 전체를 더 나은 쪽으로 독재적으로 끌고가면 되지 않는가? 어쨌든 북한 전체가 수령의 것이 아닌가 말이다. 그래서 어쩌면 북한에서 개혁하기는 너무 쉽지 않은가? 과연 그럴까? 너무나 마음대로 할 수 있기에 개혁을 할 수 없는 수령제의 역설이다. 2장에서 자세히 살펴본다.

그래도 북한은
인민을 생각하지 않을까?

아무리 반복하고 밑줄을 긋고 강조해도 잘 바뀌지 않는 생각이 있다. 국가는 공공재를 공급하는 조직이라는 믿음이다. 국가에 대한 이 같은 우호적 태도는 한국의 뿌리 깊은 정서이다.

그럼 묻고 싶다. 거의 웬만한 공공재를 공급하지 않는 북한은 국가가 아니란 말인가? 아마도 현재 북한이 공급하는 공공재는 영토의 단일성을 보존하기 위한 군사적 억지력 정도일 것이다. 인민이 중요하지 않은 나라에서 예외 없이 부족한 공공재가 상하수도 시설이다. 주민들은 오염된 물 때문에 배탈나서 죽고 냄새로 고통받는다. 로켓을 쏘아 올리고 여기저기 은행을 해킹하는 북한의 과학기술이지만 강은 범람하고 오물 냄새가 진동한다.

국가는 공공재를 공급하는 조직이라는 생각을 바꾸지 않으면 북한을 제대로 이해하기 어렵다. 공공재를 공급하고 싶지만 대내외적 제약으로 실패한다는 설명은 북한을 위한 변명일 뿐이다.

여기서 한 가지는 분명히 하고 싶다. 나는 북한의 국가만 비판할 생각이 없다. 모든 국가는 영원한 경계의 대상이다. 국가의 태생적 목적이 지배와 수탈이기 때문이다. 공공재가 아니다. 불행히도 그런 국가가 수령제를 만났다. 국가의 약탈적 본성이 끝도 없이 분출할 뿐이다.

국가란 무엇인지 좀더 살펴보자. 국가의 역사적 기원은 대강 이렇다. 인간의 존엄은 평등하나 인간의 능력은 불평등하다. 능력에는 지력, 체력, 매력 등도 있지만 우리가 미처 생각하지 못한 능력이 있다. 바로 폭력이다. 싸움 잘하는 몇몇이 만든 폭력 조직은 자신의 영역 안에서 다양한 독점적 수익 활동을 벌인다. 여기저기 다툼에서 경쟁 조직을 제압하여 세력권이 영토적 경계(전통 시대에는 경계선이 아니라 경계면)를 가지면 폭력 조직은 국가로 변신한다. 주어진 영토 안에서 합법적 폭력을 독점한다.[43]

국가의 행동 원리는 강제이다. "세금을 내겠소? 아니면 감옥 가겠소?"는 선택의 자유를 주는 양자택일이 아니다. 다른 선택지가 배제되었기 때문이다. 도둑이 집주인에게 "지갑을 내놓을래? 한쪽 다리를 포기할래?"라고 묻는다고 선택의 자유가 있다고 생각하지 않는 이치이다. 국가는 그렇게 강요한다.[44]

다시 말해 억압과 착취는 국가의 태생적 본성이고 공공재 공급은 상황적 압력에 떠밀린 불가피한 선택이다. 인민을 착취하기 위해 태어난 국가가 인민에 복무하는 경우는 내부의 저항과 외부의 도전 때문일 때가 허다하다. 먼저 폭력 독점자의 행동은 내부적으로 인민들이 얼마나 효과적으로 맞설 수 있는지에 달려 있다. 만약 폭력 독점자의 수입원이 전적으로 인민의 주머니에서 나온다면 그들은 수탈과 횡포에 효과적으로 맞설 수 있다. 예를 들어 농민은 도망가거나, 재산을 숨기거나, 적당히 일하거나, 돌아가는 관리의 등에 활을 쏘는 식으로 약탈적인 폭력 독점자를 괴롭힐 수 있다.

이런 착취와 저항의 엇박자 속에서 폭력의 독점자는 놀랍게 변신하기도 한다.[45] 차라리 전체 경제 파이를 키우는 게 그에게 나쁘지 않다. 예를 들어 벼농사 지역의 전통 왕조 국가가 규모의 경제가 작동하는 치수治水에 힘을 기울인 역사처럼 말이다. 이렇듯 인민의 주머니가 국가 재정의 핵심 원천일 경우 폭력 독점자는 약탈적 행위를 스스로 삼가고 선의의 군주 행세를 한다. 그것이 국가 재정을 더 늘리기 때문이다.

그런데 현대 신흥국가의 인민은 정치적·경제적으로 별 볼 일이 없다. 세계 경제가 고도로 통합되면서 천연자원을 비싸게 내다 팔 수 있는 거대 시장이 등장했기 때문이다. 덕분에 독점자는 국가 재정을 더는 인민에게 의지하지 않는다. 땅을 파거나 나무를 베거나 바다를 뚫거나 강바닥을 훑으면 그만이다. 심지어 깊은 산중에 대규모 아편 밭을 경작한다. 여기에 숨고 도망가고 저항하는 인민은 없다.[46]

폭력의 독점자는 이제 마음 편하게 폭군 놀이를 한다. 인민의 호주머니를 살피지 않는 폭군에게 공공재 공급은 쓸데없는 돈 낭비일 뿐이다. 결국 인민의 삶은 무너진다. 폭력 독점자와 그의 측근들만이 잘 먹고 잘산다. 정치경제학의 용어인 자원의 저주resource curse라 부를 만하다. 아프리카의 실패와 비극이고 석유 한 방울 나지 않는 한국의 성공이다.

국내 생산자의 저항과 함께 외부의 도전인 전쟁 역시 제멋대로인 폭력 독점자를 엄하게 다스린다. 정복이 일상인 시절 국가는 외부의 적이 강해지면 이에 맞추어 강해져야 했다. 실패한다면 지도에서 지워진다. 유럽 국가 건설의 역사가 그랬다. 서유럽이라는 좁은 지역에 밀집한 폭력 독점자들은 전쟁의 소용돌이 속에서 서로서로 부국강병의 기술과 제도를 발전시키고 선진문물을 신속하게 따라 했다.

서로가 상대를 강하게 만드는 국가 건설의 공진화는 결국 프랑스 혁명의 국민군 탄생으로 정점을 찍었다. 나폴레옹의 군대는 험하고 추운 알프스산맥을 넘어버렸다. 규율 잡힌 보병의 위력이었다. 유럽의 왕들이 의존한 용병은 할 수 없는 묘기였다. 강한 국민군은 강한 민생과 민주주의와 직결되었다. 국력의 핵심 자원으로 자리 잡은 국민에게 국가의 수장은 정치·경제적 양보를 할 수밖에 없었다. 국가는 교육, 위생, 치안 등 공공재를 열심히 공급했다. 비로소 우리에게 익숙한 국민 국가의 모습이 나타났다.[47]

국가 건설의 경제학적 속성 역시 폭력 독점자의 선택에 영향을 미친다. 국가는 자연 독점natural monopoly을 닮았다. 자연 독점에는 거대한 고정 자본이 들어간다. 그래서 아무나 뛰어들 수 없다. 철도나 도로는 처음부터 끝까지 하나로 연결되어야 비로소 가치가 발생한다. 중간에 건설을 멈추면 전체가 쓸모없어진다. 국가도 마찬가지이다. 국가가 제대로 작동하려면 이것저것 유기적으로 연결된 거대한 하부구조가 필요하다. 이렇게 국가를 만드는 일은 큰돈이 드는 사업이다. 그리고 국가 건설에 필요한 고정 자본의 양은 현대로 올수록 더욱 커진다. 부족으로 갈라진 전통 국가에서 근대 국가로 한 번에 뛰어올라야 하는 많은 신흥 국가의 딜레마이다.[48]

여기서 폭력 조직의 수장은 중요한 전략적 결정을 내려야 한다. 거대 자본을 투입해서 제대로 작동하는 국가를 건설할 것인가? 아니면 대강 임시방편으로 만든 삐거덕거리는 국가를 쓰다 버릴 것인가? 강한 국가가 당연한 동북아시아의 경험으로는 좀처럼 이해하기 어려운 질문이다. 그런데 많은 천연 자원 부국의 수장들은 쓰다 버릴 국가를 선택한다. 그들은 언제든지 떠날 준비가 된 돈 많은 나그네를 자처한다. 쉬운 돈벌이가 있고 갈라진 부족과 군벌의 도전으로 불안한 내일이 기다리는 상황에서 굳이 먼 미래의 불확실한 과실을 위해 오늘 큰돈을 투자하지 않는다. 국가 건설은 없다.[49]

그렇지만 고생스럽게 국가를 제대로 건설하고 나면 폭력 독점자에게는 더할 나위 없다. 그가 흐뭇한 마음을 가질 만하다. 제대로 국가가 만들어지고 나면 지배의 비용이 저렴하다. 감시와 처벌의 시스템을 갖춘 국가가 정치범 한 명을 더 수용소에 집어넣는다고 큰 부담이 생기지 않기 때문이다. 이렇듯 튼튼한 국가는 독점자와 그의 조직원들에게 든든한 희망의 등불이다. 인민들의 어두운 낯빛이 온 나라를 시커멓게 뒤덮어도 엘리트는 국가 주위로 미래를 믿고 똘똘 뭉친다. 국가라는 자산은 혼자 몰래 따로 떼어 들고 도망갈 수도 없는 성질이다. 그래서 같이 지킨다. 북한이 대표적이다.

그럼 북한의 튼튼한 국가는 인민에 의지하고 있는가? 얼핏 천 삽 뜨고 허리 펴기로 대표되는 천리마 운동 등 원시적 노력 동원을 상상하며 인민에 크게 의존하는 북한을 가정할지도 모르겠다.

하나씩 따져보자. 먼저 군사적으로 크게 의존하고 있지 않다. 현대 군사 기술은 인민의 폭력적 가치를 크게 낮추었다. 북한이 핵무기에 매달리는 이유이다. 핵무기는 녹슬지 않는다. 보병처럼 밥 달라고 하지 않는다. 경제력과 군사력 사이의 상관성을 파괴하는 핵무기로 가난하지만 군사적으로 강한 이상한 나라가 생길 수 있다. 북한처럼 말이다.

재정적으로도 북한 인민은 국가에 별다른 지렛대를 가지고 있지 않다. 수령의 북한은 석유 수출국의 재정 수입 구조를 닮았다. 국가 수입의 상당 부분이 외국에서 온다.[50] 첫째, 남한과 국제 사회로부터의 원조이다. 과거 중국에서 문화의 꽃을 피운 송나라가 야만의 요나라를 달래기 위해 조공을 준 것과 유사하다. 둘째, 북한이 그나마 가지고 있는 다양한 천연자원의 수출이다. 그렇다고 일부의 기우처럼 중국이 북한을 탐할 만큼 풍족하지는 않아 보인다. 만약 상품 가치가 있는 천연자원이 풍부하다면 수령은 고난의 행군과 같은 극단적 위기를 왜 방치했을까? 그렇다면 외부 세력에게 원조를 뜯어내기 위해 수령이 일부러 사서 고생하는 것에 불과하다. 수령이 국제 사회의 공돈을 위해 선군노선으로 군의 도움을 요청할 정도의 위기를 조장하지는 않는다. 셋째, 관광 수입이다. 백두산, 금강산은 수령에게 소중한 사유재이다. 산으로 통하는 길만 내면 그만이다. 넷째, 해외 파견 노동자의 외화벌이이다. 일례로 북한은 주특기를 살려 팔레스타인 하마스 정부를 위해 이스라엘로 넘어가는 땅굴을 파주기도 했다. 다섯째, 각종 국가 주도의 범죄 수익이다. 수령이 창설한 인터넷 정예 부대가 사이버 공간에서 한몫 챙긴 뉴스를 종종 접할 수 있다. 이 모든 수입은 국민의 생산적 경제 활동과 상관없다. 다시 말해 나라 곳곳에 도로를 닦지 않아도 되는 수입원들이다. 여기저기 도로를 많이 닦으면 쿠데타를 일으킨 변방 부대가 평양으로 진공하기만 쉬워진다.[51]

수령제의 정치 논리가 인민이 없는 인민 공화국의 근본 기초이다. 소수의 충성파로 흔들리지 않는 편안함을 유지하는 수령제가 인민을 위한 공공재를 공급하는 것은 앞뒤가 맞지 않는다. 공공재 공급은 큰 고정비용이 든다. 가난한 나라 수령에게 큰 부담이다. 그리고 교육, 도로, 파출소 등의 공공재는 일단 공급되고 나면 누구에게나 혜택을 준다. 비배제적이다. 이 또한 수령의 마음에 들지 않는다. 출신 성분으로 갈라치기가 어렵다. 민생과 안전을 개선하는 수령의 탁월한 업적은 남의 불행이 자신의 행복이 되는 탈도덕의 세상에서 성분이 좋은 이들의 행복감을 반감시킬 수 있다. 이렇듯 조선민주주의인민공화국의 수령이 공공재를 공급하지 않을 이유는 차고 넘친다.[52]

좀더 실감 나게 상상해보자. 인민을 위함을 주야장천 외치는 북한의 늦은 밤거리를 술에 취해 비틀거리며 걸어도 안전할까? 수령은 더 많은 경찰, 더 많은 순찰차, 더 많은 파출소, 과학수사국에 돈을 쓸까? 과연 시민의 안전을 지키는 경찰이 밤거리를 순찰할까? 당신도 나와 같은 느낌이 들지 않은가? 소중한 수령의 돈을 인민의 밤거리를 보호하는 공공재에 쓰지는 않을 것 같다. 절도 신고 정도야 그냥 무시하지 않을까? 아예 신고할 생각을 하지 않을 수도 있다. 비사회주의 단속 요원보다 퍽치기 일당이 무서워 술도 먹지 않고 일찍 귀가하지 않을까 상상한다. 평양의 특권층이 몰려 사는 몇몇 동네만이 낮이나 밤이나 안전하리라 추측한다. 당연히 복잡한 살인 사건 수사는 뒷전일 것이다. "보안서(경찰)에서는 증인이나 현장 증거물이 하나도 없어서 범인 잡기가 힘들다는 말만 곱씹고 있다"라며 "평백성은 죽어도 사람값에 못 간다"라고 한탄하는 목소리가 들린다.[53] 어찌하겠는가? 범인을 잡지 않는 보안서 요원도 과학수사도 절대지존인 수령의 관심 밖이다. 수령의 국가는 그 태생적 목적에 걸맞게 행동하고 있다.

그런 수령도 인민을 위해야 한다는 압박을 받을 수 있다. 바로 외부로부터의 쉬운 돈벌이가 어려워져 통치 자금이 메말라 가는 경우이다. 그럼 인민의 경제 활동이 상대적으로 중요해진다. 국제 사회의 제재, 전염병, 세계 경제의 침체 등 외부의 어려움에 수령이 과연 얼마나 강하게 등 떠밀릴지 지켜보는 것은 흥미로운 관전 포인트이다. 그렇지만 나는 여전히 비관적이다. 소수의 앞잡이가 무자비한 국가 폭력을 행사하는 수령제에서 지배의 여유 공간이 넓기 때문이다.

왜 공산주의는
서서히 죽어가는가?

재화만 희소하지 않다. 정보도 희소하다. 그나마 있는 정보는 애매모호하다. 판단이 어렵다. 아버지가 방에 들어가시는지, 아버지 가방에 들어가시는지 듣기만 해서는 구별이 잘 되지 않는다. 문제는 더욱 힘들어진다. 관찰 대상인 상대가 숨기거나 대놓고 속인다. 반대로 진실을 말하고 있는 상대의 말이 진실인지 의심스럽다. 의도와 태도를 직접 관찰할 수 없는 너무나 인간적인 한계가 빚어낸 기회주의와 불신이다. 이런 정보의 문제로 발생하는 중고 자동차 시장의 몰락, 민영 의료보험의 붕괴, 공무원·군 등 위계 조직의 불가피한 비효율 등은 공산주의 제도의 근본 문제를 일깨워주고 있다.

더는 무슨 의미인지 알 수 없는 말들의 잔치인 이념이 아니라 뒤틀린 욕망을 조장하는 공산주의 제도의 맹점이 우리를 별천지로 인도한다. 국유재산, 계획경제, 일당 지배가 정보를 인위적으로 희소하게 만들고, 희소한 정보를 이용해서 공산주의자들은 창의적인 방식으로 사익을 추구한다. 이는 수령도 어찌하지 못한다. 궁예의 확신에 찬 착각과 달리 수령은 관심법을 알지 못한다. 대신 현지 지도라는 발품을 판다. 아니면 규율조사부를 아래까지 조직해 이중, 삼중의 복잡한 감시망을 설치한다. "허풍 떨지 못하도록" 이런저런 법도 만들어 겁박한다. 심지어 북한의 수령은 인터넷 댓글을 대신해서 북한판 국민청원인 신소제도마저 운용하고 있다. 관료의 정보 독점을 깨기 위한 고육지책인 셈이다.

공산주의에서 정보가 희소하다는 말이 언뜻 수긍이 가지 않을 수도 있다. 공산주의는 감시와 통제로 악명 높지 않은가? 분명 한 개인의 모든 것을 지배한 전체주의totalitarianism라 부를 만한 공산주의 전성기에는 감시와 통제가 넘쳐났다. 소설《1984》는 청진기를 방문에 대고 엿듣는 아이들의 못된 장난을 묘사한다. 과장은 있지만, 허구는 아니다. 어린 자식이 부모를, 남편이 아내를 고발했다는 공산당의 자랑스러운 선전에서 감시가 어디까지 침투했는지 실감할 수 있다. 모두가 모두를 보고 들으니 숨을 곳이 없다. 저 멀리 구중궁궐 군주의 눈은 피할 수 있으나 집에 있는 숟가락과 젓가락 숫자도 아는 이웃으로부터 숨기가 마땅치 않다. 다 버리고 깊은 산으로 들어간다면 모를까? 그런데 은둔의 자유도 없다. 매일 매일 다들 모여서 자아비판, 상호 비판의 시간을 가지는데 어디로 숨어 들어간단 말인가? 이렇듯 전체주의는 광신도들이 설계한 디스토피아의 실현이기도 하지만, 지배자가 모두의 눈을 빌려 모두를 철저히 감시하는 것이기도 하다.

그런데 매일 서로를 감시하는 전체주의가 시들해지면 공산당은 정보에 접근하지 못하고 주저앉는다. 꺼져가는 전체주의의 불씨를 살리려 하는지 북한은 군중신고법에 의지해 정보의 문제를 완화하려 노력 중이다. 혁명적 군중 노선, 전 인민의 간부화 등에서 풍기는 주체사상의 혁명적 냄새를 맡기 어려운 법령의 제목이다. 다소 자본주의적이다. 신고가 있기나 할지, 그 신고가 최고위층까지 올라갈지 회의적이다.

사회 전체가 더 많은 정보를 누리기 위해서는 차라리 무언가 혼란스러워 보이는 시끄러움이 훨씬 낫다. 무수한 소비자의 독립적인 선택이 승자와 패자를 결정하는 시장 경쟁, 독립적인 감시를 업으로 하는 다수 언론의 단독 경쟁, 자발적으로 모인 시민단체의 집회와 시위, 의사 표현의 법적 자유를 누리는 시민들의 댓글 피드백 등이 정보의 양과 질을 모두 높인다. 다수의 독립적인 정보를 모아야 집단지성이 일어나는 원리에

대입할 수 있다.[54]

이와 달리 위계의 단일 사다리만이 존재하는 공산주의에서 감시자에게는 자신의 명령과 감시를 받는 아랫사람의 보고만이 유일한 정보의 원천이다. 감시받는 자가 실수, 무능력, 태만 등을 숨긴다면 감시자가 이를 밝혀내기가 만만치 않다. 정보의 파이프라인을 중간에서 잠가버리면 정보는 흐르지 않고 고이고 멈춘다.

생생한 이해를 위해 군 생활을 한번 떠올려보라. 사실 군 조직은 단일 위계의 공산당을 닮아 있다. 다섯 명의 병사가 할 수 있는 일을 오랫동안 관습적으로 일곱 명 정도가 해오고 있다. 모은 돈을 가지고 몇몇은 과자를 사러 PX에 가고 없다. 이 사실을 풋내기 소위가 알 길이 없다. 군처럼 단일 위계의 공산당은 실효적 지배에 실패하는 경우가 많다. 그래서 위에서 정책이 있으면 아래에는 방책이 있다는 말이 사회주의 사회에서 유명하다. 소련 전문가는 소련에서, 중국 전문가는 중국에서 유래한 거라 우긴다.

공산 제도가 일으키는 이런 정보의 어려움을 줄이기 위해 수령의 북한은 삼대에 걸쳐 분할하여 지배하는 고전적 방식을 고집하고 있다. 정보를 가지고 아랫사람이 장난질하지 못하도록 수령은 업무가 겹치는 다수의 보안·정보 기구를 유지한다. 크게 보아 북한은 조직지도부, 국가보위부, 총정치국 등을 병

렬적으로 유지한다. 여기에 더해 2021년 1월 8차 당대회 에서 김정은은 규율조사부를 강화하는 식으로 충성 경쟁을 더욱 부추긴다. 가뜩이나 부족한 국가 재정을 감시와 정보에 아낌없이 낭비한다. 아침에 일어난 김정은은 그날그날 기분에 따라 아무나 불러 물어보면 된다. 무작위적 간택이다. 민감한 정보를 숨기고자 하는 감시기구 사이의 공모는 어림없다. 알아낸 것을 고해바치는 것이 제일 나은 살길이다. 덕분에 수령은 장성택이 어제 누구와 술을 마셨는지 언제나 알고 있다.[55]

그렇지만 조금만 사정이 복잡해져도 무소불위의 정보기구마저 힘을 잃는다. 일의 성격상 감시하는 자가 직접 관찰하기도 제대로 평가하기도 어렵고, 감시받는 자는 속이고 숨기기 좋아서 정보의 비대칭성이 발생하는 경우이다.

이런 어려움은 의사와 환자, 교수와 학생 등 일상적 관계 이곳저곳에 비일비재하다. 대표적인 예로 중고차 시장에서 만나는 판매자와 구매자이다. 판매자는 자신의 차가 어떤지 잘 알고 있다. 그는 지난 장마에 차가 어떤 피해를 보았는지 누구에게도 말할 이유가 없다. 그에게는 지금 중고차 시장 가격이 나쁘지 않다. 그런데 다소 오래되었지만 관리가 잘된 차의 판매자는 지금 가격이 마음에 들지 않는다. 그래서 차 팔기를 포기한다. 질 좋은 중고차가 빠져나가는 통에 전반적으로 낮아진 매물의 질을 반영해 가격이 다시 조금 더 낮아진다. 이는 새로운 판매 포기자를 낳는다. 다시 한번 가격은 더 낮아진다. 이러한 되먹임의 악순환으로 결국 문제 많은 중고차만이 시장에 남고 실망한 구매자도 시장을 떠난다. 시장의 붕괴이다.[56]

이렇듯 직접 관찰의 어려움에서 비롯된 정보의 비대칭성은 관료 조직에서 만연하다. 명령하는 상급자는 하급자의 능력치를 정확히 모른다. 복잡하고 다면적인 업무의 특성상 개수나 시간 등 단순한 측정 수단을 사용하기도 어렵다. 고육지책으로 과거의 성과에 비추어 올해 목표치를 약간만 올리는 주먹구구이다. 이런 관행을 이미 알기에 관료는 올해 전력을 다하지 않는다. 작년만큼 혹은 작년보다 조금만 더 일한다.

정보의 이점을 틈탄 관료의 기회주의가 공산주의에서 확대 복제된다. 진짜 같은 이야기를 하나 만들어보자. 소련 국영 석유공장의 공장장은 석유 장군이라 불릴 만큼 독단적으로 공장을 운영할 수 있었다. 모스크바 계획 당국은 그의 보고에 전적으로 의존해 매년 석유 생산량을 정했다. 세상 물정에 밝은 석유 공장장은 당연히 사실대로 보고하지 않는다. 올해 1만 1000통을 생산했다고 보고했다. 한 해 1만 5000통도 가능하다. 그런데 생산량을 한꺼번에 올리면 한 번의 칭찬과 항구적 고통이 뒤따른다. 공장의 숨은 능력을 알게 된 계획 당국이 목표치를 급격히 올려버리기 때문이다. 사실 올해 그는 1만 2000통을 생산했다. 남는 석유는 암시장에 내다 팔아 공장 일꾼들과 수익을 나누어 가졌다. 국유재산에 대한 사적 수익권인 셈이다. 이렇게 영리한 공장장과 일꾼들은 오랫동안 안전하고 편안하게 살아왔다. 모두가 당연한 권리라 믿었다. 믿는 척하는 계획 당국, 진실한 척하는 공장장, 일하는 척하는 일꾼 모두 행복했다.

속고 속는 것만이 문제의 전부가 아니다. 중앙계획 당국이 혼자 머리로 다루기에는 정보의 양이 너무 많다. 한번 생각해 보자. 자동차에 들어가는 부품이 몇 개나 될 것 같은가? 자동차 생산을 갑자기 늘리려면 수천수만 개 자동차 부품의 생산 계획을 모두 바꾸어야 한다. 불가능한 계산이다. 그래서 시장 개혁을 미루고 여전히 사회주의 계획경제의 합리화에 매달리는 김정은이 관련 생산 담당자를 모두 불러 모아 회의하는 것인지도 모르겠다. 하나의 목표량을 변경하면 엄청난 수의 새로운 계획이 필요하니 말이다. 완제품에 들어가는 투입 요소가 많지 않은 단순한 경제 활동만을 중앙 계획 당국은 쉽게 다룰 수 있다. 아니면 정권의 명운을 걸고 있는 핵무기 개발, 국가 능력의 시험대인 거대한 토목 건설 사업 등 한두 가지 전략 분야 정도는 총동원으로 해결할 수 있다. 그 외 수많은 일반 분야에서 과감한 혁신은 없다.[57]

이해관계의 충돌 탓에 정보의 문제는 더욱 심각해진다. 실제와 관계없이 세상이 겉으로라도 좋아 보이기를 원하는 감시자들은 대놓고 진실을 거부한다. 당장의 위신과 지지가 필요한 총서기장은 경제가 퇴보한다는 소식을 들고온 통계 책임자를 자본가적 객관주의로 질책하고 자리에서 쫓아낸다. 진실을 거부하는 당 독재의 총서기장은 오늘 여론과 선거에 매달리는 민주주의의 정치인을 닮았다.

북한의 수령제는 제도적 논리상 형편이 나은 편이다. 주인이 분명한 체제이기 때문이다. 모든 게 궁극적으로 자기 것이니 수령은 진심으로 알고 싶다. 그래서 발품을 팔아 여기저기 돌아다니고, 마음에 들지 않으면 총살을 명령하기도 한다.

그래도 2021년 한 회의에서 "허풍떨지 마라"고 삿대질하는 모습에서 김정은의 좌절이 느껴진다. 이 모습을 전하는 관영 매체의 기사가 북한도 위를 속이는 관료의 영악함에서 다른 공산주의와 크게 다르지 않다는 걸 요약하고 있다. "농업 부분에 뿌리 깊이 베겨(베어) 있는 허풍을 없애기 위한 투쟁을 강도 높이 벌려야 한다."[58]

그렇지만 얼굴을 붉히는 젊은 수령의 호통이 문제를 해결하기에는 그 뿌리가 너무나 깊다. 무수한 시장 소비자의 선택이 아니라 수령과 상부 조직의 단일 평가에 의지하는 경제 운용에서 오는 딜레마이다. 수령의 불호령에 생산 일꾼들은 양적 목표를 달성하기 위해 열심이다. 그래서 생산량을 달성한다. 여기서 질은 철저히 무시된다. '웃픈' 생산 방식이 판을 친다. 예를 들어 모든 옷을 하나의 색깔, 형태, 크기로만 생산한다.

물감 등을 바꾸기 위해 기계를 멈추지 않아도 되니 총생산량을 최대화할 수 있다. 이런 식이라 여성들은 마음에 드는 건 고사하고 심지어 몸에 맞는 옷도 구하기 힘들다. 2022년 6월 14일자 〈로동신문〉은 며칠 전 당 중앙위원회 8기 5차 전원회의를 정리하는 기사에서 김정은이 치약과 허리띠를 들고 "질이 이게 뭐냐"고 질책했다고 보도했다. "지금 주민들이 쓰고 있는 소비품을 그대로 사오라"고 지시한 김정은은 "소비품의 질은 어떠하든 생산량에만 치중하는 것은 … 요령주의적 태도로서 당과 인민을 속이는 행위"라고 문책했다고 보도했다.[59]

정보의 문제 뒤에 숨는 관료의 무사안일에 대한 김정은의 대응은 아직 고전적이다. 사상사업과 인간개조사업으로 해결될 문제가 아닌데 수많은 경제 일꾼을 한자리에 모아놓고 윽박지른다. 여전히 무조건 관철이고 자력갱생이다. 중앙당 규율조사부 검열단을 지방당에 파견하여 단속 활동을 벌인다. 한바탕 소동이다. 공사 현장의 삽질은 이렇게 해결할 수 있다. 천리마를 만리마로 바꾸면 된다. 결국 모두가 허리를 다치겠지만 말이다. 그런데 생산 활동이 조금만 복잡해져도 호통은 소용이 없어진다. 이 문제를 한 번에 해결할 수 있는 시장개혁의 조짐은 아직 전혀 없다. 대신 숨바꼭질의 술래처럼 수령은 두리번거리며 여기저기 헤집고 다닐 뿐이다.

만연한 공유지의 비극과
자발적 사유화

사회주의 경제가 작동하지 않는 또 다른 주요한 이유를 살펴보자. 바로 공유지의 비극이다.

고도의 생산력에 상응하지 못하는 구시대적 생산 관계가 혁파되고 찾아온 계급 없는 세상이라는 카를 마르크스Karl Marx의 이상과 달리 현실의 공산주의는 모두가 국가에 고용된 경제 제도라고 보는 게 타당하다. 인민 모두가 공무원이다. 공무원을 원하는 이들은 잠재적 공산주의자라는 썰렁한 농담이 공산주의 제도의 핵심을 찌른다. 전 인민의 간부화, 전국의 요새화 등 북한의 상투적 구호에 빗대어 공산주의를 전 인민의 공무원화라 부를 만하다.

다른 일반 공무원처럼 일반 사회주의를 사는 고개 숙인 인민들은 그럭저럭 지낼 만하다. 파산의 위험이 없는 국가에 고용되었기에 그들은 실직과 해고를 걱정할 일이 거의 없다. 국영 공장들은 고달픈 시장 경쟁에서 벗어날 수 있다. 비효율의 국영기업이 만드는 손실을 모두의 부담으로 사회화하면 그뿐이다. 늦은 술자리에 일꾼들의 아침 출근이 늦다. 일부 특권층을 제외하고 모두 가난하지만 편안하다. 단 콘크리트가 마르기를 기다리지 못하는 수령의 다그침이 없다면 말이다.

국가 소유 계획경제 아래서 파산을 걱정하지 않는 국영기업의 지배인(책임자)은 철없는 대학생을 닮았다. 너그러운 부모를 둔 아이는 한 달 용돈을 보름도 지나기 전에 다 써버린다. 그리고 마지막 동전(당시에는 핸드폰이 없었다)으로 공중전화 부스에서 어머니에게 연락해 "돈" 하며 외마디를 외친다. 이런 일이 거의 매달 반복된다. 철없는 대학생처럼 국영기업의 지배인은 인력을 과다 고용하는 등 주어진 예산을 쉽게 넘어버린다.

사실 이는 계획 당국의 칭찬을 받을 수 있는 합리적 선택이다. 사회주의 경제학에 따르면 생산물의 총가치는 투입 노동량에 크게 달려 있다. 마르크스가 자본론에서 주창하는 노동가치설의 기계적 적용이다. 많은 노동자를 사용할수록 목표한 총가치에 쉽게 도달할 수 있다. 도저히 생산에 투입할 수 없을 정도로 넘쳐나는 잉여 인력은 낭비를 만드는 대신 공장이 자체적으로 운영하는 탁아소의 보모로 변신한다.

이런 식의 방만 경영으로 인해 계획 당국이 원래 내려준 예산안을 지키는 것은 처음부터 불가능하다. 그래도 상관없다. 너그러운 부모처럼 중앙 계획 당국은 초과 사용분을 어김없이 보전해준다. 이러한 행태를 증명하듯 전성기 사회주의 경제에서 실업률은 0퍼센트였다.[60]

공산 경제의 낭비와 비효율에는 더욱 근본적인 문제가 있다. 결국엔 누구 것인지 불분명한 국유재산이 공유지로 탈바꿈하면서 공유지의 비극이 공산주의 곳곳에 만연한다. 사소한 일상과 격동의 역사에서 공유지가 어떻게 황폐해지는지 그 논리를 잠시 음미해보자. 가게에 들어온 중고등학생들이 햄버거와 감자튀김 세트 메뉴를 산다. 먹음직스러운 음식은 아직 각자의 것이다. 사유재이다. 그런데 자리에 앉자마자 이들은 각자의 감자튀김을 식판에 섞는다. 이제 감자튀김은 사유재가 아니라 공유지로 탈바꿈한다. 더 맛있는 햄버거는 손에 쥔 채 튀김에 일단 집중한다. 먼저 먹는 자가 임자이기 때문이다. 젊은 술꾼들이 둘러앉은 자리에 나온 육회도 그렇다. 곧 망할 나라의 농민들 역시 귀족과 탐관오리의 공유지이다.[61] 대통령이 수수방관하는 가운데 무분별한 부패를 일삼는 각급 관청의 먹잇감으로 전락한 민간 기업도 마찬가지이다.[62] 배고픈 고등학생, 젊은 술꾼, 귀족, 관료 모두 앞다투어 먹고, 착취하고, 뒷돈을 요구한다. 만약 당신이 나중에 먹을 생각으로 오늘 탐심을 자제한다면 내일 당신에게 남는 것은 없다. 오늘 당장 무분별해야 한다. 상대도 마찬가지이다. 죄수의 딜레마이다. 공유지는 빠르게 황폐해진다. 육회는 빨리 사라진다. 고려 귀족과 무신, 조선 양반의 공유지인 천민과 농민은 도저히 참지 못하고 들고 일어났다. 기업은 지하경제로 숨어 들어간다.

예시들이 보여주듯 당장의 무분별한 이기심이 판을 치는 공유지의 비극이 일상인 사회가 공산주의이다. 국유재산은 잠재적 공유지이다. 영악하고 몸싸움에 능한 거친 인물이 국유재산 일부를 먼저 가져버리면 나머지의 몫이 줄어든다. 더 많이 더 빨리 챙겨가기 경쟁이 불가피하다.

그럼 공유지의 비극을 실천하는 공산 관료의 행태를 자세히 살펴보자. 공유지의 논리는 무조건 일을 크게 벌이게 부추긴다. 다음의 형제들처럼 말이다. 부모가 퇴직 후 달마다 받는 연금 대신 일시불의 퇴직금을 수령했다고 치자. 퇴직금은 형제들의 공유지이다. 인센티브에 제대로 반응하는 장성한 형제들은 모두 좋은 직장에서 안정적인 월급쟁이 생활을 이어가면서 불만이 없었는데, 이제 앞다투어 직장을 그만두고 위험한 사업에 뛰어든다. 어쩌면 다른 형제보다 더 빨리 망하겠다는 기세이다. 공유지를 먼저 많이 차지하기 위한 계산된 모험이다. 위험한 형제처럼 공산 관료도 무리해서 일을 크게 벌인다. 올해 4차선 다리를 만드는 예산을 확보한 건설 부서가 8차선 다리를 만들어버린다. 반쪽짜리 다리를 마주한 정치국은 이듬해 어쩔 수 없이 예산을 더 배정해준다. 다리만이 아니다. 공장이든 건물이든 일단 크게 짓고 본다. 누가 관료가 무사안일이고 복지부동이라고 말하는가? 그런 이들에게 창의성 넘치는 공산 관료를 보게 하라.[63]

이제 한번 생각해보자. 국유재산은 결국 누구의 것인가? 당연한 듯 대답한다. 국가의 것이다. 이는 무슨 의미인가? 그렇다. 애매모호하다. 조금만 따져보아도 분명하지 않은데 분명하다고 착각한다. 모든 게 공식적으로 국가 소유인 공산주의에서 참을 수 없는 것은 존재의 가벼움만이 아니라 재산의 헷갈림이다. 비인격적 법적 권리가 부재하기에 국유재산제에서는 누가 무엇을 소유했는지 근본적으로 불분명하다.[64] 장성택의 행정부와 군부가 이권 다툼에 총격전까지 벌였다는 소문이 이상하지 않은 까닭이다.

원래 재산권은 그리 단순하지도 분명하지도 않다. 대학 교수의 연구실은 과연 누구의 것인가? 법적으로 학교 것인데 교수는 자기 방인 것처럼 사용한다. 재산권을 사용권, 수익권, 처분권으로 구분할 때 교수는 연구실의 사용권을 부분적으로 누린다. 누구에게 대여하여 수익을 내거나 처분할 수는 없다. 수업에서 맨 앞자리와 맨 뒷자리는 인기 있다. 좋은 자리의 권리를 획득하기 위해 몇몇이 계속해서 그 자리만 고집해서 앉는다. 소위 찜이다. 결국 몇 주가 지나고 그들은 자리에 대한 사용권을 모두로부터 인정받는다. 비어 있어도 다른 이들이 그 자리에 쉽사리 앉지 않는다. 그 시간대 그 자리는 그들의 것이다. 관습적 권리의 획득이다.

관습의 힘을 넘어 정보의 이점을 누리는 당 관료는 학생과 교수보다 훨씬 낫다. 당 관료는 국유재산을 자기 것인 양 (몰래) 마음대로 사용하는 사적 사용권을 누린다. 너무 많이 챙겨 남아도는 인력과 자재를 비공식적 용도에 투입한다. 여기에 더해 그들은 수익권도 누린다. 위에 보고하지 않은 여분의 생산품을 내다 팔기도 하고 밤에 낡은 아파트를 수리해주고 주민들로부터 사례를 받아 챙기기도 한다. 호주머니에 돈이 꽤 모인다.[65]

당 관료의 놀이터이자 공유지가 되어버린 국유재산은 마지막 순간이 위험하다. 지금까지 누리던 국유재산에 대한 다양한 사적 권리를 잃어버릴 수 있다는 걱정이 광범위하게 번지면 걷잡을 수 없는 파괴의 폭풍이 인다. 전체주의가 후퇴한 일당 독재의 공산주의(수령제의 북한과 달리)에서 공산당 간부는 오늘까지 자신이 책임지고 있는 국영 공장을 자기 것처럼 운영해왔다. 어디다 처분할 수 없었을 뿐이었다. 그런데 자신의 재산권(사용의 권리와 기업 시설을 이용한 영리 활동의 권리)을 지지

해주던 공산당 일당 독재가 다당제 선거의 도입으로 곧 무너질 낌새이다. 내일도 공장 지배인으로 남을지 의심스럽다. 이 와중에 중앙 정부는 시장과 사유재산제를 공식적으로 허용했다. 이 기회를 노려 아직 자리를 지키고 있을 때 국유재산을 훔쳐 시장 속으로 달아나는 게 상책이라 판단한 일부는 공장 자산 전체를 최근 자신들이 세운 유령 기업으로 이전해버린다. 허위 거래명세서를 발행하기도 하고, 아예 공장 시설을 분해해서 트럭에 실어 옮기기도 한다. 노골적이고 창의적인 도둑질이다. 여기저기 들려오는 국유재산의 불법적 사유화 속에서 정말 공산 경제가 무너질 것 같다. 이내 다른 이들도 도둑질에 편승한다. 국유재산은 파도에 쓸려버리는 모래성처럼 어디론가 사라진다. 거리로 뛰쳐나온 용감한 시민의 혁명이 아니라 국유재산의 실질적 사적 재산권을 보존하려는 공산주의자의 도둑질이 공산주의라는 거인을 쓰러뜨린다. 공산주의를 믿는 척한 그들이 공산정권을 무너뜨린 장본인이다.[66]

공산주의에 만연한 공유지의 비극이 알려주듯 하나는 전체를 위한다는 공산주의는 우리의 이기심을 뿌리 뽑기는커녕 이상스럽게 꼬아버린다. 당 간부들은 국유재산이라는 공유지와 불완전한 감시와 통제를 자신의 이익을 위해 마음껏 비틀어버린다. 공산주의 제도의 약점을 파고드는 공산주의자들에게서 사업가적 창의성마저 느껴진다.

다시 한번 강조하지만, 수령의 나라 북한은 다르다. 일반적 공산주의가 아니다. 북한에서 재산권의 혼돈으로 체제가 흔들릴 위험성은 전혀 없다. 왜냐하면 모든 게 결국 수령 것이기 때문이다. 조선노동당 간부에게 관습적으로 주어지는 국유재산에 대한 권리는 없다. 일시적인 위탁이고 언제라도 수령의 호출에 제대로 정산해서 갖다 바쳐야 한다. 심지어 수령은 막무가내이다. 허울 좋은 경제 책임자인 내각 총리는 없는 돈도 만들어야 한다. 이렇듯 여유라고는 찾아볼 수 없는 조선노동당의 간부를 국유재산을 이용해 풍족하게 살았던 1980년대 원조 사회주의 소련의 엘리트와 비교해보라. 그리고 한번 자문해보라. 과연 간부는 수령제가 계속되기를 원할까?

주체형의 새 인간은
아부하는 인간

어떤 사회도 경쟁을 피할 수 없다. 많은 이가 가지길 원하는 것
은 희소하다. 아니면 희소한 걸 다수가 원하는지도 모르겠다.
여하튼 경쟁이다. 획일적 가치에 매몰된 사회일수록 경쟁은
심하다. 당 국가가 설치한 위계의 사다리를 올라가는 데 모두
가 정신을 빼앗긴 사회주의가 그렇다. 숨 막히는 비현실적 당
위와 얼토당토않은 명령의 홍수 속에서 자유와 창의의 자아실
현은 어불성설이다. 마르크스가《독일 이데올로기Die Deutsche Ide-
ologie》에서 묘사한 역사 발전의 최고 단계에서 시 쓰고 일하고
사유하는 목가적이고 전인적인 삶은 어디에도 없다. 건강하고
활기찬 젊은이가 갈 수 있는 곳은 공산당 조직뿐이다. 거기서

빙빙 돌다 음악이 멈추면 하나씩 빠지는 의자에 재빨리 앉아야 하는 생사의 놀이를 하고 있다. 놀이의 규칙이 조금 비사회적이다. 이를 살펴보자.

조직의 높은 자리처럼 희소한 재화를 배분하는 데는 어떤 기준이 타당한가? 능력주의meritocracy인가? 제비뽑기luck인가? 아니면 연줄인가? 보통 전통과 근대를 가르는 중요한 기준으로 능력주의가 뽑힌다. 하층민이 부모의 성씨에 좌우되는 인생을 피할 수 있기에 능력주의는 엄청난 인류의 진보임에 틀림없다. 하지만 요즈음 들어 능력주의가 운의 큰 영향을 부정하는 도그마로 변질됐다는 비판서가 서점가에서 유행한다. 개인의 성공과 출세에 운이 미치는 정도를 가벼이 생각한다는 타당한 반론이다.[67] 그래도 능력주의와 운은 연줄과 달리 주요한 사회 정의에 이바지하는 측면이 크다. 능력주의는 비례의 평등을, 운은 기회의 평등을 실현한다. 시험 성적에 따라 합격·불합격, 부서 배치가 결정되면 모두가 결과를 수긍한다. 아테네의 모든 시민은 제비뽑기로 지도자가 될 기회를 평등하게 나누어 가진다.[68]

이런 실력(능력)과 운의 앙상블은 우리의 애간장을 태운다. 난이도 조절에 실패한 사지선다형 객관식에서는 운의 비중이 커진다. "불수능"에서는 잘 찍은 자가 합격하고, "물수능"에서는 실수한 자가 큰일 난다. 스포츠에서는 경기 종목에 따라 능력과 운의 비중이 달라지니 균형 잡힌 관전평이 만만치 않다. 만약 손흥민이 지금 연봉의 몇 배를 받고 하위 팀에 스카우트 된다면 2022년 프리미어 리그 최고 득점왕 같은 성공을 다시 누릴 수 있을까? 케인 없는 손흥민의 성공을 생각하기는 힘들다. 개인의 실력만큼이나 누구와 함께 뛰느냐가 축구 선수의 성공과 실패에 결정적이다. 패스를 잘하는 동료를 만나는 건 운이다.[69]

그렇지만 우리가 벌이는 능력주의 논쟁은 사회주의에서는 사치에 가깝다. 사회주의가 희소 자원을 가르는 대표적인 방식은 줄서기와 연줄이다. 이 둘은 능력이나 운과 달리 특별히 긍정적인 측면을 찾기가 어렵다. 몇 시간씩 줄을 서는 고통스러운 지겨움은 엄청난 사회적 낭비이다. 사회주의를 느끼고 싶은가? 어렵지 않다. 황금연휴에 놀이동산에 가 롤러코스터의 차례를 기다려보라! 사회주의 시민들이 이 같은 기다림을 거의 매일 하고 있다고 생각해보라. 숙달된 그들은 줄이 보이면 일단 선다. 무엇을 기다리는지 묻지도 않는다. 인내심 경쟁에 바로 뛰어든다. 오랜 기다림에 익숙한 그들은 별로 힘들어하지 않고 추운 바깥 날씨를 견딘다. 어쩌면 더 나은 소일거리가 없었기 때문인지도 모르겠다.

연줄도 그에 못지않게 낭비적이다. 누구를 알고 누구와 친한지에 따라 사회적 희소 자원이 배분되니 정의로움을 찾기가 쉽지 않다. 굳이 연줄을 만들기 위해 들이는 시간과 돈을 개인이 지불하는 비용이라고 주장하면 이야기가 복잡해지겠지만 말이다. 가장 원한 자가 가장 비싼 낭비를 하고 얻어간다는 일차원적인 자유주의적 변론이다. 여기에는 집합적 합리성이 없다. 생산적 활동이 아니라 문고리 권력의 호의를 얻기 위해 자원을 소비하는 것이니 연줄 만들기는 결국 사회 전체의 생산성을 갉아먹는다.

연줄에는 무작위적 운이 만들어내는 평등도 없다. 이번 뽑기(운)에 내가 당첨되었지만, 다음에 뽑힐 확률은 여전히 모두 같다. 그렇게 모두가 결국 평등해진다. 큰 수의 법칙이자 무작위성의 아름다움이다. 이와 달리 한번 맺은 튼튼한 연줄은 불평등이다. 높은 진입장벽이 세워지는 셈이다. 연줄을 잡은 자는 승리의 문을 닫아버리고 패자는 쓸쓸히 퇴장한다.

물론 사회주의도 "아버지 뭐 하시노?"라고 대놓고 묻지는 않는다. 소련은 레닌주의로 무장한 붉은 스카프의 젊은 개척자를 칭송하고, 북한은 자주성, 창조성, 의식성으로 무장한 채 수령에 무한 충성하는 주체형의 인간을 최고의 인물로 규정한다. 개인의 능력과 업적 대신 정치적 덕성이 평가의 핵심 잣대이다.

여기에 사회주의의 함정이 있다. 막스 베버의 날카로운 관찰처럼 경쟁을 없애겠다고 나선 사회주의는 전체주의 이념이 정의하는 덕스러움을 경쟁시키는 덕치virtuocracy로 전락한다. 출신성분이 우수한 사회주의 시민들은 누가 더 사회주의적인지 다툰다. 결국 덕치는 덕을 고양하지 못한다. 타락시킨다.

누가 좀더 나은 인간인지를 다투는 것이 무엇이 문제인가? 측정이 문제다. 심각하다. 상급자인 나는 부하를 오랫동안 겪어 왔다. 그래서 나는 그의 자주성, 혁명성, 수령에 대한 신심이 얼마나 깊은지 잘 알고 있다. 이러한 평가에 기초해서 그의 승진을 결정했다. 과연 나의 불편부당한 결정은 무심한 타인의 보편적 지지를 얻을 수 있을까? 열 길 물속은 알아도 한 길 사람 속은 모른다는 속담이 많은 것을 이야기해준다. 아주 오래 깊이 사귄 친구에게도 실망과 인간적인 회의를 느끼는데 하물며 솔직하기 어려운 상하 관계에서 아랫사람의 덕성을 제대로 측정할 수 있다고? 타인은 나의 승진을 색안경을 끼고 볼 것이다.

평가 대상자의 입장이 되어보자. 승진과 입학의 기준이 이념이 정의한 정치적 태도에 달려 있기에 출세에 관심 있는 모두는 자신의 외적 행태를 이에 딱 맞춘다. 평정서는 평생 당신의 이런 행동을 기록하고 당신이 가는 곳이면 어디라도 따라다닌다. 음악에 소질이 있고 교우관계가 좋다는 우리 생활기록부와는 차원이 다르다. 사상 검토가 핵심을 이루는 평정서는 개인의 정치적 덕스러움을 측정한 평생의 기록이다.

어린 시절부터 교사와 소년단 지도원의 좋은 평가를 받기 위해서 외양이 얼마나 중요한지 학습해온 그는 순진하기 어렵다. 공개 연설에서 김일성이라는 이름이 언급된다. 시끄러운 박수 소리가 이제 사그라지려 한다. 아랑곳하지 않고 그는 손바닥에 불이 나도록 더 친다. 연설자의 그침 신호마저 거부하고 정신이 혼미할 정도로 만세를 외친다. 과유불급은 없다. 그래야 청년동맹의 지도원으로부터 좋은 평가를 받아 훌륭한 학교와 직장에 들어갈 수 있다. 직장에 들어갔다고 달라지는 것은 없다. 평생을 두고 벌이는 어이없는 덕스러움의 경쟁 속에서 도덕과 신념은 자신을 돌아보는 잣대가 아니라 출세의 수단이 되어버린다.

우리의 허약한 정직성을 놓고 보았을 때 덕치가 엘리트와 인민의 위선을 자극한다는 건 전혀 이상하지 않다. 일상을 조금만 돌아보아도 우리가 얼마나 거짓과 위선에 부지불식인지 쉽게 알 수 있다. 우리는 남들 앞에 내보일 자신의 얼굴 사진도 조심스럽게 고르고 요모조모 포토샵을 한다. 페이스북이 시연하는 지인의 삶은 화려하다. 이국적인 여행지의 색다른 풍경과 고급 레스토랑에서의 근사한 저녁 식사 장면들로 가득하다. 타인의 사진을 보면서 한 친구는 며칠 전 연인과의 식사 중에 일어난 말다툼을 떠올린다. 그런데 사진을 올린 지인도 그날 사진 찍기에 짜증이 난 연인 때문에 식사가 영 그랬다. 당연히 그런 이야기는 없다. 친구는 화려한 사진이 보여주는 대로 생각하고 우울해진다. 그렇다. 각자가 꾸미는 공개적 공간은 미필적 거짓과 위선으로 가득하다. 글, 그림, 영상은 취사선택과 과장으로 점철되어 있다. 사회적 주목과 인정이라는 보상을 얻기 위해 겉모습을 치장·위장하는 우리의 자화상이다.[70]

그런 우리 앞에 출세와 성공이 놓여 있다. 선별 기준은 당신의 겉모습이다. 갈고 닦은 마음의 덕이 아니라 행동으로 나타나는 관찰 가능한 덕스러움이다. 출세를 꿈꾸는 자들은 하나같이 하나가 전체를 위하는 허무맹랑한 기준에 맞추는 척한다. 위선과 거짓이 넘쳐난다.

사회주의 통치 원리가 조장하는 덕스러움의 경쟁은 도덕심을 심기 위한 자발성 원리와 정반대이다. 사회심리학에 따르면 자신의 행동을 외부적 원인으로 돌릴 수 없을 때 개인은 이에 부합하는 내면적 가치를 북돋운다. 내가 도덕적인 사람이기 때문에 도덕적 행위를 한다는 식이다. 그렇게 도덕적 정체성이 자란다.[71] 공자도 이미 이를 간파하고 있다.

형벌로 다스리면 사람들은 죄를 면하려 할 뿐 부끄러움을 모르고, 덕과 예로 다스리면 염치를 알고 자신을 바로잡는다.

그런데 덕스러움이 출세의 기준이 되면 마음의 덕은 약해진다. 자신의 덕스러운 행동의 원인을 공식 이념에 대한 자발적 믿음 대신 출세라는 외부적 유인으로 돌리기 때문이다. 사회주의 시민은 분명해 보이는 자기의 위선은 생활의 기술로 뿌듯해하면서도 타인의 덕스러운 행동은 속으로 조롱한다.

그래도 아랫사람들은 위선이라도 떨지만 위민헌신을 입에 달고 사는 수령과 그의 앞잡이들은 거리낌이 없다. 뻔뻔함은 그들의 힘이다. 마음에 들지 않는 이들을 인민과 계급의 적으로 낙인찍고 짓밟고 죽인다. 미친 소수의 혁명적 당파성이다. 나머지 사람들에게는 참을 수 없는 이념의 가벼움이다. 사회는 도덕에 질려버린다. 냉소주의가 한때 타올랐던 열정과 이상주의를 차갑게 식혀버린다. 오히려 돈만 밝히는 자본주의보다 물질만능주의가 더욱 팽배한다. 공사의 구별 없이 모든 걸 도덕으로 취급하는 공산주의의 역설이다. 반도덕이 아니라 탈도덕이다. 각자도생이다. 인신매매, 장기매매 등 끔찍한 범죄가 공산주의가 무너진 나라에서 일시적으로 폭발하는 배경이다.[72]

이번에는 평가자의 입장에 서보자. 설사 진정 주체형의 인간이 있다 한들 이들을 "위장한 출세주의자"와 어떻게 구분할 것인가? "날이 추워진 후에야 소나무와 측백나무의 강인함을 알게 된다(歲寒然後 知松柏之後彫)"는 논어의 구절처럼 진실의 순간은 어려움과 함께 찾아온다. 그런데 이제 더는 미래가 불확실한 풍찬노숙의 혁명 투쟁은 없다. 부차적인 실력보다 이념의 지시대로만 행동하면 커다란 보상이 확실한 공산주의 세상이다. 신념에 미친 자와 출세에 눈먼 자 모두 수령 만세를 외치면서 행진하고 있다. 구별이 안 된다.

그런데 이런 측정의 어려움은 상급자에게 마냥 불리하기만 한가? 과연 상급자는 자신을 희생해서라도 신념을 지키고자 하는 지사인가? 한때 그랬을지 모르나 이제 그는 지쳤다. 그 역시 부당한 명령에 임시방편으로 대응하면서 하루하루 힘겹게 살아야 하는 생활인으로 전락했다. 그런 상급자는 과연 이념에 미쳐 물불 가리지 않는 이데올로그를 부하로 원할까? 때때로 숨기지 못한 자신의 비사회주의적 잘못을 상부 조직에 고발할 준비가 되어 있는 자를 자기 밑에 두고 싶지 않다. 살아남고 출세하고 싶은 청년동맹위원장이다. 신입이 이념과 당이 아니라 얼마나 자기에게 충성하는지가 궁금할 뿐이다.[73]

원래 조직 전체의 이해와 조직원의 편협한 사적 이해는 자주 충돌한다. 외부와의 경쟁, 독립 기구의 치밀한 감시와 감사 등이 약한 위계 조직에서 과장은 능력 있는 대리를 원하지 않는다. 능력 있는 대리는 과장을 불편하게 할 뿐이다. 자리를 빼앗을 수도 있다. 회식 자리에 군말 없이 나오는 부하가 믿음이 간다. 못난 과장은 더 못난 대리를 뽑는다. 조직의 건전성과 역량이 나빠지면 어떠리?

위계 조직이 전부인 공산주의가 딱 그렇다. 시장 경쟁의 부재 속에서 국영기업은 파산하지 않는다. 초과 예산은 거의 보전된다. 조직의 목표 역시 명확하지 않다. 외부의 누구도 열심히 감독하지 않는다. 속이기 어렵지 않다. 그래서 실력이 출중한 부하는 필요 없다.

1974년 "당의 유일 사상체계 확립의 10대 원칙"의 9조 7항은 "위대한 수령 김일성 동지에 대한 충실성을 기본척도로 하여 간부를 평가하고 선발 배치하여야 하며"라는 인사 원칙을 천명하고 있다. 이 지침을 따르기 어렵지 않다.

원칙이 대체로 그렇지만 문장의 단어만이 분명할 뿐이다. 직속상관은 자신에게 충성스러운 신입을 혁명적 수령관과 당성이 철두철미한 자라고 우기면 그만이다. 우기기가 참 쉽다. 비웃음인가? 미소인가? 관대한가? 헤픈가? 용맹한가? 무모한가? 부부장은 제 눈의 안경을 끼고 부하의 애매모호한 행동을 아전인수로 해석한다.[74] 아부하는 아랫사람의 평정서에 칭찬을 아끼지 않는다. 왜냐하면 자기 사람이기 때문이다.

신입 역시 윗사람이 무엇을 원하는지 눈치가 빠르다. 직속상관의 비위를 맞추어 호의적 평가와 승진을 구한다. 그래도 영리한 출세주의자는 당과 이념을 소리 높여 외치는 걸 잊지 않는다. 충성스럽고 눈치 빠른 부하는 수령의 살 떨리는 감정 기복에 놓인 상급자에게 안성맞춤이다. 그들은 함께 당 중앙을 속이고 견딘다.

결국 명령하는 "바로 위"와 명령을 받는 "바로 아래"는 감시와 숨김의 갈등 관계 대신 충성과 후원의 끈끈한 인맥이 된다.

누구 사람, 누구 친구인가로 공산 조직이 작동한다. 사회 전체가 위아래의 엄격한 위계로 구성된 공산 사회에서 현대 관료제의 조직 원리인 법적·합리적 정당성은 발붙일 틈이 없다.

그렇게 시간이 흐르면서 소련의 블라트блат(연고) 혹은 중국의 꽌시關係(인맥)라는 단어는 흔한 일상어가 된다. 당과 이념의 핵 주위를 혼자서 뱅뱅 맴도는 원자화된 사회라는 전체주의는 온데간데없다. 유토피아에 대한 열망이 잦아진 성숙한 공산 사회는 사적 인간관계와 모임이 사라진 "벌거벗은 사회"가 아니다.[75] 여기저기로 뻗어나간 인맥의 연고주의가 이념의 원자화된 전체주의를 대체한다. 시장 경쟁도 선거 경쟁도 보도 경쟁도 없이 오직 덕스러움에 대한 상급자의 독단적 평가가 개인의 성공과 실패를 좌우하는 속에서 일어난 뜻밖의 사회적 결과이다. 결국 공적 목표를 희생시키고 사적 이익을 우선시하는 부패는 사회주의의 부산물이 아니라 본질이 되어버린다.[76] 친소 관계로 거의 모든 희소 자원이 배분되는 지경에 이른다. 예를 들어 정육점 주인과 얼마나 친하냐에 따라 손님이 얻을 소고기 부위가 결정된다. 공정과 정의를 중시하는 신세대는 끊임없는 분노로 하루도 버티기 어려울 것이다.

위대한(?) 사회주의 독재자는 이런 타락을 그냥 두고 볼 수 없다. 중국 홍위병의 문화혁명이나 북한의 3대 혁명소조운동은 인사권과 정보를 틀어쥔 관료 조직이 파벌화되는 걸 뒤흔들고 막기 위한 주석과 수령의 한 수이다. 이오시프 스탈린Iosif Stalin의 전체주의 역시 광활한 영토에 퍼져 있는 단일 공산당 조직이 파편화되는 것을 막기 위한 극단의 시도라는 해석이 있다.[77]

독재자의 몸부림에도 전체주의적 동원과 상호 감시가 조금이라도 약해지면 인간적인 인맥이 이념에만 전적으로 헌신하는 개인을 대체한다. 역사 발전의 종착역을 향한다고 선전하는 공산 사회의 작동 원리는 사회주의의 전 단계인 자본주의를 받치는 보편적인 절차와 규칙의 근대성에도 미치지 못한다. 자본주의 전 단계인 전통 사회로의 사회주의적 회귀이다. 1보 전진을 위한 2보 혹은 3보 후퇴인지도 모르겠다. 그런데 너무 많이 뒤로 물러섰다. 이런 후진적 사회상은 핵무기를 생산하는 고도의 군사 기술과 대비된다. 사회주의의 역설이다. 어쩔 수 없다. 시장과 언론·집회·결사의 자유와 인민에 의한 민주주의를 압살한 공산주의의 거스를 수 없는 내재적 경향성이다.

결국 하나가 전체를 위한다는 이상적 공동체주의는 온데간데없다. 도덕은 양심의 잣대가 아니라 출세의 수단이 되고 때때로 나를 배 아프게 한 자를 공격하는 무기가 된다. 그는 비판한다. 어제 그의 발등을 밟은 건방진 자의 실수는 민족의 자주와 인민대중의 자주성에 대한 당파성이 부족하기 때문이라고. 두껍게 내려앉은 냉소의 짙은 안개 속에서 참을 수 없는 이념의 가벼움에 몸부림치면서 쾌락에 탐닉하는 지식인의 당혹스러움이 느껴지는 사회상이다. 그렇게 사회주의는 타락한다.

이념의 유토피아가 자꾸만 인맥 사회로 가려 하기에 수령은 반종파를 입에 달고 산다. 2016년 5월 노동당 7차 당대회에서 수령이 말하는 중에 안경을 닦은 김용진 부총리의 죄목도 현대판 종파였다. 종파라 불리는 순간 수령의 자비는 없다. 북한의 십계명인 김일성의 10대 원칙에는 인맥 만들기를 구체적으로 경고한다. 서로 선물을 주고받지 말라(6조 4항)고 명시되어 있다. 이미 1974년 북한의 수령이 공식적으로 김영란법을 도입한 셈이다. 시대를 앞선 수령의 뜻밖의 혜안(?)이다. 그리고 주기적으로 수령은 조직을 쪼개고 흔든다. 김정은 시대 호위사령부의 운명처럼 말이다. 아니면 3대 혁명소조운동 등 수령이 직접 은사를 내린 젊은이들을 대규모로 당에 내려보낸다. 나라 전체를 흔드는 하방 운동이다. 아무것도 가만히 내버려둘 수 없는 수령의 잡초 뽑기이다. 왜냐하면 틈만 나면 장성택, 리영호 등 실세를 따르는 "종파분자"가 쑥쑥 자라는 것이 공산주의의 골치 아픈 조직 원리 때문이다.

인민, 한국 독재에는 있고
북한 독재에는 없는

북한의 수령은 사랑받기를 거의 포기한 듯하다. 최대 다수의 최대 행복이 아니라 최대 다수의 최대 두려움이 정책의 기준인 것처럼 보인다. 왜 수령은 사랑을 포기하는가? 사랑과 두려움은 하나가 늘면 다른 하나가 주는, 경제학 원론에서 말하는 대체재substitution가 아니다. 콜라와 사이다처럼 하나의 소비가 다른 소비를 줄이는 관계가 아니라는 말이다. 사랑받으면서 동시에 두려움의 대상이 될 수 있다. 엄하지만 자애로운 부모처럼 말이다. 현재 중국 공산당이나 과거 한국의 권위주의는 인민에게 경제 발전과 복지라는 공공재를 제공하면서 동시에 정치적 반대를 폭력적으로 진압했다.[78] 이와 달리 북한은 그냥 처벌의 공포에만 매달린다. 어쩌다 이 지경이 되었는가?

시장경제와 계획경제라는 경제 제도의 근본 차이만이 아니다. 한국과 북한의 독재가 질적으로 완전히 다르기 때문이다. 민주주의냐 독재냐 라는 거친 이분법은 남한과 북한의 심대한 차이를 제대로 잡아내지 못한다. 북한과 달리 한국의 독재에는 시장과 사적 공간에서의 자유, 언론·출판·집회·결사의 협소한 자유, 주기적으로 열리는 경쟁적이지만 불공정한 선거, 반민주적이지만 제한된 국가 폭력이 공존했다. 그래서 한국의 독재자는 인민의 아우성에 주목했다. 북한 독재에는 인민이 없었고, 지금도 없다. 두 나라 사이를 가르는 인민의 정치적 비중의 너무나 큰 차이가 돌이킬 수 없는 두 갈래 길을 만들어버렸다.

그런데 경제 발전에 미치는 인민의 정치적 역량에 대한 회의적 시각이 있다. 한국의 경험 때문인지 일부 정치경제학자들은 독재와 경제 발전의 관계를 긍정적으로 바라보는 경향이 있다. 특정 시기에 국한해서는 독재가 민주주의보다 낫다는 주장은 정치학계의 뜨거운 논쟁거리이다. 이의 대표적 논자가 바로《문명의 충돌》로 유명한 새뮤얼 헌팅턴이다. 민주주의가 때 이르게 도입되면 폭발하는 정치적 요구의 무게를 이기지 못한 허약한 정치 제도 탓에 사회가 혼란에 빠져버린다는 그의 주장은 박정희 독재 등을 정당화한다. 현재 이를 열렬히 지

지하는 나라가 바로 중국이다.[79]

　나는 이 주장에 동의하지 않는다. 시민의 민주적 역량은 언제라도 나라 전체를 돕는다. 한국은 때 이른 민주주의를 비껴가서가 아니라 강한 민주적 압력을 정면으로 맞았기 때문에 발전했다.

　그럼 민주주의는 왜 경제 발전에 중요한가? 처벌받지 않는 권력과 정부는 타락하기 때문이다. 천사는 정부 없이 훌륭히 자치할 수 있다. 인간의 선한 본성을 확신한 무정부주의자의 믿음이기도 하다. 천사가 아닌 인간 공동체를 운영하기 위해 강제력을 지닌 정부는 불가피하다. 여기에 정부의 역설이 있다.[80] 강제력을 쥔 자 역시 천사가 아닌 우리와 비슷하게 어중간한 품성의 인간이다. 적당히 착하고 적당히 사악하다. 그런 그에게 견제 받지 않는 권력이 주어지면 본성의 착한 쪽이 아닌 사악한 쪽이 자극된다. 그를 견제해야 한다. 누가? 무슨 힘으로? 권위주의 시절에 목격했듯이 사법부만으로는 전혀 믿음직스럽지 않다. UN은 당연히 아니다. 오직 시민들이 지켜보고 있고 함께 저항할 수 있다는 대리인의 두려움만이 정부를 정신 차리게 한다. 그제야 정부는 인민의 행복을 위하는 쪽으로 행동한다.[81]

　정부의 역설에 동의하는 나는 헌팅턴이 때 이른 민주화의 위험 사례로 지적한 4·19 민주혁명을 다르게 해석한다. 4·19

민주혁명은 다음에 권력을 잡을 모두에게 시민의 민주적 역량을 증명한 사건이었다. 이를 계기로 눈치 빠른 위정자들은 공공의 복리를 무시하는 것은 어리석은 짓임을 알아챘다. 4월 혁명은 미완의 민주화 혁명이 아니라 다가올 좋은 시절을 알리는 인민의 난타였다. 누군가는 경제 발전에 한국 정부의 공도 인정해야 하지 않느냐고 반문한다. 당연하다. 한국 정부도 훌륭했다. 다른 많은 발전도상국과 비교할 때 논쟁의 여지가 없다고 생각한다. 그러나 정부가 똑바로 행동하기 위해서는 시민의 힘이 먼저이다. 다행히도 우리는 가지고 있었다.

사실 한국 경제 발전의 원인으로 지목되는 변수는 많다. 천연자원의 부족, 공정한 고시의 능력주의, 냉전으로 인한 우호적 세계 시장 등이 손꼽힌다.[82] 이것만으로는 역부족이었다. 국가가 강했던 만큼 이에 고삐를 걸고 당길 민주적 압력이 절실했다. 시민의 민주적 역량과 선거가 그 역할을 했다.

1987년 이전 한국은 선거 독재였다. 현재 지구상에서 민주주의만큼이나 흔한 정권 형태이기도 하다. 중앙아시아 여러 '스탄' 국가들, 이란, 튀르키예(터키), 러시아, 벨라루스, 아제르바이잔, 이집트 등등 참 많다. 시민의 저항과 세계사적 제약 속에서 독재자가 차마 선거를 철폐하지 못하는 나라들이다. 이들 나라에서 선거가 "유일한 정치 게임"은 아니지만, 최고 권력에 접근하는 유일한 수단이다. 이는 대중의 정치 참여가 철저

히 배제된 독재와 대중의 정치적 자결권을 법치로 보장하는 민주주의 사이의 회색지대에 위치한다.[83]

선거 독재의 폭압(북한에 훨씬 미치지 못하지만)에도 불구하고 주기적 선거는 시민의 정치적 역량을 여러모로 크게 키운다. 무엇보다 선거는 시민들 사이에 정보와 조정의 문제를 해결해주어 효과적인 저항에 큰 도움을 준다. 이런저런 선거를 통해 엘리트와 시민들은 이승만, 박정희, 전두환이 얼마나 인기가 있는지 없는지 서로 알 수 있다. 그렇게 선거는 대중의 지지를 잃어버린 독재자의 부풀어오른 지지도를 터트려버린다. 선거라는 거대한 스피커의 커다란 울림 속에서 정권에 반대하는 모두는 과감해진다. 저항의 집단행동이 수월해진다.[84] 그래서 선거는 독재자에게 성가신 통과의례가 아니다. 취급에 큰 주의를 요구하는 휘발성 높은 위험한 게임이다.

다수 대중의 지지가 절실한 선거에서 공공재 공급은 가성비가 뛰어난 득표 전략이다. 고무신과 돈 봉투를 돌리는 것만으로는 힘들다. 유권자의 수가 너무 많다. 모두에게 골고루 큰 혜택이 돌아가는 공공재 공급이 상대적으로 적은 돈으로 광범위한 지지를 얻을 수 있는 길이다. 좋은 강의를 준비하는 데는 만만치 않은 노력이 들어가지만 수강 인원이 늘어나도 특별한 추가 비용이 발생하지 않는 까닭과 일맥상통한다.

주기적인 선거와 더불어 정당 질서 역시 독재자의 편한 잠

자리를 방해했다. 한국의 경우 선거 독재 기간 내내 압도적 패권 정당이 없었다. 집권당이 패권적 지위를 누리면서 야당과의 큰 정치적 격차를 오랫동안 크게 유지했던 멕시코, 싱가포르, 타이완 등과 크게 달랐다.

예를 들어 멕시코의 경우 집권당의 계속된 압승 속에서 야당은 좌우로 분열되어 이념화되었다. 급진적 활동가에 사로잡힌 양쪽의 좌우 정당은 중위 투표자의 위치에서 멀리 떨어져 자리 잡았다.[85] 이런 정당 구도에서 표심을 모으는 전략적 투표는 소용없었다. 집권당에 반대하는 유권자는 그냥 자기가 제일 좋아하는 후보나 당을 찍어버렸다. 반대표의 분산이었다.[86] 이 결과 민주화 이전 멕시코의 선거는 불확실한 결과를 놓고 벌이는 흥미진진한 게임이 아니었다. 누가 이겼는지 미리 알고 보는 스포츠 하이라이트였다. 선거는 저항의 조직화 대신 반대 세력의 정치적 무력감만 키웠다.[87]

이와 달리 한국의 엎치락뒤치락하는 양당 구도에서 대항 엘리트는 강한 도전 의지를 다지며 승리를 위해 힘을 합쳤다. 조그마한 전리품을 위한 이념의 자리싸움 대신 수권을 위한 협력을 택했다.

분단과 한국전쟁으로 좌파 정당이 성장할 수 없었던 정치 지형은 야당의 보수적 동질성을 높였다. 반공이 다른 정치 이념을 밀어내버렸다. 토지개혁과 6·25 한국전쟁으로 지주가 몰락하면서 남미에서와 같은 토지를 둘러싼 극심한 좌우 대립을 피할 수 있었다.[88] 이 때문에 급진파는 밀려나고 보수적 중도파가 야당에 득세했다. 이런 역사적 배경 아래에서 대통령제와 단순 다수 소선거구제는 경쟁적인 양당제를 낳았다.

이 결과, 한국의 선거 독재는 집권 여당에 강력한 야당이 도전하는 모습이었다. 도전은 위협적이었다. 선거에서 야당은 수권 가능성을 여러 차례 과시했다. 그래서 선거는 집권 여당의 정치적 정당성을 치장하는 의례적 행사가 아니었다. 패배할지도 모를 불확실한 권력투쟁이었다. 무엇보다도 대중의 안정적 지지를 확보하지 못한 독재자는 정치인, 기업인, 고위 관료 등의 양다리와 권력 누수를 걱정해야 했다.[89]

이승만의 몰락은 양당제의 선거 독재에서 경제 발전이 집권 연장에 아주 중요한 과제임을 일깨워주었다. 당시 자유당 과두 세력은 원조 경제에 기초한 수입 대체 산업화 전략을 악용해 그나마 있던 초라한 국부를 나누어 가지기에 바빴다. 다수의 중견 정치인들이 주도하는 광범위한 부정부패와 잘못 설정된 발전 전략으로 보릿고개는 여전했다.[90] 절대 다수가 평등하게 가난했다. 거듭된 경제 실정 속에서 이승만은 6·25 한국전쟁의 위기를 돌파하면서 얻은 인기 점수를 다 까먹어버렸다. 정치적으로 초라해진 그는 민주와 반민주의 대결 구도를 들고 나온 야당의 도전을 손쉽게 뿌리치지 못했다. 1956년 자유당 후보 이기붕의 부통령선거 패배는 이승만 정권에 대한 국민의 거부감을 모두에게 여실히 보여주는 충격적 사건이자 4·19 민주혁명의 전조였다.

박정희의 성공은 이승만의 실패와 뚜렷이 대비된다. 1963년 대통령 선거 승리 이후 박정희는 정치·경제 엘리트의 부패 압력으로부터 경제 관료의 자율성을 높이는 발전 국가를 내세우고 대기업 위주의 수출 주도 성장 전략을 단행하여 고도 성장을 달성했다. 외국 자본의 직접 투자를 철저히 배제하는 차관에 의존하는 민족주의적 전략이었다.[91] 우리와 비슷한 시기에 성장한 타이완 경제와 비교하면 박정희 발전 전략의 특징이 분명해진다. 타이완 국적의 자동차 기업이 몇 개일까? 한 개도 없다.

박정희의 대기업 위주 국가 주도 발전 전략은 딱 들어맞았다. 후후발 산업화 국가의 민간 경제 주체는 세기와 세대를 앞서 축적한 풍부한 자본의 경제 주체들과 독자적으로 맞설 수 없다. 거대 자본을 끌어모을 수도 없고 엄청난 위험을 혼자서 감수하려 들지도 않는다.[92] 그냥 예전처럼 고만고만한 돈벌이에 매달린다. 발전은 없다. 이런 시대사적 제약을 극복하기 위해 박정희는 발전 국가를 내세워 대기업에 차관 등 자본을 밀어주었고, 대기업은 사활을 걸고 수출 실적으로 자신의 능력을 증명했다. 결과는 한강의 기적이었다.

관료를 정치인으로부터 절연, 보호하고 어려운 자본 동원과 위험한 투자를 주도한 박정희의 노력은 근대화에 대한 그의 개인적 신념과 의욕에 기인한 측면이 분명히 있다. 하지만 이는 또한 선거 독재의 정치 논리이기도 하다. 박정희는 선거 승리를 위해 경제 발전이라는 공공재를 공급해야 했다. 성공적 경제 성장에 힘입어 1967년 대통령 선거에서 박정희는 압승을 거두면서 대통령에 재선되었다. 곧이어 박정희는 1969년 삼선 개헌을 통해 장기 집권의 법적 걸림돌마저 제거했다.

그때부터 박정희는 곤란해졌다. 독재자의 안정적 재집권에 기여한 경제 발전이 선거 독재의 무덤을 파기 때문이다. 먹고 사는 문제가 해결되면서 유권자들은 민주와 자유에 훨씬 더 민감하게 반응한다. 나는 이를 욕구 5단계설로 설명하지 않는다. 사회의 다원화는 더욱 아니다. 정치경제학적 설명이 매력적이다. 빈곤에서 벗어난 유권자에게 경제 성장의 한계 득표력은 이제 크게 떨어진다. 반대로 유권자의 표심은 자유를 더 주겠다는 공약으로 쓱 움직인다.[93]

투표자의 효용 곡선은 왜 경제 발전이 독재자의 무덤인지를 보여준다. 부가 커질수록 부의 한계효용은 작아진다. 부족한 자유에 더 많은 자유가 더해지면 투표자의 효용에 커다란 한계적 변화가 발생한다. 가난에서 크게 벗어난 한국의 중위 투표자에게 자유를 공약으로 내건 민주화 세력이 경제 발전을

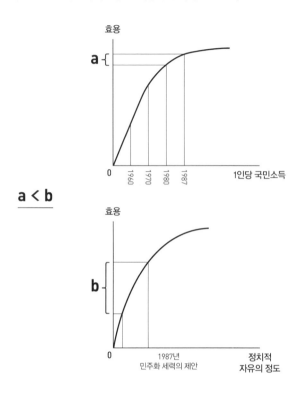

투표자의 효용 곡선(경제 발전, 정치적 자유)

이룬 독재 세력보다 훨씬 매력적인 이유이다.

　한국 정치사가 이를 증명하고 있다. 1971년 대통령 선거 때이다. 고도 성장을 이룬 박정희가 야당의 젊은 후보 김대중과의 대결에서 아슬아슬하게 승리했다. 박정희가 놀랄 만했다. 이제 선거의 제도화된 불확실성을 허용할 여유가 없어진 그는 1972년 유신을 단행했다.

1979년 12·12 군사정변 이후 7년 단임제를 들고나와 정당성을 확보코자 했던 전두환은 경제 성장, 국민 복지에 대한 자신감인지 1983~1984년 자유화 조치를 단행했다. 그리고 이승만, 박정희 정권과 달리 중선거구제를 도입했다. 야당을 분열시키려는 노림수였다. 일반적으로 중선거구제는 권위주의 정권의 안정적 과반 확보와 함께 온건 야당 세력에게 정치적 지분을 제공할 수 있는 제도이다.[94] 실제 5공화국 기간 동안 야당은 민한당, 국민당, 신민당으로 분열되었다.

하지만 자유화 조치는 전두환 정권에게 돌아가는 부메랑이 되어 날아갔다. 경제 발전에 뒤이은 중산층의 확대로 민주화는 이제 선도적 급진 학생·노동운동만의 요구가 아니었다. 1985년 국회의원 선거에서 선명 야당 신민당이 제1야당으로 등장하면서 정권에 대한 광범위한 국민의 반대 의사가 누구에게나 명백해졌다. 전두환 정권에 대한 지지를 부풀리던 어용언론의 노력은 물거품이 되었고, 시민들은 민주주의를 위해 함께 움직일 준비를 시작했다. 비극적인 우연들이 겹치면서 1987년 6월 항쟁으로 선거 독재는 마침내 돌무덤에 파묻혔다.

선거 독재와 반대로, 소수의 가신만으로 넉넉한 수령은 자신이 아닌 주민의 무덤을 판다. 경제는 점점 더 깊은 수렁에 빠진다. 수출 주도의 개방 경제와 정반대로, 자주와 자력갱생은 수령의 절대 권력을 취약하게 하는 외부자의 지렛대를 전혀

들이고 싶지 않은 김일성의 심사숙고한 결정이다. 당연히 가난한 소국에게는 경제적으로 매우 불합리한 선택이다. 절대 권력의 수령이 자주를 원하는 마음은 이해가 간다. 미국만이 아니라 중국으로부터의 자주이다. 미국에 군사적으로 의존(북한식 표현으로 예속)하면서 소중한 국가 자산을 경제 발전에 쏟아부은 남한의 근본 전략을 북한의 수령은 원한다 해도 표절할 수 없다. 자신의 정치적 지위가 흔들릴 수 있기 때문이다. 고장 난 레코드판처럼 "미제의 신식민지 반봉건의 남조선" 해방의 구호만 되풀이한다. 시간이 갈수록 자주노선은 고립과 빈곤을 가져올 뿐임이 점점 더 분명해진다. 수령은 상관하지 않는다. 중위 투표자를 포함한 과반의 시민을 만족시켜야 권력을 유지할 수 있는 선거 독재와 달리 절대 권력의 개인 독재인 수령제는 절대다수의 불행에 전혀 영향을 받지 않는다. 선거도 하고 대규모 시위도 자주 일어나는 남한 독재에는 인민이 있고, 대부분이 회색빛 남루한 복장으로 약간만 고개를 숙인 채 걷고 있는 북한 수령제에는 인민이 없다. 조선민주주의인민공화국에는 민주주의도 인민도 공화국도 없다.

재산권은
공산주의 시장개혁의 핵심

달리기에서 이기는 방법에는 두 가지가 있다. 체력과 기술을 연마해서 빨리 달리는 게 하나의 방법이다. 다른 방법은 경쟁자의 발을 걸어 넘어뜨려 일등으로 들어오는 것이다. 당연히 후자는 정상적인 달리기 게임에서 반칙으로 실격이다. 그런데 스포츠처럼 규칙이 명확하고 심판이 자신의 독립적 판단에 따라 공정하게 규칙을 집행하는 정치나 경제 게임은 꽤 드물다. 여기에 우리가 스포츠에 열광하는 이유가 있다. 분명하게 정해진 규칙 아래서 실력과 운에 따라 승패가 갈리고 나면 패자는 축하를, 승자는 위로를 상대에게 보낸다. 세상사에서 흔치 않다.

경주에서 걸어 넘어뜨린 자에게 실격 대신 승리가 주어진다면 경쟁은 죄수의 딜레마 게임판이 되어버린다. 모두가 호시탐탐이다. 갈취, 도둑질, 사기가 빈번한 시장 역시 그렇다. 사실 시장이 아니다. 탐욕의 정글에서 자신의 재산을 노리는 힘센 자, 사악한 자에 대한 걱정으로 식당은 간판을 내걸지 않는다. 출입문을 가정집처럼 위장한다. 잠은 부족해지고 눈이 빨갛게 충혈된다. 외롭고 춥고 가난하다. 서로서로 타인의 재산권을 인정하고 보란 듯이 장사하면 지금보다 나을 텐데. 한번 순진하게 당하면 재기 불능이기에 사회는 죄수의 딜레마에서 좀처럼 벗어나지 못한다.[95]

공정한 제3의 심판자를 세우는 고전적인 해결책이 자주 제시된다. 그런데 해결책이 문제를 더 꼬아버린다. 심판자를 자처한 많은 정부가 문제의 해결자가 아니라 마음대로 규칙을 위반하는 문제아로 전락한다. 이를 해결하기 위해 다시 정부 위의 정부를 세운다면? 견제받지 않는다면 그 정부도 마찬가지이다. 한때 유행했던 문구를 패러디하면 "바보야, 문제는 경제야"가 아니라 "정치야"이다. 경제 발전과 빈곤으로부터의 탈출은 결국 시장의 문제이기 전에 공정한 심판자를 세우는 정부의 문제이다. 대부분은 문제를 푸는 데 실패했다. 삼시 세끼도 어려운 10억이 넘는 인류의 굶주림은 주로 실패한 국가의 착취와 이로 인한 혼돈 때문이다.[96] 다국적 기업의 음모와 수탈보다 훨씬 근원적이다. 그렇게 오랫동안 해외 원조가 투입되고 있지만 밑 빠진 독에 물 붓기라는 서유럽 시민들의 불평이 배부른 자의 과장이 아닌 근본 이유이다.

그런데 정치와 국가가 시장에 앞서 해결되어야 한다는 생각은 오랫동안 무시되어왔다. 시장 만능의 자유주의만큼이나 마르크스주의도 마찬가지이다. 마르크스주의는 생산력이 생산 관계를 규정하고, 이 하부구조가 정치 제도인 상부구조를 결정한다는 경제 결정론을 주창한다. 논리의 연장선에서 빈곤의 원인으로 자본의 수탈을 지목하면서 국가와 정치의 문제를 부차적으로 취급한다.

과연 경제가 정치를 결정하는가? 간단한 상상만으로 우리는 답할 수 있다. 총 한 자루를 쥔 자와 황금을 가진 자가 외진 골목길에서 생존 게임을 벌인다. 누가 이길까? 부가 안락과 빈곤이라면 권력은 삶과 죽음이다. 돈을 잃은 자는 재기할 수 있지만 죽은 자는 그냥 끝이다.

실제 역사에서도 생산력에서 생산 관계 그리고 그다음이 정치가 아니었다. 반대 순서였다. 권력 분산의 정치 제도가 자본주의적 생산 관계(사적 재산권)를 낳고 이 덕에 경제(생산력)가 발전했다고 보는 편이 훨씬 사실에 가깝다. 영국의 경제사에 대한 노벨상 수상자의 독해이기도 하다.[97] 그는 영국에서 일찍이 성립한 자본주의적 생산 관계를 왕권이 크게 제한된 역사적 우연에 돌린다. 영국의 제한 정부 덕분에 국가의 특권으로부터 소외된 젠트리 출신인 젠틀맨이 국가에 기생하지 않고도 시장에서 돈을 벌고 자신의 부를 지킬 수 있었다. 반대로 비슷한 시기 강력한 중앙집권 국가인 스페인 왕국의 야심가들은 민간 기업 대신 관직에 몰두했다. 사회 전체의 부를 키우는 기업가 활동이 아니라 왕의 호의를 등에 업고 자신의 몫을 더 많이 가지기 위한 기생적 경쟁이었다. 결국 새롭게 성장한 영국이 무적함대 스페인 제국의 패권을 빼앗아버렸다.

국가는 너무 강해도 시장을 파괴하지만, 너무 약해도 문제다. 1990년대 러시아 경제의 비극적 몰락은 고질적인 부패로 썩어 문드러진 국가가 신흥 부자들에게 포섭된 경우이다. 1991년 소련 연방 해체 후 국제통화기금(IMF)과 세계은행World Bank은 국유재산을 훔치는 민간 도적이 공산당 간부보다 낫다는 이상한 신자유주의적 신념에 따라 러시아의 무분별한 사유화를 방조했다. 국유재산이 어떻게 배분되든 새롭게 탄생한 사적 자본가는 결국 시장 경쟁에 직면하고 더 많은 이윤과 생존을 위해 효율을 추구한다는 위험한 편견이었다. 신자유주의자들의 마음에 정치와 국가는 없었다. 이는 보기 좋게 무너졌다.

러시아의 거대한 국부가 극소수의 손에 넘어가는 과정이 모든 걸 말해준다. 1990년대 초 엄청난 혼란을 틈타 성장한 7인의 사무라이로 불리던 금융 자본가들(올리가르히)은 러시아 산업의 진주인 천연자원 추출 국영기업 여럿을 담보로 받고 재정 파탄을 겪는 옐친 정부에 돈을 빌려주었다. 예상(약속)대로 정부가 돈을 갚지 못하자 담보는 조작된 경매를 거쳐 엄청난 헐값에 그들에게 하나씩 차례차례 넘어갔다.[98] 이런 혼돈 속에 석유 회사 하나를 문자 그대로 꿀꺽해서 아주 젊은 나이에 큰 부를 움켜쥔 이가 영국의 명문 축구클럽 첼시의 구단주로 변신한 로만 아브라모비치Roman Abramovich였다. 이렇듯 시장에서 반칙을 일삼는 민간인과 부패한 관료가 결탁한 정글 같은 싸움터에서 1990년대 러시아의 능력자들은 생산이 아니라 국부 약탈에 온 정성을 쏟았다. 러시아 시민들만 혹독한 대가를 지불했다.[99]

그런데 정말 세상은 정글인가? 공정한 심판자가 절실한가? 세상살이가 만인에 대한 만인의 투쟁 같지는 않다. 기하학이 수학의 전부라 믿은 토머스 홉스Thomas Hobbes의 단견이 만든 편견이 아닐까? 도둑질, 배신, 약탈 등은 우리의 일상적 경험과는 거리가 있긴 하다. 우리는 무수한 약속을 한다. 기만과 배신을 자주 이야기하지만 놀랍게도 우리는 약속 대부분을 지킨다. 같이 점심을 먹기 위해 친구와 남문에서 만나기로 약속하고 동문에 가서 배신을 즐기며 키득키득하지 않는다. 처음부터 약속을 지키고 싶어 약속했다. 사실 이것이 사회를 지탱하는 근본 원리이다.[100]

그러나 약속을 어겨서 큰돈이 생긴다면 어떨까? 정치인과 사업가들이 허울 좋은 법을 어기고 국민을 속이는 건 그들의 본성이 우리와 크게 다르기 때문이 아닐 것이다. 윗자리로 올라가면 한 번의 배신으로 큰돈을 만질 수 있는 유혹과 자주 마주한다. 우리의 허약한 정직성을 놓고 보았을 때 다 뿌리치기가 쉽지 않다. 한 몫 챙겨 떠나버리면 그만이다.

달콤한 배신과 약탈을 막는 해결책은 처벌을 받는다는 믿음이다. 역사가 너희를 언젠간 벌할 것이라는 식이 아니다. 속은 자, 도둑맞은 자가 악인을 즉각적으로 처벌할 수 있다고 서로 믿으면 배신은 없다. 그럼 착하지 않더라도 착하게 행동한다. 그편이 수지에 맞기 때문이다. 처벌의 그림자로 인해 약속이 믿을 만해진 것이다. 서로서로 바로바로 처벌할 수 있다면 공식 규칙으로 권력을 제한하는 법적·합리적 지배와 거리가 먼 나라에서도 재산권 약속의 신뢰가 높다.[101]

주유소 사이의 가격 담합이 공정한 심판자 없이도 약속이 지켜지는 원리를 보여준다. 욕심 많은 주유소는 담합 가격보다 약간 낮게 팔아 오늘 모든 손님을 끌어올 수 있다. 그런데 게임은 한 번으로 끝나지 않는다. 순진하게 속은 주유소는 내일 가격을 더 낮춘다. 실제 2022년 경상북도 구미에서 벌어진 주유소 출혈 경쟁이다. 화난 상대의 보복에 대한 걱정으로 똑똑한 욕심쟁이는 오늘 가격 담합의 약속을 지킨다.

처벌의 수단은 우리의 상상을 넘어서기도 한다. 보통 우리는 물리적 타격이나 경제적 보복만을 생각하는데 중세 시대 수도사는 다양한 저주를 개발해서 상대를 겁박했다. 모두가 내세와 공의의 하나님을 믿는 시대에 신의 대리인인 수도사의 저주는 상대 마음속에 고뇌와 두려움을 집어넣을 수 있었다. 영리한 수도사는 사후 세계의 고통 혹은 낮이나 밤이나 아무 때나 정신적 괴로움이 올 것이라는 등 틀릴 수 없는 저주를 마구 퍼부었다. 저주의 대상은 주로 수도원의 재산을 탐한 지방 실력자들이었다.[102]

처벌 능력의 원천이 가격 경쟁이든 폭력이든 신에 대한 믿음이든, 시장의 약속인 재산권의 기초는 권력의 분산이다. 누구도 혼자서 다수를 압도할 수 없는 힘의 배분 구조이다.[103] 권위적 위계가 아니라 수평적으로 연결된 고만고만한 세력가들은 못되게 구는 상인을 널리 알리고 그와의 거래를 피했다. 이런 자발적 집단 처벌 덕분에 폭력을 독점한 중앙 정부 없이도 중세 상인들은 안전하게 장거리 거래를 성사할 수 있었다.[104] 이렇듯 상대를 처벌할 수 있는 능력을 지닌 주요 세력들은 선의가 아니라 이기적 계산에 따라 서로의 재산권을 존중한다. 배신과 약탈 대신 생산과 교환으로 사적 재산을 축적하기 위해 노력한다. 그렇게 국부는 증가한다.

바로 여기에 수령제의 약점이 있다. 모든 권력을 개인이 독점한 수령제에서 나머지 사람들이 가진 보잘것없는 재산의 권리는 불안하기 짝이 없다. 수령의 변덕으로 자신의 재산권을 지킬 엄두를 낼 수 없는 자들은 생산적인 활동에 공개적으로 큰 자본을 투자할 수 없다. 저항할 힘이 없다면 숨길 수밖에 없다. 숨기기 좋은 경제 활동은 국가 경제에 기여하기에는 많이 부족하다. 결국 우리는 이런 질문에까지 이른다. 수령제는 과연 우리가 북한의 가능한 대안으로 자주 이야기하는 중국식(제한적) 시장개혁과 양립할 수 있을까? 2장에서 자세히 다룬다.

2장

수령, 통치는 몰라도

지배는 너무 잘 안다

주체사상,
지배의 본질을 꿰뚫다

주체사상의 핵심은 개인 우상화를 이념의 수준으로 격상시킨 것이다. 개인 우상화의 이념화는 기막히게 수령 친화적이다. 얼토당토않은 인간 본성에 대한 찬미와 말장난 수준으로 구성된 주체의 세계관에서 수령에 대한 충성은 위대한 인물에 대한 자발적 복종의 차원을 넘어선다. 그 자체가 유토피아이다. 남한 주체사상파의 대부 김영환의 회고에 따르면 김일성도 잘 몰랐다는 주체사상이 수령제를 반석 위에 올려세웠다. 그래서 수령제는 자주노선의 파탄에도 끄떡없다.

수령제의 원천은 다수의 절대복종에 자신의 선택을 맞추는 엘리트의 조정이다. 개인 우상화는 이런 엘리트의 조정을 옴

짝달싹 못하게 묶어두는 공개적 의례이다. 개인 우상화는 혼자 집에서 수령에게 감사 기도를 드리는 은밀한 내면의 행위가 아니다. 모여서 만세 부르는 모두를 서로 지겹도록 목격하는 광장의 집회이다. 그들은 배우인 동시에 관객이 된다. 이는 모두가 수령에 절대복종하고 있구나! 하고 모두가 믿도록 조장한다. 체제 경쟁에서 아직 뒤처지지 않았던 1960년대, 광장에 모인 북한 주민의 생각이 이것이 아닐까?

북한의 광장은 1990년대 고난의 행군 이후에도 여전히 위력적이다. 광장의 목격자는 타인들이 자기와 달리 최소한 수령을 경멸하지 않고 있구나! 하며 놀라고 긴장할 수 있다. 아주 높은 호가에 이끌려 최종 협상가 역시 만만치 않게 상승하는 정박효과anchoring effect와 유사하다. 뻔뻔한 정치인의 오리발에 현혹되는 마음과 같다. 경쟁적인 과장 속에서 모두가 모두를 오해한다. 수령과 체제에 대한 지지도는 크게 부풀려진다. 그때나 지금이나 수령에게 절대적으로 유리한 공동 지식이다.

그래서 수령은 한순간도 잊지 않는다. 개인 우상화 없이 튼튼한 수령제는 없다는 사실을 말이다.

끊임없이 반복되는 의례 속에서 개인 우상화는 한 치의 흐트러짐도 없다. 개인 우상화가 체계적이고 일상화된 1960년대부터 지금까지 형식과 내용에 전혀 변화가 없다. 각 수령 앞에 붙이는 수식어만이 약간씩 다를 뿐이다.

그런데 지겨운 반복이 핵심이다. 누군가는 메시지를 놓쳤을 수도 있다는 상상조차 누구도 할 수 없게 한다.[1] 이로써 모두가 알고 있다는 모두의 믿음(공동 지식)에 한 치의 틈도 생기지 않는다.

무엇보다 단순 반복은 기대와 행위의 순환 고리를 만든다. 어제 아침 광장에 모여 모두 만세를 외쳤다. 다수의 다수에 대한 공동의 믿음 혹은 다수의 다수에 대한 공동의 오해인 공동 지식은 모두의 눈에 증명되었다. 그리고 오늘 아침 그 마음으로 다시 모여 외친다. 다시 증명되었다. 컨베이어 벨트처럼 돌고 도는 현상 유지의 되먹임이다. 덕분에 수령제는 미동도 하지 않는다.

지배만 생각하고 지배에만 도가 통한 북한은 한발 더 나아간다. 개인 우상화를 카리스마적 정당성이 아니라 유토피아의 이념으로 만들어버린다. 주체사상이다.

주체사상에서 차지하는 개인 우상화의 핵심적 지위를 살피기 위해 수령을 위한 이념의 핵심을 살펴보자. 주체사상에서 칭송하는 주체형의 인간은 물질적 유인을 거의 깡그리 무시한다. 객관적 어려움에도 불구하고 자신의 자주적 본성을 수령-당의 지도와 혁명 의식으로 깨달은 주체주의자는 어려운 현실을 창조적으로 돌파한다. 그냥 좋은 말 대잔치이다. 단어에 현혹되면 안 된다. 주체사상에서 자주성은 독립적이고 자유로운 본성과 아무런 관련이 없다. 창조성은 객관적 사실에 근거한 과학적 사고와 상관없다. 의식성은 자기 주도적이고 심사숙고한 판단이 아니다. 이 세 가지로 이야기를 전개하는 주체사상은 안 되면 되게 하라는 막가파 정신의 조악한 포장에 가깝다.[2]

사회주의를 표방(만)하는 북한이지만 사회적 존재가 사회적 의식을 규정한다는 마르크스의 유물론은 거의 반동적 사고로 취급된다. 어떤 사회주의 이념도 물적 조건을 주체사상만큼 부정하지 못했다. 혁명에서 객관적 정세가 아니라 주체적 의지와 전술의 중요성을 강조한 마오쩌둥毛澤東의 사상도 이 정도는 아니었다. 물적 조건을 열거하며 목표 달성이 어렵다고 따지는 순간 당신은 혁명화 대상으로 전락한다. "물질적 유인"을 앞세워 돈을 좀더 많이 주자고 제안해도 협동농장으로 직행한다. 운이 좀더 나쁘면 바로 정치범 수용소행이다. 죄목은 인민의 자주성과 의식성에 대한 신심의 부족이다. 곧 인민의 적이다.

사람 중심의 세계관에서는 객관적 사실이 자리할 곳이 마땅치 않다. 오히려 사실의 무지는 당파성으로, 객관적 어려움의 무시는 혁명적 낙관주의로 찬양의 대상이 된다. 주체사상에서는 멀리서 달려오는 사자를 집에서 키우는 강아지로 착각하는 이들을 영웅으로 만들어버린다. 절대다수의 뇌는 이런 인지적 묘기를 부릴 수 없다. "주체적으로 사고하고 행동하는" 능력을 갖춘 자들의 유전자 대부분은 이미 아프리카 사바나 초원에서 사자의 먹잇감이 되어 사라졌기 때문이다. 그래도 살아남은 소수가 북에 집중적으로 거주하는 모양이다. 혹은 주체사상으로 다시 태어나면 가능한가 보다. 일반 사회에서 정신분열증 초기로 진단받을 인식이 주체의 나라에서는 정상 상태를 넘어 신성시되고, 정상적인 두려움과 조심성은 수용소행인 세상이 주체의 북한이다.

마르크스주의 유물론과 경제결정론을 거꾸로 뒤집어놓은 소위 인간 중심의 주체사상에는 마르크스가 묘사하는 목가적 이상향은 없다. 고도로 발전한 생산력이 제공하는 평등과 풍요를 즐기는 유유자적한 삶이 아니라 수령-당-대중의 사회적 생명체의 일원으로 사는 삶이 인간 최고의 본성인 자주성을 실현하며 가장 참되게 사는 길이라고 설파한다. 주체사상의 혁명적 수령관은 개인 우상화를 주체의 유토피아 자체로 만들어버린다. 수령에 대한 절대 충성은 풍요와 평등의 유토피아를 달성하기 위해 수령 중심으로 똘똘 뭉치자는 이야기가 아니다. 피지배자의 자발적 복종의 근거가 되는 정당성도 아니다. 솔방울로 수류탄을 만들 만큼 당신이 뛰어난 인물이니 못난 내가 복종한다는, 위대한 개인의 카리스마에 한정된 문제가 아니다. 수령에 대한 무한 충성은 신민의 실존적 가치가 되어버린다. 무엇을 따라야 할지 밑도 끝도 없다. 그저 주체사상이 사랑하는 자주성을 실현하는 유일무이한 길은 수령의 영도를 받고 따르는 것뿐이다.

개인 우상화가 이념의 핵인 주체사상과 달리 유물론의 마르크스주의는 스탈린의 개인 우상화를 이념적으로 열렬히 수용하기 어렵다. 마르크스주의는 생산력의 증대가 가져오는 사회 경제적 모순으로 인한 사회주의 혁명의 필연성을 논의하는 목적론적 이념이다. 레닌주의는 여기서 주체의 방향으로 한발 더 나아가 전위당의 혁명적(급진적) 주도성을 강조한다. 크게 뒤떨어진 러시아의 즉각적인 사회주의 혁명이다. 하지만 여전히 객관적 조건이 인간의 선택을 크게 제한한다는 마르크스의 유물사관이 근본 바탕이다. 러시아 혁명과 내전을 끝내고 전시 공산주의에서 한발 물러나 자본주의적 생산 관계를 인정한 블라디미르 레닌Vladimir Lenin의 신경제노선(NEP)이 그렇다. 물적 조건이 결정적이라는 마르크스-레닌주의의 내적 체계에서 수령의 절대성이 논리적으로 자리할 곳은 없다. 그래서 스탈린 격하 운동은 쉬웠다. 마르크스-레닌주의의 복원으로 충분했다. 개인 우상화는 스탈린의 성격 파탄으로 치부하면 그만이었다.

그만큼 마르크스주의는 개인 독재에 큰 도움이 안 된다. 사실 정치와 지배는 마르크스의 주된 관심 사항이 아니었다. 역사 발전의 5단계를 밝히고 있는 마르크스의 역사법칙은 독재의 지배 기술에 대한 지침을 주지 못한다. 마르크스와 그의 친구 엥겔스의 눈에 국가는 자본가 계급의 집행위원회이며 지배 계급의 도구일 뿐이다. 부가 권력을 압도한다는 인식이다. 레닌의 저작 역시 사회주의 과도기에 프롤레타리아 독재를 제시하지만《국가와 혁명》이라는 자신의 책에서 국가는 결국 소멸한다는 주장으로 정치와 국가에 대한 경시와 불신을 드러낸다. 당내 반란을 진압하는 과정에서 파벌 행위를 철저히 금지하는 결정으로 민주집중제를 민주주의 없는 집중제로 변질시켰지만, 레닌은 개인 독재를 위한 어떠한 이념적 수준의 논리도 전개하지 않았다. 수령에 대한 믿음이 곧 유토피아라는 주장은 사회주의 고전 어디에도 없다.

북한은 일찍이 그런 마르크스주의를 폐기했다. 이것이 지금까지 북한을 버티게 하는 위대한 수령의 탁월한 선택이다. 수령이 이를 대신해 사랑한 주체사상의 관심은 온통 정치이다. 주체의 극단적 주지주의는 정치와 지배의 본질을 관통한다. 나는 공동 지식, 여론 등 주관적 요인이 권력을 잡고 유지하는 데 결정적이라는 통찰을 조정의 원리로 에둘러 파헤치고 있는데 학자의 조심성을 비웃기라도 하듯 주체사상은 처음부터 무지막지하다. 밑도 끝도 없는 인간 본성에 관한 규정에서 시작해 기계적 연역으로 사상사업의 절대성을 강조하고 있다. 주체사상에서 사상은 단순히 내재적 동기 부여 혹은 현실의 자기 정당화 차원이 아니다. 어떤 사상을 얼마나 열심히 믿느냐가 사람의 자주성(사람의 본질적 가치)의 정도를 결정한다고 전제(?)하는 주체사상에서 "사상사업"은 무조건 제1의 당 사업 원칙이다. 한순간도 늦추지 않고 북한의 모든 이들은 모여서 자아비판, 상호비판, 생활총화, 사상학습 등을 열심히 한다. 만세도 열심히 외친다. 역사의 주체인 인민의 주체적 삶을 위해서 말이다. 소련의 경우 일찌감치 물질적 유인의 중요성을 인정했고, 시장개혁 이전 중국 역시 물질적 유인과 사상적 유인 사이에서 왔다 갔다 했다. 한자 말로 홍紅과 전專이라 멋들어지게 표현했다. 그러나 북한에서는 한번도 사상적 유인이 뒤로 물러난 적이 없었다.

이런 사상사업을 최우선으로 "내세우는" 북한의 주체사상은 수령제를 떠받치는 공동 지식을 튼튼히 지킨다. 이제 현실적 목표는 더는 세뇌가 아니다. 설득도 아니고 동의도 아니다. 모두가 모두를 묵묵히 따르는 동조이다. 이것이면 수령의 절대 권력을 보호하기에 충분하다. 이 목표를 달성하기 위해 다른 생각을 끊임없이 밀어내는 주체의 여론 알박기 노력이 사상사업이다. 정말로 끊임이 없다. 왜냐하면 총검으로 말을 못 하게만 해서는 지금의 여론(공동 지식)을 지킬 수 없기 때문이다. 북한은 지금 "혁명적"이라는 수식어만 앞에 갖다 붙이면 말이 되는 공허한 단어와 문장을 반복적으로 떠들어 비사회주의적 소통과 여론을 밀어내고 있다. 과거의 사랑으로 새로운 사랑이 들어오는 걸 막아내듯이 한물간 이념을 합창하고 있다. 고요한 자성의 시간은 허락되지 않는다.

박제된 주체식 표현도 바꾸지 않는다. 김정은의 북한에서도 여전하다. 얼마나 똑같은지 그들의 지루한 용어를 잠깐 살펴보자. 김정은은 신년사, 총화 보고, 결정문 등 핵심 문건에서 "사상사업을 중심으로 틀어쥐어야 한다"고 줄기차게 강조한다.[3] 주요 엘리트에 대한 숙청이 마무리되면서 김정은 개인에 대한 우상화가 본격화된 2016년 7차 당대회는 "사상사업에서 근본적 전환"을 역설하면서 "당과 인민을 김정은 사상으로 무장시켜 한 몸처럼" 움직이도록 하는 사상사업을 천명했다. 간부들과 당원들에게 주는 지침에는 김정은을 중심으로 "사상의지적 통일과 혁명적 단결, 김일성-김정일주의와 당의 노선과 정책의 신념화, 수령의 권위를 허무는 현상에 대한 비타협적인 투쟁, 수령에 대한 충실성의 신념화·양심화·도덕화·생활화" 등 주체의 북한에서 항상 익숙했던 용어와 단어들이 차고 넘친다.[4]

사상사업에서 "김정은의 사상과 어긋나는 자그마한 요소나 특수도 허용되지 않는다"라는 북한의 상투적 표현에는 중요한 지배의 기술이 숨어 있다. 수령의 권위에 대한 사소한 침해를 벌하는 최소 징벌minimum punishment이 극단적임을 암시하는 것이다.[5] 철저한 복종이라는 공동 지식을 흔들 수 있는 사소하지만 관찰 가능한 불손한 몸짓은 죽음을 불러온다.[6] 그 대표적 사례가 바로 공개적 장소에서 불경죄를 저지른 장성택(박수 및 앉은 태도), 현영철(졸음), 김용진(안경 닦기) 등 최고위직 엘리트들의 무자비한 처형이다. 이렇듯 북한의 김정은은 개인 우상화의 사상사업이 절대복종의 수령제를 유지하는 핵심임을 전임자들만큼이나 뼛속 깊이 새긴 듯하다.

주체사상은 지겨운 지배 놀음을 끊임없이 채찍질하는 교본이다. 지겨워할 줄 모르는 지겨움이 바로 북한의 힘이다. 학습 심리와 사랑의 기술 등이 제안하는 밀고 당기는 유인은 없다. 세상의 조롱에도 인간개조, 사상사업, 강습회 등 너무나 단순하고 무식해 보이는 지배 방식을 한순간도 늦추지 않고 고수한다. 이것이 바로 오랜 수령 지배의 비법이다. 수령이 한번쯤은 이런 식의 지배를 회의할 만도 한데 말이다. 3대에 걸친 수령의 고집이 놀랍다. 개인 우상화를 엄격하고 숭고한 교리로 체계화시킨 주체사상 덕분일 것이다.

우리식 사회주의는 필승불패: 혁명적 낙관주의에 대하여

김일성의 '노작'과 《항일무장투쟁사》에는 혁명적 낙관주의, 혁명적 동지애, 일심단결 등이 자주 등장한다. 〈공산당 선언〉의 마르크스와 심지어 전위당 노선을 강조한 레닌의 글에서는 보기 힘든 내용이다. 시위와 혁명을 연구하는 정치학자인 나는 이런 주관적 태도를 이기는 싸움의 핵심으로 지목한다.[7] 혁명적 낙관주의, 혁명적 동지애, 일심단결은 승리에 대한 가능성을 믿고 서로에 대한 의구심과 불안을 일소하고 모두가 위험한 임무를 함께한다는 식의 정치학 문장으로 다시 쓸 수 있다. 훌륭한 생각이다. 수령과 부하들은 어떻게 투쟁하고 어떻게 정권을 유지하는지에 정통한 듯하다. 그럼 주체주의자의 혁명적 낙관주의를 정치경제학적으로 분석해보자. 그리고 혁명적 낙관주의가 옅어지고 수령의 가신들이 미래를 불안해한다면 어떤 일이 벌어질지도 살펴보자.

영화 〈아저씨〉에서 원빈은 내일을 걱정하는 비열한 마약상에게 오늘만 보고 사는 자신이 얼마나 지랄 맞은지 보여주겠다고 큰소리친다. 순간의 전투에서는 오늘만 산다는 각오가 맞다. 필사즉생必死則生이다. 살아 있을 내일을 너무 바라면 지금 긴장해서 몸을 제대로 놀리지 못한다. 여기저기 화장실 벽에 붙어 있는 명언도 비슷한 조언이다. "영원히 살 것처럼 꿈꾸고 오늘 죽을 것처럼 살아라."

그런데 그러면 안 된다. 목숨을 건 전투 현장이 아니라면 오늘만 살 것처럼 살면 안 된다. 오늘만 산다고 믿으면 미래의 꿈은 물거품처럼 마음속에서 사라진다. 원하는 게 달라진다. 곧 죽을 당신이 학교 수업에 들어갈까? 혼자서 흠모하는 사람이 같은 수업을 듣지 않는 한 그러지 않을 것이라 생각한다. 대신 바로바로 재미를 주는 놀이에 매달리지 않을까? 예외적으로 로마 병사의 칼날 아래에서도 아르키메데스는 원통에 들어 있는 구의 부피를 구하는 작업에 매달렸지만 말이다.

인생의 꿈만큼이나 인간관계도 얼마나 오래갈까 하는 기대에 달려 있다. 미래가 있는 관계는 아름답고 끝이 보이는 관계는 우리의 바닥을 보여준다. 2학년 1학기 그는 '그래도'라며 친구의 반복된 실수를 인내하며 넘어간다. 그렇게 잘 지내왔지만 4학년 2학기가 되면서 친구의 나쁜 습관이 견디기 힘들어진다. '굳이'라며 친구와의 만남을 점점 더 피한다.

미래에 대한 기대는 보유 재산의 형태에도 큰 영향을 미친다. 미래를 믿지 못하고 항상 떠날 준비를 한 이들이 바로 유대 민족이다. 이국땅에서 정치적 풍향이 바뀌면 그들은 언제라도 떠나야 하는 처지이다. 쉽고 빠른 피신을 위해서 이에 맞는 형태의 재산을 보유한다. 그들은 움직일 수 없는 부동산을 피한다. 돌변한 왕의 갑작스러운 핍박에 땅과 집을 이고 도망갈 수는 없는 노릇이다. 이동과 은폐가 쉽고 어디서나 가치가 보전되는 다이아몬드 등 귀금속이 제격이다. 그래서 미래가 불안했던 유대인들이 많이 정착한 암스테르담과 뉴욕이 세계 귀금속 시장의 중심지가 된 것이다.

누구보다도 독재의 엘리트는 미래에 대한 관심이 지대하다. 독재자와의 정치적 거래는 물물교환도 현찰 박치기도 아니다. 시간 차가 있다. 약속어음에 가깝다. 아무도 내일 부도난다고 소문 난 기업의 어음을 오늘 받지 않는다. 거래는 없다. 마찬가지로 부하들이 오늘 충성하는 이유는 수령과 그가 지명한 후계자가 내일도 나라의 무서운 주인으로 그들의 운명을 좌지우지할 것이라 믿기 때문이다.

그런데 미래에 대한 기대는 제각각의 중구난방으로 흩어지는 것이 아니다. 서로의 눈빛을 바라보고 같은 소문을 들으면서 한쪽으로 쏠린다. 불길한 소문에 다수가 같이 불안해하면 오늘의 불안은 내일의 현실이 되어버린다. 곧 끝난다고 모두가 기대하면 정말로 끝난다. 자기 실현적 예언이다.[8]

이쪽 혹은 저쪽으로 쏠리는 자기 실현의 핵심 메커니즘은 불안한 기대와 행동 사이의 되먹임의 진폭이 점점 더 커져 걷잡을 수 없어진다는 데 있다. 은행 문밖으로 길게 늘어선 줄을 보면 무심히 지나가던 고객들도 불안해진다. 그들도 뒤에 바짝 붙어 줄을 선다. 줄은 곧 걷잡을 수 없을 만큼 길어진다. 그렇게 불안이 더 큰 불안을 낳으면서 은행은 파산한다. 왕조도 그렇게 끝난다. 한비자가 전하는 망할 징조(망징亡徵)는 하늘에 태양이 둘인 경우이다. 왕과 태자, 정실부인과 첩의 자식 등이 다투면서 권력의 중심이 흔들린다.[9] 나라가 무너질 것 같다. 내일이 불안하다. 귀족은 이제 소심하게 오랜 관습을 따르지 않는다. 어차피 다른 누군가에 의해 엄청나게 수탈당한 농민은 굶어 죽거나 더는 농사짓기를 거부하고 떠날 테니 그전에 죽을 만큼 뽑아 먹는다. 결국 망이·망소이의 난이고 태평천국의 난이다. 난을 진압하는 과정에서 지방 호족의 도움이 절실했기에 군왕은 이들의 독자적 무장을 용인한다. 폭력의 독점은 무너진다.[10] 모두의 불안감은 점점 깊어진다. 귀족과 관리들은 더욱 앞뒤 분간이 없다. 악랄하게 끌어모은 재산을 들고 국경을 넘어 적국의 왕에게 충성을 맹세하는 유력자마저 나타난다. 내일은 없다는 걱정이 여기저기로 더욱 빠르게 전염된다. 그렇게 왕국의 내일은 사라진다.

그래도 불안한 미래가 퍼뜨리는 위험한 전염에 면역력을 가진 자들이 있다. 떠나지 못하는 자들이다. 지금의 자리 외에 다른 대안이 없다. 떠날 곳도 가지고 갈 것도 별로 없는 이들은 위험한 순간에도 똘똘 뭉친다. 함께 지켜내기도 한다. 조직에서 떠날 수 있는 집단과 떠날 수 없는 집단이 한판 대결을 벌인다. 누가 이길까? 떠날 수 있는 집단의 구성원들은 개인적으로 우수한 능력자이다. 다른 분야나 경쟁 회사에서 원하는 자이다. 그들은 회식 자리를 피하면서 자기만의 시간을 가진다. 반대로 다소 능력이 떨어져 갈 곳 없는 직군의 구성원들은 오늘도 조직과 자신의 미래를 걱정하며 늦은 밤까지 부어라 마셔라 한다. 이른 아침 숙취로 고생하지만 그래도 결국 조직을 지키고 승승장구한다.[11]

국가가 무너질 때 주요 조직의 붕괴 속도에 차이가 나는 이유이다. 현금이나 옮길 수 있는 자산을 가지고 있는 부서가 가장 먼저 무너지고, 정보나 수용소를 담당하는 부서가 마지막까지 격렬하게 저항한다. 조직과 함께 망할 운명인 정보 및 보안 요원들은 불확실해져버린 내일을 위해 오늘 함께 결사항전한다.[12] 억압, 감시, 선전선동의 국가 기구는 석유, 목화, 은행

예치금처럼 들고 다닐 수 있는 자산을 보유한 조직이 아니다. 조직이 하나로 온전히 유지되지 않으면 값어치를 상실하는 성격의 국가 기구이다. 국가보위부 조직원이 함께 전체 조직을 지키지 못하면 개인의 특권이 사라지는 것이다. 그래서 국가 기구의 일부를 훔쳐 탈출하기가 마땅치 않다. 실제 역사에서 소련의 KGB가 대표적이다. 소련의 혼란스러운 몰락에도 국가 기구 중 가장 튼실하게 남아 2000년 이후 조직 출신의 푸틴이 독재적으로 러시아를 지배할 수 있는 기반이 되었다.

가난한 북한에는 현금화하기 좋은 자산이 별로 없다. 대신 선대 수령이 물려준 어디로 옮겨 가져갈 수 없는 튼튼한 국가가 있다. 가난한 엘리트와 튼튼한 국가 모두 수령에게 축복인 셈이다. 가지고 갈 것 없는 엘리트가 똘똘 뭉쳐 위력적인 국가 폭력을 휘두르면 내부의 반항을 한 방에 처리해버릴 수 있다. 그렇다. 동상이몽, 양봉음위陽奉陰違(겉으로는 명령을 받드는 척하지만, 뒤로는 배반)하지만 정권의 미래를 믿기에 엘리트는 선을 넘지 않는다. 이는 다시 가난한 정권의 생존에 대한 기대를 강화한다.

무엇보다 수령에게는 핵무기가 있다. 사실 핵무기는 대외용이면서 동시에 대내용이다. 수령은 미국과의 약속을 믿고 핵을 포기한 리비아 카다피의 어리석은 결정을 잊지 않을 것이다. 핵이 있었다면 외부 세력이 마음 놓고 리비아 반군에게 공군력을 지원하지 못했을 것이다. 그랬다면 카다피의 손쉬운 승리였다. 카다피와 달리 핵무기에 결사적으로 매달리는 수령은 누구도 함부로 할 수 없다. 미국의 침공을 억지할 수 없었던 이라크 후세인의 부러움이었을 것이다. 외부로부터의 군사적 위협이 차단된 수령의 내일은 튼튼하다. 수령의 가신들은 오늘도 머리를 깊이 조아린다.

이런 관점에서 북한 엘리트의 해외 은닉 자산에 대한 동결 여부는 상당히 전략적인 문제이다. 새롭게 시작할 대안이 없다면 그들은 수령과 운명공동체가 된다. 위기의 순간 대규모 탈출과 내부로부터의 붕괴가 아니라 갈 곳 없는 이들의 결사 항전이다. 이들은 침몰하는 배에서 뛰어내리지 않는다. 구명보트가 없기 때문이다. 혹시나 하는 기대로 함께 싸우다 함께 가라앉는 편을 택한다. 엄청난 파괴와 공멸이다. 그래서 어쩌면 반인도주의적 범죄를 저지른 북한 엘리트가 해외에 은닉한 재산을 국제 사회가 눈감아주는 편이 삼십육계의 욕금고종欲擒姑縱(놓아주어 잡는다)의 지혜와 맞닿을지도 모른다. 수령의 지혜는 정반대이다. 그는 달러 뭉치 등을 숨겨 놓았다 적발된 당 간부를 죽음으로 벌한다. 배신할 물적 조건을 가진 인물이기 때문이다.

수령은 필사적이다. "우리식 사회주의는 필승불패"라는 김정일의 노작은 사회주의권의 붕괴에도 미래를 믿으라는 수령의 강요이다. 북한 정권의 뿌리로 절대화된 《항일무장투쟁사》는 처음부터 끝까지 혁명적 낙관주의 일색이다. 아마도 북한에서 선천적으로 우울증을 앓는 이들은 바로 반동분자로 낙인찍혀 소멸될 것이다.

객관성을 무시하고 무조건 믿으라는 극단적 주지주의의 주체사상이 또다시 맞았다. 급작스러운 붕괴가 언제 일어나도 이상하지 않은 북한에서 튼튼한 수비의 핵심은 바로 혁명적 동지애로 뭉친 소수 충성파가 수령제는 계속된다고 믿는 것이다. 절대복종의 공동 지식만큼이나 미래에 대한 믿음이 수령제를 튼튼히 지탱하는 또 다른 주관적 요인이다.

그래서 엘리트만큼이나 수령도 공개석상에서 말을 조심해야 한다. 다음의 시나리오를 상상해보자. 군대 열병식 도중 마이크가 꺼졌다고 착각한 김정은이 옆에 있는 김여정에게 다음과 같이 속삭인다면? "아무래도 우리 오래가기 어렵겠어. 정치자금도 거의 다 바닥나고." 아뿔싸! 이 속삭임이 광장에 울려 퍼진다. 갑자기 당황스러운 분위기가 광장을 감싼다. 더군다나 전국 생방송 중이다. 이런 상상이 허무맹랑하지 않다. 동유럽 사회주의가 여기저기서 무너지던 1989년 추운 겨울, 루마니아의 수도 부쿠레슈티의 몇 분이었다. 관제 데모에 동원된 군중의 돌발적 행동에 놀란 루마니아의 오랜 독재자 차우셰스쿠의 겁먹은 표정이 전국에 생중계되었다. 그걸로 끝이었다.

약간은 뚱한 표정의 수령과 북한의 주체주의자들은 사상사업 우선의 원칙, 혁명적 낙관주의, 혁명적 동지애 등 주관적 의지를 서로 확인하고 유지하는 것이 물적 조건의 개선보다 훨씬 중요하다는 점을 분명히 인식하고 있다. 유물론에 반해 의식성의 절대 우위라는 주체사상의 원칙을 한순간도 느슨하게 내버려두지 않는다. 이렇듯 북한이 수많은 대내외적 문제에도 불구하고 흔들리지 않는 핵심 이유는 지배와 정치에 대한 그들의 매우 현실주의적 이해 때문이다. 외부 관찰자들의 비관적인 전망을 비웃는 북한 정권의 내구성은 주관적인 것이 정치에서 결정적임을 증명하고 있다. 그들은 지배를 안다. 너무 잘 안다.

수령의 숙청과 대중당 노선:
3대 혁명소조운동의 미학

반정이나 정변처럼 숙청은 비밀리에 정적 모두를 번개처럼 날려버리는 식일 것이라고 우리는 당연시한다. 전격적으로 처리하지 않으면 반대편에서 힘을 합쳐 반격해 오기 때문이라는 근거도 빼놓지 않는다.[13] 일단 구체제를 무너뜨려야 하는 전쟁 같은 쿠데타는 그렇게 하는 게 맞다. 숙청은 쿠데타나 혁명으로 권력을 잡은 다음의 문제이다. 과연 전격적일까?

답하기 쉽지 않은 다른 의문도 생긴다. 왜 숙청하는가? 정권의 최상층을 꾸릴 때 왜 수령은 다다익선이 아닌 소수 정예를 원하는가? 왜 숙청이 그리 쉬운가? 왜 몰래 암살하는 대신 공개 비판, 공개 처형하는가? 암살이야 그 성격상 비밀스럽기에 얼마나 빈번했는지 알 수 없으나, 최소한 우리에게 잘 알려진 명망가 중 암살로 제거된 인물을 찾기가 어렵다. 의문은 계속된다. 그렇게 죽일 거면서 왜 수령은 신입 당원을 많이 받아들이는가? 답하기 쉽지 않다. 많은 경우 잔인하고 삐뚤어진 수령의 인성 문제로 돌린다.

이에 제대로 답하기 위해 권력투쟁에서 먼저 공격과 수비의 비대칭성을 살펴보자. 절대 권력은 잡기도 어렵고 놓치기도 어렵다. 절대 권력으로의 길은 위험하고 불확실하다. 강력한 파벌과 명망가를 처리하기 위해 젊은 장군은 많은 수의 지지자를 끌어모아야 한다. 아직 힘의 차이가 분명하지 않은 권력투쟁의 초반, 장군의 성공 가능성은 압도적이지 않다. 느슨하지만 집단지도체제의 당 독재에서 젊은 장군보다 나이가 많은 명망가를 중심으로 뭉친 파벌들이 만만치 않다. 여기저기 돌아다니고 연설하고 포섭하고 약한 고리를 제거해도 한계적 변화가 느리다. 반대 파벌들이 아직 스스로 무너지지 않고 있다. 불확실한 시간이 지나 충분한 수의 지지자가 모이면 그때야 수가 수를 불러오면서 가파르게 상승한다. 종합하면 절대 권력으로 가는 길은 느린 오르막이다. 가까스로 임계점에 다다르면 그때부터 순간순간의 변화가 점점 더 커지는 승리의 나이키 모양의 체증 곡선이다.

반대로 수비는 공격하려는 자들이 뭉치지 못하도록 하는 것으로 충분하다. 권력의 원천이 조정임을 상기한다면 절대 권력을 지키는 수비가 공격보다 훨씬 쉽다는 것을 직감할 수 있다. 이미 절대 권력을 쥔 수령이 소통을 철저히 금지시키고, 개인 우상화를 쉬지 않고, 헌법으로 자신의 절대 권력을 만방에 알리면, 여론의 올가미에 매인 엘리트는 충성 경쟁에서 벗어날 수 없다. 여기에 더해 소수의 앞잡이가 마구 차고 때리는 공포 가득한 광장에서는 극소수의 태생적 반항아마저 정신을 똑바로 차리고 수령 만세를 외친다. 결국 불평불만자들마저 서로를 오해하면서 어제 같은 오늘의 거짓 충성을 반복한다.

그래서 권력을 지킬 확률은 충성파가 한 명씩 더해지는 시점부터 가파르게 상승하고 갈수록 한계적 변화가 줄어든다. 배고플 때 밥 몇 숟가락만 먹으면 금방 배가 불러오는 것처럼 말이다. 체감 곡선이다. 이는 대학생들이 하는 과제인 팀프로젝트를 닮았다. 몇몇 모범생이 밤을 새우면 과제는 제출된다. 마찬가지로 수령을 목숨으로 지키는 소수의 충성파는 도전 세력을 쉽게 와해시킨다.

명망가를 조심스럽게 순차적으로 처리하면서 수령제로 가는 체증 곡선과 개인 우상화와 무자비한 국가 폭력을 무기로 수령제를 지키는(수비) 체감 곡선을 한번 겹쳐보자. 놀라운 특징 하나가 눈에 들어온다. 같은 확률에 필요한 지지자의 수에서 큰 차이가 난다. 이것이 바로 절대 권좌에 안착하고 나서 수

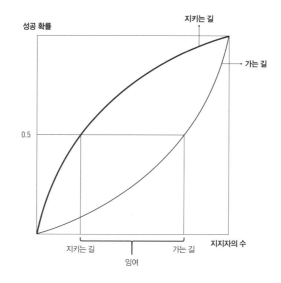

수령제로 가는 길과 지키는 길

령이 숙청을 마다하지 않는 이유이다. 모두가 모두의 선택에 따라 수령제로 조정하는 순간 기존의 거대지배연합에서 빼버려도 무방한 자들이 많이 생겨난다.[14] 그래서 이들을 제거하는 숙청은 수령의 위험한 도박이 아니다.

그럼 북한 정치가 언제 수령제로 가는 공격(예비 수령)에서 지키는 수비(신생 수령)로 전환되었다고 볼 수 있는가? 다시 말해 수령제로 진입한 돌이킬 수 없는 변곡점은 어디인가? 핵심 파벌의 수장이 별다른 저항 없이 쉽게 숙청되고 수령에 대한 개인 우상화가 본격화된 시기를 찾으면 된다. 이때가 바로 엘리트가 예비 수령으로 쏠리면서 힘의 균형이 무너지는 순간이다.

북한에서는 바로 김일성의 허가이 숙청이다. 박헌영에 버금가는 소련파 수장 허가이의 숙청은 소련파와 빨치산파가 주도하고 연안파가 지원했다. 공개 비판과 숙청이 일사천리였다. 일련의 과정은 1951년 11월 당 중앙위원회 4차 전원회의에서부터 1953년 6월 당 정치위원회까지이다. 김일성의 개인 우상화를 알리는 본격적인 신호탄의 하나가 이때를 즈음했다. 바로 1952년 12월 당 중앙위원회 5차 전원회의 이후 당 중앙위 내에 사회과학부 설치이다. "조선인민의 민족해방투쟁사와 경애하는 수령 김일성 동지의 항일무장투쟁의 역사를 이론적으로 천명하며 해방 후 우리 당이 걸어온 영광스러운 길을 이론적으로 총화하여 이를 인민대중 속에 광범히 전파"로 설립 목적을 밝히고 있다. 이를 비롯해 다양한 김일성 개인 우상화가 허가이를 숙청하는 와중에 본격화되었다.[15] 신생 수령 김일성을 논의하는 다음 장에서 더 자세히 다룬다. 개인 우상화에 거침이 없어지면서 김일성의 숙청은 파죽지세였다. 우리가 그래프를 통해 가정한 양상과 일치한다.

신생 수령보다 세습 수령의 숙청은 더욱 쉽다. 할아버지와 달리 김정은은 주체사상으로 뒷받침되는 절대복종의 관습이라는 엄청난 이점을 가지고 있었다. 느슨한 당 독재의 기억마저 오래전 사라졌다. 할아버지 김일성이 파벌들을 헤치면서 수령제로 가야 하는 처지였다면, 김정은은 개인 우상화를 이념화한 수령제의 대로를 걸어갈 행운아였다. 분명 고난의 행군과 뒤이은 김정일의 와병으로 인한 당의 혼돈, 선군정치 등에 힘입어 강력해진 군부, 노련한 고모부 장성택 등 경험이 짧은 어린 나이의 김정은도 만만치 않은 어려움에 직면했다. 하지만 세습의 이점이 일시적 불리함을 압도했다.

김일성과 김정은의 숙청 속도에서 큰 차이가 발생하는 이유이다. 한꺼번에 다 죽이지는 않지만 김정은의 숙청 주기는 김일성에 비교할 수 없을 정도로 빨랐다. 고위직을 숙청하는 방식도 훨씬 자의적이었다. 아직 당 독재의 원리 원칙을 대놓고 무시할 수 없었고 따르는 무리가 많은 명망가를 다루어야 하는 만큼 김일성은 절대 권력의 의지를 손자인 김정은보다도 더 숨겨야 했다. 모두를 동시에 불안하게 만들면 자칫 위험할 수 있었기 때문이다. 함부로 빨치산파만으로 움직이기에는 결과의 불확실성이 너무 높았다. 하나씩 숙청하면서도 열심히 충성하면 직을 유지할 수 있다고 아직 남은 자들이 믿도록 만들어야 하는 어려운 과제를 김일성은 안고 있었다. 그래서 김일성은 당 독재의 원리에 따라 숙청했다. 김일성은 파벌의 대표 주자들을 숙청하기 전 쏙 당회의 등에서 공개 비판으로 망신 주고 질책했다. 조국과 인민의 명령임을 분명히 했다. 모두를 싸잡아 "너희들 다 죽었어!"라고 막무가내 엄포를 놓지 않았다. 소련파의 수장 허가이의 숙청처럼 말이다. 김일성은 그 껄끄러운 임무를 소련파의 두 핵심인 박창옥과 박영빈에게 맡길 정도로 용의주도했다. 그의 이런 술책은 수령의 호의를 믿고 싶은 순진한 엘리트에게 나는 아니구나!, 이유가 있어 죽이는구나! 하는 안도를 주기에 충분했다. 결국 순차적으로 소수의 숙청 대상자만을 고립시켜 압도적 힘의 우위를 유지하는 김일성의 위장과 용인술에 남로당파, 소련파, 연안파는 서로서로 질투하고 갈등했다. 다음 장에서 자세히 다루고 있다. 이에 비해 김정은의 숙청은 급했다. 물리적 위해에 훨씬 앞서 공개 비판하는 회의도 없었고, 재판도 보기 어려웠다. 공개 처형만 있었다. 직위 박탈 후 며칠 만에 총살이었다.

절대 권력을 향한 수령의 성공 뒤에는 엘리트의 놀라운 순진성 또한 있었다. 허가이 숙청을 주도한 소련파의 회한이었다. "쥐꼬리만 한 권력에 연연"했다는 당시 소련파이자 내무성 부상이었던 강성호의 술회에서 만족하고 쉽게 믿는 엘리트의 전형을 볼 수 있다. 이보다 더한 이가 바로 소련파의 이인자 박창옥이었다.

1장에서 분석했듯이 박창옥처럼 예비 수령의 감언이설을 철석같이 믿어 그와의 장밋빛 미래를 꿈꾸는 순간 수령에 맞설 수 있는 엘리트의 협력은 없다. 수령의 계속된 은사를 믿은 엘리트는 상대의 선택에 상관없이 김일성에게 충성하는 것이

가장 좋다는 계산값을 가진다. 이렇게 죄수의 딜레마가 되어버린 엘리트의 정치 게임은 엘리트의 집단행동력을 뺏어버린다. 곧이어 집단 참사가 벌어진다.

엘리트의 협력을 망치는 순진성은 김정은 시대에도 쉽게 찾아볼 수 있다. 김정은이 군부의 실세 리영호를 숙청할 때 장성택은 전혀 불안해하지 않았다. 이후 그의 과감한 행보에서 이를 확인할 수 있다. 그런 그 역시 얼마 지나지 않아 잔인하게 처형당했다. 김원홍의 국가보위부가 장성택을 처리하는 큰 공을 세우고 거들먹거리는 모습 역시 마찬가지이다. 얼마 지나지 않아 수령은 거들먹거리는 그에게 자신의 불안한 처지를 일깨워주었다. 이런 토사구팽의 반복에도 불구하고 이상하리만치 '나는 아니다'라고 모두가 믿는 듯했다. 그렇게 한 명씩 처리되었다.

숙청의 앞잡이를 구하기도 어렵지 않다. 세상 어디에나 무엇을 믿을지 고민하지 않고 그냥 철저하게 믿는 자신의 모습을 너무 사랑하는 소수의 광신도들이 있다. 북한에서 아직도 주체의 허망한 가치를 중심으로 믿는 소수의 진정한 주체주의자가 설친다고 믿을 근거이다. 그런 이에게 수령의 정치적·물질적 은사마저 있으니 가상현실을 사는 배부른 주체주의자는 수많은 인민이 배고파 죽어가는 고난의 행군에도 끄떡없다. 눈을 부릅뜨고 손뼉 제대로 치지 않는 자를 잡을 뿐이다.

미친 주체주의자들에게 숙청은 물질적으로도 나쁘지 않다. 나누어 가져야 할 입이 적어지니 자신의 몫이 커진다.[16] 계속 사랑해주겠다는 수령의 약속만 있으면 물불을 가릴 이유가 없다. 주체의 뿌리로 영화, 연극, 소설 등에서 반복적으로 재생하는 항일 무장 투쟁사는 김일성의 신격화이자 동시에 오랜 수하들에게 던지는 김일성의 약속이라 볼 수 있다. 혁명 전통의 중심에 선 소수의 가신은 수령의 호의를 믿고 오합지졸의 순진하고 싶은 엘리트를 무자비하게 순차적으로 처리한다. 그리고 수령은 자신을 충심으로 따른 가신을 혁명 가문으로 대우해 오랫동안 보살펴준다. 주기적으로 충성스러운 주구를 쓰다버리는 식의 스탈린과 큰 차이가 나는 부분이다.

숙청은 단순히 논공행상의 부담을 줄이는 경제적 효과만이 아니다. 수령제를 더욱 튼튼하게 하는 정치적 효과가 크다. 숙청은 엘리트 전체의 충성도를 높인다. FIFA에서 축구 경기의 규칙을 변경했다고 가정해보자. 11명이 하는 경기를 농구처럼 5명이 한다. 이제 국가별로 선발 선수들 사이의 실력 차(통계학적으로 분산)는 더욱 줄어든다. 정예 중의 정예로만 구성된다.

여기에 더해 예비 앞잡이로 더 많은 당원까지 새롭게 충원하면 숙청으로 그 수가 줄어든 기존 앞잡이의 충성 순도를 더욱 높일 수 있다. 메이저리그가 백인, 흑인, 중남미, 아시아로 선수군을 넓히는 것에 비유할 수 있다. 선수군을 넓히자 4할대

타자가 나올 수 없을 만큼 투수들의 실력이 상향평준화된다. 북한 정치도 그렇다. 숙청으로 1부 리그에서 뛰는 선수의 수는 줄어들고 2부, 3부 리그의 후보군으로 엄청난 수의 젊은 연습생이 들어오는 꼴이다. 대체되지 않기 위해 발버둥 치는 선발 선수처럼 엘리트 개개인의 충성심은 더욱 강해진다.[17]

보다 근본적으로 많은 평당원의 입당은 묵직하고 피할 수 없는 정치적 중력과 구심력을 만들어낸다. 더 많은 충돌로 지구의 몸집이 커지면서 강력한 중력이 생겨 둥근 형태를 만드는 이치를 상상해도 좋다. 그리고 평당원이 만들어내는 구심력은 열로 인해 자성을 잃은 자석이 다시 자성하는 회복하는 가속도의 원리와도 맞닿아 있다. 점점 더 세게 더 많이 끌어당긴다. 대중당에도 마찬가지 원리가 작동한다. 기존 명망가들과 별다른 인연이 없는 신입들은 오직 대세만을 따른다. 이들이 점점 한쪽으로 쏠리면서 엄청난 중력과 구심력을 만들면서 명망가들의 원심력을 초라하게 만들어 버린다. 이제 수령은 강력한 중력을 가진 정치적 구체의 핵으로 자리 잡는다.

이는 신생 수령이 당 건설 노선에 목숨을 걸어야 하는 이유를 알려준다. 허가이와 김일성의 당 건설 노선 투쟁은 단순히 누가 대중을 더 믿는가라는 추상적 가치의 다툼이 아니다. 대중당 노선은 절대 권력 굳히기에 나서는 김일성의 전략이고, 엄청난 수의 당원을 검열·출당시킨 허가이의 엘리트당 노선은 뒤집기를 위한 심각한 도전이었다. 허가이의 명줄을 끊을 만한 중차대한 사안이었다.

김정일 역시 아버지 김일성의 "모범"을 따라 했다. 후계자로 권력을 다져야 하는 김정일도 새로운 후보군을 끌어들여 자신에 대한 신·구 엘리트 모두의 충성도를 높이고 싶었다. 3대 혁명소조운동이었다. 이 운동은 1973년 2월 당 중앙위원회 정치위원회 확대 회의의 결정으로 공식 시작했다. 1974년 2월 북한의 후계자로 전면에 나선 김정일이 3대 혁명소조운동을 당이 앞장서 지휘한다는 조치를 발표하고 직접 지도했다. 김정일의 지도 이후 당에 입당한 3대 혁명소조원이 1만 1600여 명에 이른다고 보고되고 있다. 신입을 바라마지 않는 후계자 수령의 마음이 느껴진다. 이처럼 김정일은 아버지 김일성의 대중당 노선을 반복했다.

김정은 역시 젊은이들에 대한 애정이 각별했다. 공포의 숙청과 정신없는 회전문 인사와 동시에 새롭게 젊은 충성파들을 동원했다. 김정은 시대 빅데이터 분석에 따르면 계승 초기인 2013년에는 당세포와 세포비서라는 단어가 많이 사용된 것으로 나타난다.[18] 실제로 김정은은 2013년, 2017년, 2021년에 당 세포비서대회를 주기적으로 열었다. 새로운 젊은 신진 세력을 갈구하는 세습 수령의 바람이 엿보인다. 3대 혁명소조운동도 부활되었다. 3대 혁명소조운동은 고난의 행군 시기 사라졌다가 김정은이 후계자로 등장하는 2011년 다시 활동을 재개했고, 2013년 2월에는 30년 만에 3대 혁명소조 전국회의를 개최했다. 2021년 3대 혁명선구자대회로 다시 한번 신입에 대한 수령의 관심을 감지할 수 있다. 김정은이 할아버지, 아버지 수령의 권력 공고화 전략을 답습하는 모습이다.

대중당 건설 노선으로 얻어지는 엘리트의 세대교체는 덤이다. 젊은이의 일반적 속성은 수령에게 참 바람직스럽다. 사회주의나 자본주의나 젊은이는 미래를 사랑한다. 미래의 보상을 믿는 젊은 소조원은 오늘의 어려움을 참고 견디며 충성한다. 보잘것없는 보상에서 시작해 살아남은 소수에게 커다란 특권을 부여하는 공산당 조직은 하박상후下薄上厚의 공무원 임금 체계를 닮았다. 지금 당장 생활하기가 빡빡하더라도 다가올 승진과 보상을 믿고 열심히 일하고 참고 기다린다. 참고 기다림에 있어 인생의 남은 시간에 대한 기대가 상대적으로 짧은 노간부는 젊은 일꾼에 버금가기가 어렵다.

설득의 심리학에서 밝히는 상호성의 원리도 작동한다. 아버지에게 신세를 진 자보다 자신이 직접 은사를 내린 이가 더욱 믿음직스럽다. 그도 신세를 갚고 싶다. 매우 강력한 인지상정이다.[19] 북한 용어로 혁명적 의리이다. 젊은 충성파의 탄생이다.

그리고 아직 인생의 쓴맛을 모르는 일부 젊은이는 유토피아의 선동에 취약하다. 쉽게 급진적으로 변한다. 추상적인 구호를 던져주고 몇 푼 쥐여주면 앞뒤 분간 못 하고 달려든다. 홍위병이다. 회의에서 졸지도 않고 안경도 닦지 않는다. 수령이 가장 사랑하는 모습이다.

종합하면 지배 엘리트의 규모를 최소화하고 대규모 젊은 후보군을 최대화한 조선노동당 건설 노선은 수령에게 절대 충성하는 주구를 만들어주는 조직 원리이다. 개인 우상화 사업과 함께 영리한 당 건설 노선으로 충성스러운 소수 정예를 끊임없이 재생산하는 수령제에는 인민은 없다.

수령과 엘리트는
일심동체?

이는 북한의 과거와 현재를 설명하고 미래를 전망하는 데 아주 중요한 질문이다. 주체사상의 사회정치적 생명체론을 문자 그대로 받아들이면 의심의 여지없이 이들은 일심동체이다. 그런데 조금만 상식을 가지고 짐작해도 믿기 어렵다. 언제라도 처형되거나 노동교화소로 끌려갈 수 있는 처지인 북한의 고위 엘리트가 수령과 일심동체이기는 어렵지 않을까? 절대다수는 자신의 안위를 위협하는 이와 한마음 한뜻이 될 수 있을 만큼 정신이 이상하거나 이념에 미치지 않았을 것이다. 심지어 김정은도 일심동체를 믿지 않는 게 분명해 보인다. 최룡해, 황병서, 김원홍 등 핵심 고위 인사를 이리저리 돌리고 돌린다. 수령이 불안하고 가신을 불신한다는 속마음이 드러나는 대목이다. 이리저리 간단히만 따져보아도 사회주의권의 몰락, 주체 경제의 붕괴, 양봉음위, 주기적인 공포정치 등으로 수령에 대한 엘리트의 속마음이 진심 어린 충성과는 거리가 있다고 예상해도 틀리지 않을 것이다.

그럼 북한 노동당 간부가 꿈꿀 수 있는 더 나은 삶은 어떤 것인지 상상해보자. 먼저 한국의 큰 부자와 그의 처지를 비교해보자. 가난한 나라 북한의 고위 관료가 못하지 않나 생각할지 모르겠다. 나는 아니라고 본다. 이 책에서 줄기차게 강조하듯이 부는 권력을 따라가지 못한다. 민주주의와 법치가 작동하는 나라의 거부들은 자신의 부를 이용하더라도 자신의 변태적이고 소름 끼치는 욕망을 채우기가 쉽지 않다. 법의 처벌이 그들을 기다리고 있으며, 또한 있다고 믿는다. 거대한 부가 야누스적인 본성에서 선이 아니라 악한 쪽을 주로 자극하지만 법적 처벌의 두려움이 하이드를 막아선다. 당연히 북한은 사정이 크게 다르다. 길을 가다 당 고위 간부는 평소 마음에 들지 않은 "돈주(북한의 신흥 자본가)"의 정강이뼈를 걸어차버린다. 껄껄 웃으며 가던 길을 계속 간다. 권력이 부를 압도한다. 노동당 간부가 대기업 회장보다 낫다. 단 수령의 눈 밖에 나지 않는다는 조건에서 말이다. 노동당 간부는 수령의 가신이 아니라 독립적인 귀족이 되고 싶다. 가신은 수령의 변덕스러운 호불호에 꼼짝없이 당하는 처지이다. 귀족은 수장으로부터 정치적, 재정적, 심지어 법적 자율성을 지닌 자들이다. 북한의 당 간부가 귀족이 될 수 있는 길이 있다. 조선노동당이 직접 지배하는 것이다. 노동당이 정치국이나 중앙위원회 운영에 합의적 의사결정 규칙을 세우고 이에 따라 당과 국가를 운영한다면 그들은 봉건제 없이도 귀족 행세를 할 수 있다.[20]

대표적인 예가 바로 1960년대 중반 이후 소련이다. 소련 엘리트의 특권은 오직 늙고 병들어 죽어서 잃는다. 소련공산당 중앙위원회가 총서기장을 선출하거나 해임할 수 있다는 관례가 뿌리내렸기 때문이다. 스탈린의 계승자 니키타 흐루쇼프Nikita Khrushchev는 이렇게 권력을 잡고 잃었다. 엘리트 다수가 그들의 집합적 이익을 침해하는 사람은 누구도 처벌할 능력을 갖고 있음을 공산당원 모두에게 증명한 결정적 선례였다. 이 결과 총서기장의 선출과 해임뿐만 아니라 일상의 주요 정책도 정기적으로 열리는 정치국 회의 등에서 집단의 토론과 합의를 거쳐야 했다.[21]

여기서 그들의 특권은 끝나지 않았다. 공고한 일당 독재가 제공하는 권력 지분을 지렛대 삼아 당 간부는 계획경제의 제도적 약점을 힘껏 비틀었다. 집단 독재에서 한 조각의 권력을 쥔 당 간부는 누가 무엇을 소유했는지 애매모호한 국유재산을 실질적으로 점유하고 정보를 틀어막아 마음대로 사용하고 따로 돈도 벌 수 있었다. 이런 가운데 정치국의 타협과 협상으로 운영된 공산주의 계획경제는 극심한 공유지의 비극을 낳았고 부패는 일상이 되었다(1장의 공산주의 경제에서 자세히 다루었다). 부패의 최대 수혜자로 인맥 사회의 최정점에 위치한 소련 공산당 간부는 총서기장의 가신이 아니라 중세 귀족이 되어 국부의 한 귀퉁이를 자신의 영지처럼 다스렸다.

조선노동당이 지배하면 북한 엘리트 역시 이런 귀족적 특권과 편안함을 누릴 수 있다. 중국식 개혁개방을 도입하고 국제 사회와 타협만 하면 커다란 사적 부를 누릴 수도 있다. 최종 결정권이 주어지는 순간 그들도 금방 깨달을 것이다. 이렇듯 조선노동당의 집단 독재가 수령제의 개인 독재를 대체한다면 엘리트에게 더할 나위가 없다.

이런 논의를 뒷받침하듯 여기저기서 들려오는 조선노동당 간부의 모습은 주체의 새 인간형과는 아무런 상관이 없어 보인다. 재산권이 불분명한 국유재산이라는 공유지를 두고 벌이는 이권 다툼은 큰 파열음을 내었다. 외화벌이 사업 등을 두고 벌인 군부와의 갈등이 장성택의 숙청을 앞당기기도 했다. 최근 들어 김정은의 일시적 호의를 등에 업은 국가보위부가 타 부서의 관습적인 이권을 뺏어가버리기도 했다. 이처럼 수령 삼대의 북한에서 노동당 간부는 수령에 대한 충성으로 영생을 믿는 순진한 이데올로그가 아니다. 상황에 따라 처신을 달리하는 기회주의자이다. 김정은 국무위원장도 틈만 나면 그렇게 비판하고 있다. 이런 근거로 나는 그들이 자신의 목숨줄이 늘 간당간당한 수령제보다는 정치적·경제적 특권을 안정적으로 누리는 조선노동당의 집단 독재를 원할 것이라 추측한다.

과연 그럴까? 의구심을 표할 수 있다. 나의 추측대로 엘리트 다수가 속으로 당 독재를 원한다면 북한 정치는 지금과 달라야 하는 게 아닐까? 아니다. 바뀌는 건 아무것도 없다. 여전히 한 치의 흔들림도 없고 어떠한 반항의 전조도 눈에 띄지 않을 것이다. 현재 북한 엘리트의 겉모습이다. 태도와 행위 사이의 심대한 괴리를 이해하기 위해 우리는 북한 엘리트의 절대적 행동준칙이 조정임을 잊지 말아야 한다. 그럼 조정 게임을 다시 소환해보자.

북한의 수령제는 살기 위해, 출세하기 위해 다수의 선택을 무조건 따라야 하는 조정의 이해가 압도적이다. 속마음이야 어떠하든 겉으로 관찰되는 공개적 행동을 수령제의 철칙에 맞춘다. 그래서 모두가 속으로 수령 반대를 외쳐도 변하는 것은 없다. 내면의 외침을 듣고 볼 수 있는 관심법은 없다. 충성의 수위 조절도 위험하다. 뚱한 침묵과 수동적 태도는 죽음이다. 미친 듯한 충성의 거짓 맹세로 서로에 대한 서로의 오해는 짙어진다.

이는 대구 지하철 참사의 불행을 닮았다. 불안한 당신은 맞은편 승객을 바라본다. 그는 여전히 다리를 꼬고 앉아 있다. 그를 본 당신은 불안한 마음을 억누르고 아무 일 아니라는 듯 그냥 앉아 있다. 아뿔싸! 당신이 바라보고 있는 승객은 지금 당신을 바라보며 똑같은 생각을 하고 있다. 비극적인 찰나의 상호관찰이다.[22] 서로의 서로에 대한 오해이다.

그래서 소통이 불가능한 조정 게임에서 수령은 다수의 진심 어린 충성 없이도 안전하다. 무자비한 탄압을 일삼는 소수의 미친(실제로 위험한 인지적 장애가 있을 것으로 예상되는) 앞잡이가 눈을 부릅뜨기만 해도 서로에 대한 오해를 불러오는 거짓 맹세 속에서 수령제는 흔들리지 않는다. 바로 다음과 같은 게임을 북한 엘리트가 하고 있다고 예상할 수 있다.

다음의 표는 혁명적 수령관을 더는 맹목적으로 추종하지 않고 살 떨리는 공포정치의 피 맛을 본 엘리트가 벌이는 조정 게임이다. 수령의 거듭된 배신을 목도한 엘리트의 마음은 깨져버린 항아리이다.[23] 수령에 대한 순진한 기대를 거두는 순간 엘리트의 상호작용은 죄수의 딜레마 게임 대신 조정 게임이다.

엘리트의 조정에는 좋은 균형(당 독재)과 나쁜 균형(수령제) 두 가지가 공존한다. 당 독재(5, 5)와 수령제(2, 2)는 모두 안정적이다. 누구도 일방적으로(혼자서) 기존 선택(도전 혹은 복종)에서 다른 선택으로 바꿀 유인이 없다는 의미이다. 예를 들어 수령제의 균형에서 혼자서만 도전하면 2점에서 0점으로 떨어진다.

북한 정치에서 엘리트의 도전과 순응

국가보위부 B

	도전	복종
도전	5,5 * (당 독재)	0.4
복종	4.0	2,2 * (수령제)

조직지도부 A

게임의 결과(균형)는 두 가지 요소에 달려 있다. 어디에서 게임을 시작하는지와 모두가 알고 있다고 모두가 믿는 믿음(공동 지식)의 내용이 무엇인지가 결정적이다.[24] 당연히 세습 수령 김정은의 북한에서 엘리트는 나쁜 균형인 수령제에서 시작한다. 그리고 소통할 수 없는 그들은 개인 우상화를 대체할 여론을 만들 수 없다. 그럼 꼼짝 못 한다. 어제처럼 오늘도 귀족이 아닌 가신이다.

만약 우리가 북한 엘리트 개개인에게 대세 여론(공동 지식)이 무엇인가라고 비밀리에 묻는다면 아마도 대부분은 다수의 동지(동업자라는 편이 맞을지 모른다)가 어떤 생각인지 잘 모르겠다고 답하지 않을까 싶다. 진심 어린 충성도, 불타오르는 분노도 아닌 회색의 규정할 수 없는 그 무엇이지 않을까?

이 분명하지 않음은 절대로 수령 김정은에게 나쁘지 않다.

의사 표현의 자유가 전혀 없는 사회에서 여론과 공동 지식은 개개인의 사적 의견들의 산술적 총합과 평균값이 아니다. 밀도 있는 모임과 눈 맞춤으로 서로의 생각에 대한 분명한 확신이 없는 이상 모두는 현재의 관습적 선택을 유지한다. 누구도 일방적으로 무섭도록 어리석은 선택을 하려 하지 않는다. 미필적 현상 유지이다.

선거에 익숙한 우리는 다수의 생각이 바뀌면 집단의 선택이 자동적으로 달라진다고 가정하는 경향이 있다. 분명한 것은 선거는 아주 특이하고 예외적인 의사결정 방식이다. 낮은 목소리로 사전에 모의하는 길거리 시위와 달리 지지자들이 오후 4시 정각에 투표소에 집결할 필요가 없다. 아무 때나 혼자 칸막이 방에 들어가서 각자 마음먹은 대로 찍은 용지를 투표함에 넣어버리면 된다. 각자의 독립적인 선택은 개표를 통해 자연스럽게 합산이 된다. 이런 식으로 때때로 뜻밖의 정치적 변화가 일어난다.

불행히도 수령제는 그렇게 작동하지 않는다. 함께 거대한 회의장에서 "수령, 멈춰"를 외칠 수 없는 불만자는 침묵이 아니라 열렬히 수령 만세를 외친다. 그리고 이에 질세라 맞은편 불만자도 목청을 올린다. 거짓 충성의 나선이다.[25] 속으로만 생각한다. "이거 뭐지?"

혹자는 북한 엘리트의 협력에 대해 훨씬 더 비관적인 주장

을 할 수 있다. 소통과 새로운 공동 지식의 부재를 넘어 수령의
가신들은 서로를 배신할 수밖에 없는 죄수의 딜레마 게임을
한다고 말이다. 그 논리대로 "당신이 군주에 대한 불만을 토로
하자마자 그 이야기를 들은 이는 이를 군주에게 고해 군주의
은혜를 갈구"한다면 반역은 어렵없다.[26]

그런데 만약 배신이 협력보다 항상 낫다면 수령은 전혀 걱
정할 이유가 없다. 알아서 서로서로 고해바칠 테니 말이다. 그
냥 편안히 잠자리에 들면 된다. 줄담배 태울 이유가 없다.

여기서 핵심 쟁점은 다음의 질문이다. 압도적 다수가 힘을
확인하여 수령을 이길 수 있는 순간에도 과연 김정은의 호의
를 철석같이 믿고 일부가 동료를 배신하고 수령제를 지킬까?
아직 그가 많은 엘리트를 잔혹하게 숙청하지 않았다면 모를
까, 이미 김정은의 매서운 맛을 본 엘리트가 무서워도 다시 믿
어보자고 생각할까?

김정은 자신은 그렇게 생각하지 않는 모양이다. 시도 때도
없이 숙청하고 혁명화하고 가끔 그중 일부를 복권시킨다. 인
사의 회전문을 힘껏 돌려 모두를 정신없이 만들어버린다. 그
리고 사소한 불경죄도 가차 없이 사형이다. 수령의 불안과 불
신이 그대로 느껴진다.

종합하면 북한 체제의 안정성이 정당성과 관계없는 만큼이
나 흔들림 없는 수령제도 수령과 당 간부의 일심동체와 상관

없다. 개개인의 속마음과 크게 다른 절대복종의 여론 속에서 어제 같은 오늘의 묵종이고 조정이다. 조정은 기존 여론을 다시 지지한다. 여론과 조정의 순환 고리 속에서 권부 깊숙이 퍼진 불안과 불만은 가야 할 길을 잃는다. 다수 엘리트의 지지를 상실한 수령제는 그렇게 끄떡없다.

그럼 이런 에두른 분석이 무슨 소용인가 누군가 따질 수 있다. 조금만 더 생각을 밀어붙여보자. 우리는 놀라운 생각에 거의 다 왔다. 바로 수령은 수구적 현상 유지자이고, 북한 엘리트는 친개혁적이라는 가설이다. 영화나 소설이 자주 설정하는 계몽군주와 반동적 귀족과는 반대 이미지이다. 수령제에 불편하고 불안한 엘리트가 "필승불패의 우리식 사회주의"를 전혀 고집하지 않을 것이다. 북한의 붕괴와 민주화를 원하지 않는다는 선까지는 수령과 함께할 수 있다. 그 이상은 아닐 것이다. 감히 스스로 엄두를 내지 못하고 있을 뿐이라 생각한다. 만약 선택할 수 있다면 그들은 수령제 대신 노동당이 통치하는 보통의 공산주의를 원할 것이다. 그리고 국유재산에 대한 실질적 재산권과 정치적 기득권을 이용해서 한 몫 챙길 수 있는 중국식 시장개혁을 마다하지 않을 것이다. 간부-사업가의 중국이 이를 증명하고 있다.

국내 정치와 개혁개방에서 보이는 수령과 엘리트의 차이는 대외 노선에까지 연장될 수 있다. 수령은 모든 걸 희생해서라도 자주를 원하지만 집단 독재의 엘리트는 동맹으로부터 군사적 의존을 마다하지 않을 것으로 나는 예상한다.

사실 북한의 대외 정책을 논할 때 독재의 국내 정치가 크게 간과되어왔다. 국제 정치이론의 대표 주자 격인 현실주의가 국내 정치를 무시한다고 거의 모든 교과서는 지적한다. 이러한 학문적 자기 성찰에도 남북관계에 대한 해설과 논평은 북한을 단일한 행위자로 무심하게 상정한다. 아마도 남북관계를 전망하는 논객들이 평온한 겉모습과 달리 수령의 개인 독재가 내부적으로 얼마나 갈등적인지를 잘 모르기 때문이라 짐작해본다. 최근 들어서야 독재의 국내 정치가 그리 단순하지 않다는 연구가 속속 나오고 있지만, 아직 연구 성과가 널리 퍼진 것은 아니다.[27] 민주주의의 경우 이익과 정책 갈등, 여야의 대립 등이 직접 눈과 귀를 자극한다. 직접 감각된다. 이와 달리 수령제에서는 모든 게 겉 다르고 속 다르다. 독재자와 엘리트의 갈등 모델을 자각하지 않으면 감추어진 속 다른 이해 갈등을 간과할 수밖에 없다.

수령과 엘리트의 피비린내 나는 갈등에 대한 이해가 부족할 경우 북한의 자주노선을 오해할 수 있다. 인간의 본성을 자주성, 창조성, 의식성이라고 치켜세우는 주체사상은 그중에서도 자주성을 가장 높이 친다. 자주성을 입에 달고 사는 북한이기에 어떤 이는 자주노선은 그들의 정치적 가치를 반영한다는 인상을 가지고 있다. 여기에 현혹되어 대외 노선만큼은 북한이 남한보다 더 낫다고 평가하는 순진한 민족주의자들마저 있다. 그들에게 묻고 싶긴 하다. 고난의 행군으로 굶어 죽는 동포 주민을 옆에 두고 금수산 태양궁전에 돈을 퍼붓는 민족주의가 도대체 무엇이란 말인가?

자주에 대한 올바른 평가를 위해 수령이 언제부터 자주를 강조했는지 살펴보자. 북한의 주체주의자들은 모든 걸 그들의 신화인 1930년대 김일성의 항일 무장 투쟁으로 환원시키지만 '주체'라는 말이 처음 등장한 것은 1955년 12월 김일성이 노동당 선전선동 일꾼들에게 행한 연설 "사상사업에서 교조주의와 형식주의를 퇴치하고 주체를 확립할 데 대하여"에서이다. 사상에서의 주체를 시작으로 1956년 경제에서의 자립, 1957년 정치에서의 자주, 1962년 국방에서의 자위, 1966년 외교에서의 자주이다.

1955년을 전후한 당시는 사회주의의 원조인 소련이 급변하는 순간이었다. 1953년 스탈린이 죽고 얼마 후 소련의 지도자들은 비밀경찰의 수장 라브렌티 베리야Lavrenty Beriya를 회의 도중 급하게 체포, 처형했다. 동토의 땅에 찾아온 해빙과 함께 개인우상화에 대한 소련 공산당의 전면전은 1956년 2월 흐루쇼프의 비밀연설로 정점을 찍었다. 소련으로부터 들어오는 위험한 사조를 걱정한 김일성의 자구책이 바로 주체이고 자주였다.

개인 독재의 수령제를 지키기 위한 그의 자주 노선은 1956년 반종파 투쟁의 고비를 넘기면서 더욱 확고해졌다. 1956년 4월 당대회에서 자신의 불안한 처지를 뒤늦게 자각한 소련파와 연안파가 그해 8월 함께 도전했다. 지푸라기라도 잡으려는 마지막 공개적 도전이었다. 김일성은 이를 단칼에 처리하지 못하고 모스크바와 베이징의 간섭으로 한발 물러서야 했다. 김일성에게 깊은 깨달음을 주었음에 틀림없는 사건이었다. 당연하게도 김일성이 1958년 중국 인민지원군의 완전한 철수를 매우 기쁘게 반겼음을 당시 기록들이 알려준다. 미군 철수를 대하는 남한과 정반대의 태도이다. 수령의 입장에서 불가근불가원不可近不可遠인 사회주의 강국은 불만에 찬 조선노동당 간부들의 잠재적 연합 세력이기 때문이다. 자주만이 수령이 살길이다.

수령만을 위한 자주는 지금도 계속되고 있다. 핵이 바로 그 상징이다. 북한이 한국과 미국으로부터 군사적 억지력을 가질 수 있는 또 하나의 길은 중국의 확실한 군사적 보장이다. 그런데 과연 수령이 핵 대신 한때 북한에 주둔했던 인민지원군 같은 중국의 군사적 보장을 선택할 수 있을까? 없다. 중국에 대한 과도한 군사적 의존은 수령의 지위를 위협하는 내정간섭으로 이어질 수 있기 때문이다. 아마도 이는 손자가 묘사한 선수자善守者의 화신인 수령이 식은땀 흘릴 유일한 악몽이다. 그래서 수령은 자주를 지키기 위해 다른 모든 것을 희생했다. 주체적 국방에 엄청난 자원을 탕진하면서 경제를 포기하는 선택은 수령의 채워지지 않는 권력 의지에서 비롯되었다. 수많은 동족이 자주 때문에 굶어 죽었고, 계속 굶어 죽어도 자주이다. 그렇게 자주는 인민의 덫이다. 자주의 저주이다. 자주의 무덤을 파고 들어가면서 북한은 점점 더 가난해진다.

자주를 위해 치른 대가는 남한과 비교하면 더욱 선명하다. 남한은 군사·안보를 미국에 크게 의존하면서 경제 발전에 주력했다. 반미 자주를 외치는 이들의 핵심 공격 포인트이다. 이는 대기업 위주의 수출 주도 성장 전략보다 더 근본적인 국가 전략이다. 그래서 무슨 일이 일어났는가? 자주·자력갱생과 주한미군·개방경제의 국가 전략이 엄청난 발전의 차이를 낳았다. 청교도의 북아메리카와 스페인 정복자의 남아메리카만큼이나 극적인 실험 결과이다. 막무가내로 자주를 외치는 정치 세력이 생각해보아야 할 남과 북의 두 갈림길이다.

이런 증거 앞에서도 남한의 주체주의자들은 진정 민족자주 노선을 최대·최고의 가치라 여전히 주장하는 듯하다. 그들이 이를 진심으로 믿는지 스스로 시험해보기를 제안한다. 자문해 보자. 본인의 자식이 자주의 나라 북에서 자주적으로 살고 싶다고 떼를 쓴다. 환호성을 지르며 이를 반기고 도울 것인가? 만약 그렇다면 최소한 그들의 진정성은 인정한다.

남한의 주체주의자가 아니라 다시 북한 엘리트의 마음이 되어보자. 과연 개혁개방을 어렵게 하는 수령의 자주를 북한의 엘리트는 원할까? 수령제와 달리 엘리트가 만들고 싶어 하는 당 독재에서는 권력의 최상층은 군사적 의존이 불러올 외세의 정치적 간섭을 크게 두려워하지 않을 것이다. 예를 들어 중국 정부가 다른 어떤 이를 일인자로 밀어도 큰 상관이 없다. 그 역시 집단 지도의 국내 정치적 제약으로 마음대로 통치하기 어렵기 때문이다. 따라서 누구도 나라 전체의 커다란 경제적 희생을 감수하면서까지 군사적 자주를 위해 굳이 핵에 매달릴 이유가 없다. 차라리 외세의 도움으로 안보 딜레마를 해결하고 남한과의 경제 협력을 등에 업고 비교우위의 과실을 공유하는 편이 나을 수 있다. 인민들과 마찬가지로 하루하루 생존을 위해 발버둥 치는 엘리트가 당장에 이런 생각까지 하고 있을까 회의적이긴 하다. 그러나 뜻하지 않게 당 독재의 집단 지도라는 기회가 그들 앞에 주어지면, 그래서 심사숙고한다면 그들은 대내외적 현상 변경을 원할 가능성이 농후하다.

그래서 영화 〈강철비〉는 틀렸다. 대중문화는 수령제와 완전히 다른 집단 독재에서 일어날 법한 상상으로 개혁적 수령에 반대하는 수구적 엘리트의 음모를 종종 그린다. 이 책이 제시하는 수령 개인 독재의 정치 논리는 정반대의 사정을 밝히고 있다. 수령에 대한 낭만적인 생각을 이제 완전히 거두어들여야 한다. 처음은 속인 자가 잘못이지만 자꾸 속으면 속은 자 잘못이다.

가난한 경제, 넘치는 지배:
평양 이상무

언론에서 우리나라 재정 적자를 걱정하는 식자들의 목소리를 자주 접한다. 민주주의를 사는 우리는 재정을 비롯한 국가 경제의 어려움이 지배와 통치의 곤란으로 이어진다는 전제를 달리 의심하지 않는다. 그래서 고난의 행군으로 상징되는 경제난과 대북 제재의 대외적 고립이 북한의 지배를 흔들지 않을까 추측한다. 북한의 임박한 붕괴설이 나오는 배경이다. 과연 이는 타당한 예상인가?

아니다. 처음부터 새롭게 정치범 수용소를 세워야 한다면 모를까 낡은 건물에 한 명 더 집어넣고 핏빛이 깊이 베인 총살대에 한 명 더 세운다고 큰돈이 들지 않는다. 정치범의 수가 늘어나면 그들에게 배급하는 배춧잎 한 장을 더 줄이면 그만이다. 가난한 나라의 수령이 쉽게 지배하는 여러 이유 중 하나이다. 쌀은 부족하지만 지배는 넘치는 주체의 북한이다. 차근차근 살펴보자.

국가의 감시와 폭력이 얼마나 체계적이고 가혹한가는 특히 정치적 정당성을 상실하여 대다수의 자발적 복종을 기대하기 어려운 독재의 운명을 좌우한다. 제대로 작동하는 무자비한 국가 폭력은 저항의 비용을 엄청나게 높여 대부분이 합리적으로 저항을 포기하도록 한다. 동시에 정치적 도전을 억지하는 국가 폭력은 지배 엘리트에게 체제의 미래를 낙관하게 한다. 혁명적 낙관주의의 폭력적 기초이다.[28]

다시 한번 강조하고 싶다. 민주주의를 사는 우리에게 익숙한 전제를 버려야 북한이 제대로 보인다. 북한에서 국민의 행복과 건전한 국가 경제는 정권 유지의 필요조건이 아니다. 행복하고 안전한 인민은 있어도 그만 없어도 그만이다. 이와 달리 지배와 억압에 능한 강한 국가는 수령제의 필요조건이다. 강한 국가 없이 튼튼한 수령제는 있을 수 없다는 뜻이다.

그리고 강한 국가와 결합한 완벽한 수령제는 민주주의와 거의 정반대로 움직인다. 인민은 없다. 가난, 추위, 공포가 그들의 일상이다. 고도로 발달한 국가 폭력을 무제한 휘두르는 소수의 충성파만 있다.[29]

북한의 국가는 분명 강하다. 북한의 인구·사회·경제 구조의 단순성과 좁은 영토 등에 비추어볼 때 국가의 지배 능력이 과잉이라 해도 그리 틀리지 않은 추정이다. 국가의 폭력, 감시, 억압 능력은 국가 건설의 역사적 유산에 크게 좌우된다. 한순간의 노력과 투자로 쉽게 얻어지는 게 아니다. 민족적 저항을 총검으로 짓누른 총독부의 무단 통치, 전통 엘리트의 물리적 소멸을 가져온 남북 분단과 한국전쟁, 전체주의 통제를 실현코자 한 수령의 꿈, 수령의 자주에 대한 집착 등이 쌓이고 쌓이면서 북한의 국가는 엄청나게 과대 성장했다.[30]

누군가 묻는다. 독재자는 원래 강력한 국가 폭력을 키우지 않는가? 동북아시아만 보면 그래 보인다. 그러나 더 넓은 세상으로 눈을 돌리면 강한 국가는 그리 흔하지 않다. 오히려 예외적이다.

북한 국가 건설의 성공을 비교적으로 이해해보자. 먼저 과거 서유럽이다. 광활한 중국 대륙에 훨씬 미치지 못하는 비좁은 서유럽에서 우후죽순 솟아난 무력 집단은 생존을 건 폭력 대결을 펼친다. 약한 쪽은 도태된다. 외부의 적과 경쟁하는 와중에 내부로부터 주민들이 저항한다. 수탈당할 수 있는 부를 가진 자들은 자산을 은폐하거나 들고 도망가버리거나 뭉쳐서 저항하는 식이다. 이에 맞서 폭력의 독점자는 더 효과적인 지배를 위해 국가 제도와 사회를 정비한다. 예를 들어 더 많은 세금을 위해 국가는 이름뿐인 평민들에게 성씨를 주어 분류하고 관리한다. 그리고 능력주의로 뽑은 똑똑한 관료가 통계 자료를 살핀다. 시민사회의 저항과 국가의 대응 속에서 양쪽 모두 공진화한다.[31] 강한 사회, 강한 국가이다.

이 반대편에 지금 세계 정치에서 흔한 실패한 국가가 있다. 거의 대부분은 민주주의가 아니다. 독재이다. 그리고 국가 건설 실패의 원인은 독재자의 고의다. 내다 팔 풍부한 천연자원이나 외국의 너그러운 원조로 돈벌이가 쉬운 독재는 돈 많이 드는 국가 건설을 내팽개친다. 나랏돈은 자기 돈인데 자기 주머니가 아닌 곳에 쓰고 싶지 않다는 고약한 심보이다. 도로나 항만은 당연하고 경찰과 군대마저 소홀히 한다. 아프리카에서 에이즈가 여전히 심각한 까닭은 약이 없어서가 아니라 약을 나누어줄 보건소가 없어서다.[32] 국가 건설은 그냥 없다.

천연자원이 풍부한 실패한 나라를 여행하면 뭔가 이상하다는 걸 직접 느낄 수 있다. 첫째, 분명 나라 전체는 가난한데 수도의 커피 한 잔이 꽤 비싸다. 둘째, 교통 체증이 심각하다. 비행기 출발 시간 훨씬 이전에 공항으로 향하는 게 상책이다. 셋째, 석유와 목재가 넘쳐나는데 깨끗한 물을 구하기가 쉽지 않다. 왜 이런 일이 벌어질까?

먼저, 자원 부국의 수도 땅값이 매우 비싸다. 석유 등에서 발생한 천문학적 부를 부당하게 착복한 소수의 특권층이 안전

자산으로 자국의 노른자위 땅을 경쟁적으로 매입하기 때문이다. 이들은 종종 떼로 몰려와 선진국 해안가의 부동산 가격마저 크게 올린다. 결국 가게들은 수도의 비싼 임대료를 감당하기 위해 판매 가격을 올린다. 교통 체증 역시 자원의 저주의 징후이다. 땅에서 솟아난 만나로 사들인 많은 고급 차들이 부족한 고속도로로 마구 나오니 공항 가는 길이 만만치 않다. 도로도 제대로 닦지 않는데, 가난한 이들을 위해 상하수도 시설을 마련할 리 없다. 아이들은 배탈과 설사로 죽어간다. 거부들은 프랑스의 에비앙을 마시면 된다. 아마도 에비앙으로 양치도 하고 머리도 감지 않을까 추측해본다.

도로를 닦는 것도 상하수도 시설을 마련하는 것도 주저하는 마당에 여기저기 경찰서를 설치하고 가로등을 세우기를 바라기는 어렵다. 국민 전체의 치안은 내팽개친 채 자신과 가신들의 안전과 자산을 지키기 위한 최소 병력만 유지한다. 이마저도 선진국 특수부대 출신 퇴역 군인들로 이루어진 외국 민간 경비 업체에 용역을 주어 막대한 고정비용과 장기 투자를 회피한다. 과거 가끔 들려오는 나이지리아에 파견 나간 한국의 대기업 직원이 몸값을 원하는 인질범에게 납치되었다는 소식이 이상하지 않은 사정이다.

무질서와 혼란 속에서 우리가 공공재라 당연시하는 안전은 독재자가 제공하는 사유재로 탈바꿈한다. 그는 천연자원과 원조 등에서 얻은 수입으로 폭력 시장에서 구매한 보호와 안전을 자신의 충성파에게만 선별적으로 제공한다. 그래서 이들은 독재자에게 더욱 기대고 충성한다. 비유하면 무선 이어폰으로 고양이 목에 걸린 방울 소리를 듣도록 하는 것이다. 그런 방울 소리는 공공재가 아니다. 대왕 쥐는 자신이 좋아하는 소수에게만 주파수를 맞춘 이어폰을 나누어준다. 방울 소리는 이제 사유재이다.[33]

그래서 신흥 국가에서 솟아나는 천연자원은 말 그대로 시민들에게는 저주이다. 값비싼 기름이 나오는 좁은 땅을 독차지한 소수에게 부와 권력이 집중되면서 미성숙한 민주주의는 흔들려 무너지고 독재가 귀환한다.[34] 이 와중에 독재자와 결탁한 해외 다국적 기업도 한몫 챙긴다. 시민 대부분은 흩뿌려지는 현금 잔치에서 철저히 소외된다.[35] 차라리 석유가 없었더라면 모두 합심해서 나라를 세우고 일꾼들을 교육하고 산업도 일으켰을 텐데 하는 한탄이 이상하지 않다. 천연자원 빈국 한국의 성공처럼 말이다.[36]

나아질 기미도 없다. 실패한 국가의 불행한 주민만큼이나 배부른 독재자도 떠날 준비가 되어 있다. 어차피 국가에 투자한 것도 없으니 버리고 떠나도 크게 아까울 것이 없다. 그리고 독재의 미래가 늘 불안하다. 강한 국가를 건설하지 않았기 때문에 많은 독재 국가는 외부의 침략과 내부의 반란에 취약하다. 독재자와 그의 친위부대는 나라가 흔들린다는 조짐을 느끼는 순간 바로 스페인이나 캘리포니아 해안가로 날아가버린다. 이미 돈도 자식도 모두 그쪽으로 보내두었다.

땅에서 나오는 풍족한 만나를 눈앞에 두고 겪는 극심한 가난과 배고픔을 넘어 가끔 인민은 생지옥을 경험한다. 풍부한 천연자원 덕분에 끝도 없는 내전이다. 많은 이들이 죽고 생산시설은 산산이 조각난다. 그래도 상관없다. 군벌들은 무기를 사들이는 재원을 인민들의 호주머니가 아니라 땅을 파고, 산을 뚫어서 구하니 말이다. 원주민들은 죽어 나가도 돈은 넘쳐나니 협상과 휴전 대신 전면전을 멈추지 않는다. 시에라리온이 그랬고 앙골라가 그랬다. 기타 등등이다. 과거 앙골라 내전 당시 누가 이기는지 알 수 있는 간단한 공식이 있다. 당시의 다이아몬드와 석유의 세계 시장 가격의 추이를 보면 된다. 한쪽은 다이아몬드를 팔고 다른 쪽은 석유를 팔았기 때문이다. 최근 앙골라에서 거대한 핑크 다이아몬드가 채굴되었다는 소식이 씁쓸하다.

북한은 천연자원 부국과 정반대이다. 달러는 아주 부족하고 국가는 매우 강하다. 가난하지만 강한 국가는 부족한 돈으로 오래 버틸 내구성을 자체적으로 지니고 있다. 왜 그럴까? 필자가 미시경제학 개념을 약간 변용해서 만든 한계지배비용에서 답을 찾는다. 이 개념은 정치범을 비롯한 반항아 한 명을 더 색출하고 처벌하는 데 드는 비용을 의미한다.

국가 건설을 경제학적으로 따져보자. 국가 건설은 막대한 고정비용이 소요되는 자연 독점natural monopoly과 유사하다. 이는 우리나라의 잔칫상을 닮았다. 손님의 수와 관계없이 한 상이 되기 위한 음식의 가짓수와 준비 시간은 비슷하게 많이 든다. 고정비용이 큰 상차림이다. 그렇게 한 상 차려지고 나면 초대받지 않은 손님이 찾아와도 큰 문제가 되지 않는다. 밥과 국한 그릇만 더 내놓으면 간단히 해결된다. 손님 한 명에 더 들어가는 한계대접비용이 별로 크지 않다. 뜻밖의 손님이 힘들지 않다.

이는 공공재의 일반적인 특징이기도 하다. 교수는 학생의 청강 부탁을 흔쾌히 받아들인다. 거절할 이유가 없다. 들어와서 졸거나 시끄럽게 떠들지 않는다면 청강생이 수강생에게 부정적인 영향을 미치지 않는다. 청강생 탓에 교수의 강의 목소리가 작게 들리는 것도 아니다. 비경합적이다. 교수로서도 별어려움이 없다. 청강생 때문에 더 들여야 할 추가 노력은 없다. 시간 날 때마다 골방에 틀어박혀 강의 교재를 완성했다. 이로써 강의의 틀과 내용이 잡혔다. 커다란 고정비용으로 완성된 강의에 한 명이 더 들어온다고 강의 생산 비용이 증가하지 않는다. 한계 강의 생산비는 0이다.

국가의 지배비용도 마찬가지이다. 일단 조밀하게 뻗은 사상

경찰 조직과 큰돈을 들여 지은 수용소가 준비되어 있다면 한 명의 정치범을 더 잡아넣어도 국가의 부담은 거의 없다. 한계지배비용이 거의 들지 않는다.

그런데 위기의 순간에 닥쳐 국가 건설을 시작하면 때는 늦다. 돈도 시간도 많이 들기 때문이다. 포스트코로나 직후 가파르게 증가하는 항공 수요에 항공사가 제대로 대처하지 못한 것처럼 말이다. 직원을 충원하는 데 시간이 지체되기 때문이다. 국가 건설도 그렇다. 때를 놓치면 큰 낭패이다.

이 어려운 장기 사업인 국가 건설을 김일성이 제때 해놓았다. 세상 어느 국가도 따라가지 못하는 넘치는 감시와 폭력을 자랑하는 북한 국가는 김정은이 물려받은 최고 최대의 유산이다. 오래전 튼튼히 지어진 수용소에는 정치범이 넘쳐나고 있다. 오늘 몇 명 더 집어넣어도 표도 나지 않는다.

준비된 국가의 저렴한 한계지배비용은 주체사상과 함께 수령의 북한이 버티는 또 다른 비밀이다. 민주주의에 익숙한 우리는 북한의 심각한 경제적 어려움이 국가의 기초를 흔들거라고 예상한다. 그렇지만 발상을 전환해 고도로 발전한 지배 기구에는 한계지배비용이 거의 들지 않음을 깨달으면 북한의 단기적 미래가 분명히 보일 것이다. 강한 국가가 이미 건설되었다면 재정과 지배는 분리된다. 큰돈 들어올 데가 별로 없어 재정은 형편없지만, 수령의 국가는 수령만을 위해 훌륭하게 지배한다. 강한 국가 덕분에 가난한 북한은 한마디로 썩어도 준 치이다. 수령제는 흔들리지 않는다. 인민들은 순순히 굶주릴 뿐이다.

그런데 여기서 한 가지 의문을 제기할 수 있다. 재정난 때문에 북한의 당 관료 전체가 부패에 매진하는 현실 말이다. 실제로 북한 주민의 전체 가계소득에서 부패가 차지하는 비중이 상당하다는 믿을 만한 연구도 있다.[37]

그럼 이는 북한 국가의 내부로부터의 침식으로 보아야 하지 않은가? 이에 답하기 위해 나는 국가를 공격하는 부패와 국가에 의지하는 부패로 관료의 기회주의를 구분하고 싶다. 국가를 공격하여 국부를 훔치는 부패는 국가를 흔들고 위험에 빠트린다. 그렇지만 국가에 의존해서 주민을 수탈하고 자생적 시장에 기생하여 개인적 치부를 일삼는 북한의 부패는 국가의 지배 능력에 별다른 영향을 미치지 않는다. 북한의 부패는 당 국가의 위계질서에서 누리는 지위를 남용하여 얻는 경제적 이득이다. 이는 부패 관료의 소득 원천이 국가로부터 전혀 독립적이지 않다는 의미이다. 반대이다. 철저히 국가에 종속되어 있다. 관료적 특권은 언제라도 수령과 그의 가신들에 의해 즉각적으로 회수될 수 있는 것이다. 그래서 시장에 내다 팔 별다른 독립적 기술과 사업가적 기질이 없는 부패 관료는 기회주의적이지만 현재 자신의 기득권을 보장해주는 수령제가 고맙

기도 하다. 결국 태만하고 부패한 당 관료가 수령제의 근간을 흔들 짓을 하지도 않을 것이고 수령이 온 신경을 곤두세우고 있는 비사회주의 단속에 앞장서서 정치범을 물색할 것이다. 부패할 수 있는 특권을 놓치지 않기 위해서 말이다.

탈북은
붕괴의 전조?

북한에서 위기의 징후는 무엇인가? 이 질문에 많은 이들이 탈북을 꼽는다. 분명 탈북은 북한 주민의 불만이 상당함을 보여주는 결정적 증거이다. 정말로 자주적이고 주체적인 자들이 커다란 위험을 감수하고도 떠나고 싶은 나라가 북한인 것이다. 그런 탈북은 수령의 북한에 불리할까? 많은 이들이 그렇다고 대답한다. 땅은 크고 신민은 많을수록 좋다고 생각하는 듯하다. 어떠한 정치적 권리도 누리지 못하는 신민이 수령의 자산임은 분명하다. 부담 없이 언제든 쓰고 버릴 수 있다.

그렇지만 가끔 위험 자산도 있다. 체제에 대한 불만을 행동으로 옮길 수 있는 의지와 실천력을 갖춘 자들이다. 떠나지 못한 이들의 갖가지 태만, 반항, 저항으로 불편하고 위험한 상황이 일어날 수 있다.

수령은 안전 자산인 묵종하는 수동적 신민과 태생적 반항아를 분리하고 싶다. 분리의 어려움을 탈북이 해결해준다.

대나무 숲에서부터 이야기를 시작해보자. 사람은 참으로 복잡하고 모순된 존재임이 틀림없다. 돈이나 자리가 걸려 있지 않는데도 기껏 자존감을 고양하기 위해 식은 죽 먹듯이 거짓말을 한다. 그러면서도 가끔은 진실하고 싶은 마음이 있다. 하고 싶은 이야기를 하고 나면 속이 후련하다. 도파민이 나오는 모양이다. 그래서 괴로운 신하는 참다 참다 대나무 숲을 찾는다. 손해가 없고 안전하다면 솔직하고 싶은 우리의 모습이다.

그런 우리의 솔직함이 얼마나 허약한지 알려주는 실험이 있다. 사전에 모의한 모두가 똑같이 틀린 답을 말하면 피실험자는 자기 눈으로 본 대로 말하지 않고 명명백백한 오답을 따라간다. 독립심도 정직함도 없다. 다수의 의견에 동조하고 싶은 소심함뿐이다.[38] 그 순간의 뇌를 촬영한 사진은 독립적 결정이 가져올 외로움이라는 부정적 감정을 피하고 싶어 하는 욕구를 포착한다. 모두가 좋게 말해도 직접 눈으로 확인하고 모두가 욕해도 직접 관찰하겠다는 공자의 현명한 독립성은 드물다. 작당한 몇몇이 없는 호랑이도 쉽게 만들어내고 모두가 믿어버리는 삼인성호三人成虎이다.

그래서 우리는 이빨을 가진 여론에 쉽게 굴복한다. 예를 들어 정치적 올바름에 대한 사회적 통념이 강하면 이에 다소 어긋나는 말이나 행동을 할 수 없다.[39] 만약 당신이 인기 토론 프로그램에 나가 "통일을 꼭 해야만 하는가?"라고 의문을 제기하면 아마 다음 날 당신의 사생활을 마구 파헤치는 네티즌들의 전체주의적 장난질을 당할 수도 있다.

언론 · 출판 · 집회 · 결사의 자유가 보장된 민주주의에서도 여론의 눈치를 보면서 자신의 사적 의견과 태도를 숨기고 위장하는 마당에 조직지도부와 보위부의 감시 아래에서 어느 누가 미치지 않고서야 불충의 태도를 조금이라도 내비치겠는가? 북한 주민들은 살기 위해 출세하기 위해 위장한다. 그리고 이에 매우 능숙해졌다.

그들이 거짓되게 굴어야 한다는 걸 수령이 모를 리 없다. 가신들이 수령의 호의가 진심인지 궁금해 죽을 만큼, 수령도 그들의 속내가 미치도록 궁금하다. 주위 측근들과 다수 인민의 생각과 태도를 제대로 알고 있어야 치명적 실수를 피할 수 있다. 역심을 품은 자를 옆에 두었다가 목숨을 잃을 수 있다. 혹은 인기를 과신하고 억압을 풀다 민중의 거센 반란을 부를 수도 있다.[40] 그런데 모두 수령 만세로 몸을 부들거리고 있다. 자기 앞에서 대놓고 다리를 꼬고 앉아 있다면 모를까, 충성맹세를 쏟아내는 이들의 진짜 속마음을 수령은 알 재간이 없다.

속마음을 알고 싶은 수령이 따라 배우고 싶은 인물들이 있다. 숨기려는 자의 속마음을 들추어내야 하는 어려운 과제를 훌륭히 수행한 자들이다. 솔로몬은 어린아이를 반으로 가르라고 명령했다. 자식의 안위를 최우선으로 하는 어미의 마음을 스스로 드러내도록 말이다. 여기서 가짜 어미가 너무나 순진하게 반응한 면이 없지 않다. 인기 절정의 록스다는 한 가지 색의 엠앤엠 초콜릿을 준비하라는 지시 사항을 무대 설치 지침서 중간에 끼워 넣었다. 일꾼들이 안전 지침을 제대로 지켰는지를 알아보려는 영리한 조치이다. 그냥 묻기만 한다면 일꾼들은 지침대로 열심히 설치했다고 답할 것이 뻔하기 때문이다. 만약 적시한 초콜릿이 없다면 이는 그들이 설명서를 꼼꼼히 읽어보지 않았다는 증거이다.[41] 어쩌면 전화금융사기단의 어눌한 말투도 쉽게 당황하는 피해자를 선별하는 의도하지 않은 효과를 내지 않을까? 출장을 망명으로 표현하는 범죄자의 이상한 단어 선택을 못 알아챌 정도이면, 잠재적 피해자는 몇 시간 동안 속은 채로 당할 가능성이 농후하다.

과거 중세 시대, 아직 범죄를 밝히는 과학적 도구가 미개하여 판단이 어려운 사건들이 자주 발생했다. 이때 교회가 주민들의 깊은 신앙심을 이용하여 범죄 여부를 스스로 "선언"하도록 다음과 같이 유인했다. "만약 당신이 범죄를 저지르지 않았다면 하나님의 은총으로 펄펄 끓는 물에 팔을 담가도 아무 상처 없이 무사할 것이다." 전지전능한 공의의 신을 믿는 신앙심 깊은 용의자는 자신의 무죄를 하나님이 입증해주실 것이라 믿고 팔을 뜨거운 물에 집어넣었다. 마찬가지로 신앙심 깊은 범죄자는 팔을 집어넣지 않았다. 진실한 내면의 자발적 선언이었다. 신에 대한 믿음을 이용한 신부의 영리한 술책이었다. 아마도 여기서 신의 은총을 믿지 않은 이는 심문을 조작한 신부였을 것이다.[42]

그런데 특별한 유인책을 제시하지 않아도 속마음을 쉽게 알아챌 수 있는 때가 있다. 어쩔 수 없이 속마음이 드러나는 행동들이다. 그냥 바라보는 것만으로 충분한 쉬운 구별, 선별이다. 예를 들어 유기농산품 가게를 찾는 건 판매자에게 당신이 어떤 사람인지 알려주는 꼴이다. 마음먹고 찾았지만 유기농 제품 가격이 너무 높다는 생각이 들지 않는가? 어찌하겠는가? 손주의 건강을 최우선으로 생각하기에 가격은 별로 신경 쓰지 않겠다는 할머니의 속마음을 간파한 판매자는 안심하고 이윤을 크게 붙인다.[43]

여기 숨길 수 없는 이가 또 있다. 국경선을 몰래 넘어 도망치고 있는 북한 주민이다. 목숨을 건 위험한 탈출은 수령에게 그의 사적 태도를 공개적으로 선언해버리는 것이다.

그럼 수령은 이 불충한 신민의 뒤를 끝까지 쫓을까? 일벌백계이자 소위 시범 사례로? 아니다. 그들의 탈출은 수령에게 나쁘지 않다. 이들이 떠나줌으로써 일반 주민은 탈북할 만큼 커다란 불만, 용감성, 실천력을 지닌 인물들로부터 자동으로 분리된다. 위험을 무릅쓰고 혁명을 선도할 반동분자가 자신의 태도를 공공연히 드러내고 사라져주니 수령은 오히려 기쁘지 않을까? 결정적 순간 주체적이고 용감한 자는 혁명의 심지가 되고 사람들을 이어주는 다리가 된다. 그런 그들이 사라지면 혁명의 연쇄도 같이 사라진다. 결전의 날은 오지 않는다.

오해가 없기를 바란다. 탈북은 분명 영웅적 저항이다. 보통 우리는 거리로 나서서 목소리를 높이는 시위만을 저항으로 생각한다. 그런데 시장에서 우리는 다른 방식으로 불만을 표출하고 잘못된 자를 처벌한다. 시장을 떠나고 상품을 사지 않는다. 소비자의 탈출로 망하기 싫다면 불량 생산자는 잘못을 바로잡는다. 피켓을 들지 않았지만 저항인 것이다. 그렇다. 탈북은 위험한 저항이다.[44] 하지만, 개인적 차원에 그칠 뿐이다. 베를린 장벽을 한꺼번에 넘어가듯 대탈출이 아닌 이상 탈북은 수령의 지배를 도와줄 뿐이다. 체제는 흔들리지 않는다. 왜냐하면 집단행동이 필요한 정치는 소비자의 독립적 선택에 좌우되는 시장이 아니기 때문이다.

이 모두를 종합해서 나는 한 가지 가설을 제시한다. 고난의 행군처럼 북한 내부의 어려움이 깊어질 경우 국경수비대의 간격을 예전보다 늘려 탈북을 더 쉽게 한다는 가설이다. 위기의 순간 국경을 꽁꽁 틀어막을 것이라는 예상과 반대되는 가설이다. 이는 주전자 물의 온도가 올라갈 때 뚜껑을 열어 열을 내리는 조치에 비유할 수 있다. 불만의 온도가 올라가면 잡힐 확률을 적당히 낮추어 잠재적 영웅들이 스스로 떠나도록 유도하는 것이다. 아마도 우리는 영원히 이 가설의 진위를 밝히지 못할지 모른다. 적당히 풀어주라는 암시는 눈짓 등 매우 간접적인 방식으로 은밀하게 전달될 것이기 때문이다. 주기적으로 많은 여권을 발급해준 동독에서는 사실로 밝혀지긴 했다.[45]

한 가지 부언한다. 탈북의 어려움 정도는 일정하지 않고 북한이 수령의 판단에 따라 풀었다 조였다를 반복할 것이다. 2021년 10월 끝까지 추적해서 탈북 가족을 처단하라는 김정은의 지시에서 보이듯이 2020년대 들어서는 북한이 조이는 쪽으로 방향을 틀었다.[46] 무슨 사정인지 궁금하다. 코로나만은 아닌 듯하다.

지금까지의 논의를 통해 한 가지는 분명하다. 강력한 국제제재와 코로나 위기를 겪은 북한이지만 고난의 행군과 같은 위기는 없다는 사실이다. 위성사진이 알려주는 더욱 조밀히 설치된 국경 초소와 철조망, 그리고 확연히 줄어든 탈북자 수는 나라의 뚜껑을 열어야 할 만큼의 불만이 북한 사회에 쌓이지 않았음을 알려준다.

북한은 연좌제를 포기할 수 없다

이제 북한에서 소수의 얼빠진 주체주의자들을 제외하고 다수
의 세뇌는 없다고 나는 판단한다. "삼년상에 효자 없다"는 속담
처럼 대다수 주민과 엘리트는 아마도 민족의 자주가 얼마나
허망한 말인지 이제는 깨닫지 않았을까? 이런 판단의 근거는
자기기만에도 한계가 있다는 생각 때문이다.

　포토샵은 우리가 자신을 어디까지 속일 수 있는지 알려준
다. 이리저리 살짝살짝 만진 얼굴은 타인이 미리 알고 보지 않
는 이상 누구인지 맞히기 힘들 정도이다. 그래도 그는 한층 나
아진 얼굴이 여전히 자기 얼굴이고 속인 게 아니라고 믿는다.
차라리 그렇게 수고하는 대신 비슷하지만 잘생긴 다른 사람

사진을 올려놓고 자신이라고 우기는 편이 낫지 않을까? 그건 그의 정직성의 경계를 벗어나는 짓이다. 거짓이다. 포토샵은 그나마 돈이 들지 않지만, 옷과 화장품 구매 등 외모를 꾸미는 데 들이는 비용을 생각하면 그냥 자신이 잘생겼다고 자기 최면을 걸면 되지 않을까? 그런 식으로 자신을 설득시킬 수 없다는 사실을 우리는 안다. 이런 생각을 연장해보면, 북한의 실패는 주체사상이 포토샵을 할 수 있는 범위를 벗어난 게 아닌가 싶다.

북한의 거대한 실패로 주체사상의 눈꺼풀이 벗겨졌다면 때때로 울분과 고통을 참지 못한 이들의 소요 정도는 있을 수 있지 않을까? 스트레스가 무언지 이해하지 못했다는 탈북민의 말에서 북한 인민들이 일상으로 겪는 만연한 비극의 쓰나미를 느낄 수 있다. 그런데 세상 조용한 나라가 북한이다. 이를 어떻게 설명해야 할까?

먼저 세상을 선형적으로 바라보는 버릇을 버려야 한다. 온도가 99도에 이르면 물이 곧 끓는다. 마지막 1도가 더 올라가는 과정은 이전과 다르지 않다. 이런 사고를 정치 변동에 그대로 적용해 논평자는 정당성 위기에 처한 사회의 임박한 폭발을 긴장한 목소리로 전한다. 몇 명만 더 변하면 된다는 식이다.

이런 식의 전망은 구성원의 태도에서 바로 집단행동을 유추하는 잘못이다. 앞서 1장에서 다룬 집단의 행태에서 구성원의 태도를 유추하는 오류의 정반대 오류이다. 개개인의 불만이 가득 쌓인 정당성의 위기와 거리로 함께 떨쳐 나아가는 혁명 사이에 놓인 깊은 골짜기를 건너기는 쉽지 않다. 위기가 혁명으로 바뀌기 위한 마지막 1도는 그냥 단순한 1도가 아니다. 질적 도약이라 어렵다. 그래서 정당성 위기에도 독재 정권은 자주 만수무강이다.

그렇게 지탱하다가 갑자기 엿가락 부러지듯 북한은 급작스럽게 무너질 것이다. 그때가 언제인지 대강이라도 알 수는 없다. 사전적으로 감지할 수 있는 뚜렷한 전조는 없다. 사소한 충격일 가능성이 높기 때문이다.

북한은 (독재) 정치 변동의 비선형성 탓에 정권에 대한 개개인 호불호의 산술평균과 집단행동 사이에 상관성이 약하다. 사회 구성원 모두가 정권의 정당성을 부정하고 있어도(불호의 산술평균이 높음) 집단행동이 일어날 수도(+) 있고, 조용할 수도(-) 있다. 불만에 찬 개개인이 끊어지지 않고 연결되어야 하는데 영악한 수령과 그의 부하들은 주민과 엘리트의 불만을 낮추지는 못하지만, 그들을 고립시켜버린다. 그렇게 하면 쌓인 불만은 폭발하지 않는다. 공개적 의사 표현의 물 샐 틈 없는 봉쇄의 위대한 성취이다. 이는 사상사업 우선의 원칙이 유지하는 절대복종의 공동 지식, 가난한 국가의 넘치는 지배만큼이나 수령제의 내구성에 이바지하는 핵심이다.

보다 분명한 논의를 위해 우리는 민주화 투쟁의 기본 속성으로 두 가지를 염두에 두어야 한다. 불확실성과 위험성이다.

만약 시위가 대학생들이 하는 팀프로젝트를 닮았다면 소수의 선도자는 자신 있게 거리로 나온다. 소수의 희생과 노력으로 숭고한 정치적 목표를 달성할 수 있기 때문이다. 상당수가 무임승차를 택하겠지만 성공을 확신한 선각자들은 그래도 나선다. 이는 소수의 모범생이 원망하면서도 밤 새워 과제를 완수하는 모습을 닮았다.

그런데 정치는 그렇게 움직이지 않는다. 불확실성이 높다. 몇몇의 노력으로 성공 가능성이 급격히 올라가는 양상과 거의 정반대이다. 좀처럼 올라가지 않는다. 많은 우호적 관망자들은 "될까? 가능할까?" 의심한다. 이런 의구심 속에서 정치적 집단행동 대부분은 상승이 아니라 소멸의 연쇄를 겪는다. 날씨가 추워지고 그들은 집으로 돌아간다.

그 과정은 다음과 같이 묘사할 수 있다. 사람마다 용감성이나 열망에 차이가 있다. 거리에는 20명 정도가 결의에 찬 눈빛으로 나와 있다. 그런데 20번째 사람은 21명 이상은 나와 있을 것으로 기대했다. 실망이다. 그래서 그는 거리를 떠나 집으로 돌아간다. 19번째 사람이 이제 20명에 미치지 못하는 수에 실망하고 돌아간다. 그렇게 몇몇만 거리에 남아 역사가 악을 심판할 것이라며 외치다 지쳐 술집으로 향한다.

그래서 위험한 민주화 투쟁에서는 참여자의 수에 괘념치 않고 대의명분에 미친 많은 이들이 필요하다. 이들이 승리에 대한 믿음을 지탱하는 버팀목이다. 이들의 수가 다른 참여자들을 끌어당길 만큼 많아지면 혁명의 임계대중(물리학의 임계 질량)이 탄생하는 것이다. 그럼 다음은 인민의 혁명으로의 쏠림이다.[47] 임계대중에 미치지 못하는 선각자 몇몇의 목숨을 건 투쟁은 철옹성처럼 보이는 권력의 성벽에 흠집도 만들지 못한다. 패배주의만 심해진다.

다음으로 위험성이다. 북한의 경우 자유의 신념에 미친 자마저 정신 차릴 정도로 처벌의 수준이 극단적이다. 저항의 정도에 비례한 처벌 같은 것은 없다. 사소한 반항도 그냥 총살형 등 중형으로 다스린다. 사상경찰과 보위부 요원들이 여기에 더해 무죄 추정이 아니라 유죄 추정의 원칙으로 옆에 있던 무고한 이웃들마저 마구잡이로 잡아들인다. 열 명의 무고한 이들을 희생시켜도 한 명의 반역자를 처단한다면 문제없다는 식이다. 주체주의자들의 무도함을 알기에 이웃들은 참 인물로 깊이 존경하는 선각자를 초조한 눈빛으로 바라보고 있다. 그역시 괜한 짓을 하는 것은 아닌지 걱정이 크다.

이 걱정은 확실성에 기반하고 있다. 〈태극기 휘날리며〉에서 동생을 보호하고 싶은 이진태(장동건 역)는 계속해서 위험한 임무에 자원한다. 고지를 향해 총알 사이를 달려가지만 작게나마 살아남을 확률이 있는 임무다. 이와 달리 비행기를 몰아 항공모함에 박아버리는 가미카제의 임무는 죽을 확률이 100퍼센트라고 믿는다. 대부분은 제정신으로 임무를 수행할 수 없다. 기체 고장과 조종 미숙으로 살아남는 자가 있을 뿐이다. 북한에서 시위는 가미카제를 닮았다. 아무도 거리에서 깃발을 흔들지 않는다. 죽을 것이 확실하기 때문이다.[48] 깃발이 아니라 안경도 닦지 않는다.

사소한 실수도 죽음으로 다스리는 탄압 덕분에 북한은 한마디로 심지 없는 시한폭탄이다. 아마도 폭탄이 터질 시간은 이미 지났을 것이다. 불발탄은 아니다. 심지를 다시 붙이면 터진다. 그런데 어디에서 심지를 찾아야 할까?

심지 없는 시한폭탄의 비유를 선택의 상호의존 모델로 분석해보자. 다음 표의 문턱값 예상 배열은 북한처럼 정치적 정당성을 거의 누리지 못하는 정권이 표면적으로 매우 안정적인 이유를 알려준다. 여기서 문턱값은 지금까지의 수수방관, 침묵, 거짓 충성에서 공개적 저항으로 돌변하는 데 필요한, 거리에 나와 있는 동료 주민의 수를 의미한다.[49] 각자 속으로 가지는 저마다의 시위 임계점인 셈이다. 문턱값은 수령제에 대한 불만 정도, 기질, 신념 등 여러 요소에 영향을 받기 때문에 개인마다 다르다.

정당성 위기에 처한 북한에서 주민들의 예상 문턱값 배열

행위자	A	B	C	D	E	F	G	H	I	J
문턱값	1	1	2	2	2	2	3	3	8	9

아래의 표는 북한에 대비할 수 있는 양극화된 민주주의이다. 의사 표현의 자유가 보장된 민주주의에서는 시민의 문턱값은 주로 정치적 신념의 내용과 강도에 좌우된다고 볼 수 있다.

양극화된 민주주의 국가에서 주민들의 예상 문턱값 배열

행위자	A	B	C	D	E	F	G	H	I	J
문턱값	0	1	1	2	7	8	8	9	10	10

먼저 북한 관련 표를 살펴보자. 구성원 대부분의 문턱값이 매우 낮다. 정당성 위기에 처한 사회이다. 무서운 표정을 하고 두리번거리는 체제 충성파는 마지막 2명뿐이다. 전체의 20퍼센트에 불과하다. 이런 분포도 하에서 현 지배자의 정치적 운명은 사실상 풍전등화처럼 보인다. 비밀 선거가 작동한다면 이 정권은 곧 끝난다. 그런 선거는 당연히 없다. 그리고 모두의 문턱값을 내려다볼 수 있는 전지적 작가도 없다. 수령도 전지적이지 않다. 세상을 국지적으로밖에 바라볼 수 없는 평양 시민들은 어제와 같은 조용한 출근길에 오른다. 이런 까닭에 수령을 포함한 모두가 정치적 지지를 실제보다 많이 부풀려 믿

고 있다는 것이다. 그래서 혁명의 날 주민들이 갑자기 거리로 쏟아져나오면 모두가 깜짝 놀란다.[50]

여기서 혁명의 도미노가 일어나기 위해서는 누구든 한 명만 문턱값이 0으로 떨어지면 족하다. 혹은 문턱값 1인 자가 다른 문턱값 1인 자를 만나 혁명 조직을 결성한다면 둘이 함께 거리로 나갈 수 있다. 서로의 문턱값이 되어주면서 말이다.

이들 중 우연한 계기로 정권에 대한 참을 수 없는 분노를 느낀 대학생이 있다. 전날 저녁 평양 시내 아파트 붕괴 사고를 대하는 수령의 위선을 확인하고 문턱값이 1에서 0으로 내려갔다. 모두가 정신없는 새벽 출근길에 그는 분신을 시도하고, 이를 모두가 바라본다. 걷잡을 수 없는 충격파가 출렁거리며 사방으로 퍼진다.

그의 잠깐의 상상일 뿐이다. 반인도적 악행을 저지르는 수령에 대한 불타는 적개심에도 이웃의 문턱값을 알지 못하는 대학생은 굳은 표정으로 대학교로 향한다. 그리고 며칠 뒤 시위 대신 국경을 넘어버린다. 1의 문턱값 하나가 사라진 것이다. 그의 탈북으로 혁명의 심지가 더욱 가늘어져서 곧 끊어질 듯하다.

민주주의 국가 관련 표는 정치적으로 양극화된 한국으로 보아도 무방하다. 집회 및 시위의 자유가 보장된 사회이다. 즉 공개적 반대 행동이 위험하지 않다. 그래서 강한 이견을 가진 A

는 주저하지 않고 거리로 나온다. 아무도 없는 거리에서 깃발을 들고 반정부 운동을 시작한다. B, C, D 역시 불만이 상당하다. 이들도 순차적으로 거리로 나와 시위를 한다. 이들 덕분에 거리는 항상 시끄럽다. 하지만 나머지는 끄떡도 하지 않는다. 만약 아무것도 모르는 외계인이 평양과 서울에 내려오면 아마도 서울을 매우 불안한 사회로 보지 않을까 싶다. 민주주의 국가 문턱값의 산술 평균값과 중위값 모두 북한보다 훨씬 높지만, 겉으로 훨씬 더 시끄럽다. 시끄럽기만 할 뿐 붕괴는 없다.

북한 관련 표는 왜 억압의 강도가 정당성 위기에 처한 체제를 좌지우지하는지 알려준다. 연좌제라도 없으면 나 혼자 죽으면 그뿐이라 목숨에 초연한 용감한 한두 명이 거리로 나올 수 있다. 이런 과감한 행동이 산발적으로 일어나다 보면 한 번은 딱 하고 이가 맞게 된다. 거대한 혁명의 쓰나미이다. 소련의 마지막 총서기장 고르바초프의 실책이기도 했다. 발트 삼국의 저항에 대한 유화적 대응, 동유럽에 대한 불개입 선언 등 그는 폭력적 탄압에 주저했다. 들불처럼 탈퇴와 저항이 번져갔다.

소련의 마지막 총서기장과 달리 수령과 주체주의자들은 누구도 그들의 잔인성을 얕잡아볼 수 없도록 아주 분명하게 행동한다. 모두를 불러모아 잔인한 방식으로 공개 처형한다. 미셸 푸코Michel Foucault가 《감시와 처벌Surveiller et punir》에서 묘사하는 전제군주가 벌이는 거리의 현란한 사형 의식을 닮았다.[51] 구경꾼들에게 겁도 주고 죽였다는 걸 확인시키는 효과도 있다. 선전과 선동, 기만이 판치는 의심의 사회에서, 어쩌면 밀폐된 공간에서 정치범을 죽이면 사람들이 믿지 않을지도 모른다. 그렇게 처벌의 잔인성과 확실성을 고위급 엘리트와 나머지들에 증명한다.

이러한 수령과 그의 앞잡이들이 한 치의 의심 없이 증명하는 인권에 대한 철저한 무관심이 놀랍다. 우리의 경험상 사람이 그렇게 악할까 싶다. 그들은 계급적 원수와 종파 분자를 사람 취급하지 않는 것에 조금도 부끄러워하지도 힘들어하지도 않는다. 고문하고 죽이는 사악한 행동에 가끔은 인간적인 회의감이 들 만도 한데 이를 방지라도 하듯 반인도적 범죄는 북한에서 원수에 대한 불타는 적개심을 표출하는 위대한 혁명성으로 탈바꿈한다. 주체의 조국은 잔혹성을 찬양한다.

목숨을 앗아가는 계급적 원수라는 낙인은 위반 행위의 경중을 가리지 않는다. 불경죄, 종파, 비사회주의 범주에 들어간다면 어떠한 사소한 잘못도 마약 범죄처럼 다룬다. 마약의 경우 운반 소지만으로 무거운 처벌을 받는다. 이는 도둑질의 전 단계로 다른 이의 방문을 잡고 돌리는 짓만으로는 크게 처벌받지 않는 일반적 양형 기준과 크게 다른 점이다. 아예 마약 근처에도 얼씬하지 못하게 하겠다는 사법 당국의 의지이다. 북에서는 한류 등 "반동사상문화"가 마약처럼 처벌받는다. 처벌의 수위가 대단히 높다. 사소한 실수에 대한 확실하고 잔인한 처벌이 시대착오적인 수령제가 흔들리지 않는 또 다른 비밀이다.

다음 쪽의 세 가지 곡선은 문턱값 배열과 비슷한 논리를 표현하고 있다. 직선(기울기가 1로 기대 참가자와 실제 참가자의 수가 같은 섬을 연결한 선)을 기준으로 위쪽에 있는 사람들(곡선상의 점들)은 자동으로 시위에 뛰어든다. 속으로 기대한 사람 수(문턱값)보다 실제 참여자가 더 많기 때문이다. 하지만 아래 있는 사람들은 조용히 시위를 지켜보다 집으로 돌아간다.[52]

대각선 위에서 곡선이 시작하는 뒤집어진 S자의 세 번째 그래프는 집단행동의 참여자 수가 계속 늘어나다 곡선이 대각선 아래로 떨어지는 순간 증가를 멈춘다. 양극화된 민주주의 사회이다. 일정한 수의 사람들이 늘 거리에 나와 있고 나머지는 별다른 영향을 받지 않는 모습이다. 우리나라 광화문이 딱 그렇다.

대각선 아래에서 S자가 시작하는 경우 직선과 곡선이 만나는 지점이 바로 티핑포인트이다. 티핑포인트를 지나는 순간부터 자동으로 인원이 늘어나서 전체가 시위에 참여한다. 그래서 티핑포인트까지의 인원을 임계대중이라 부를 수 있다. S자의 모양에 따라 임계대중의 크기가 달라진다. 좌우로 당겨진 듯 늘어진 모양의 두 번째 그래프에서는 티핑포인트가 1번 그래프에서보다 멀리 위치한다. 상대적으로 더 많은 수의 임계

시위의 전개 과정에 대한 세 가지 곡선

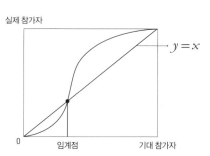

❶ 일반 독재

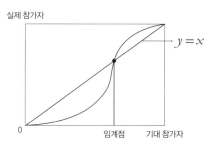

❷ 수령 독재

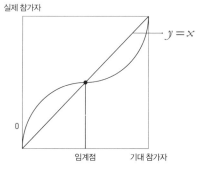

❸ 양극화된 민주주의

대중이 필요하다.

　S자의 모양은 국가 폭력의 잔인성, 확실성 정도에 달려 있다. 무자비한 국가 폭력은 S자를 쭉 옆으로 늘어뜨린다. 매우 큰 임계대중이 필요하다. 결국 임박한 붕괴는 없다. 북한의 내구성에 대한 또 다른 설명이다.

　종합하면 심각한 정당성 위기와 극단적 정치적 안정이 공존하는 까닭을 문턱값 모델은 모순 없이 설명해준다. 그리고 한 가지 더 흥미로운 것을 우리에게 알려준다. 만약 급변 사태가 일어난다면 태세를 전환한 수령의 앞잡이들까지 거리로 쏟아져 나와 구체제를 입에 담을 수 없는 욕설로 저주할 것이다. 심지어 맨 앞에 서서 대열을 이끌지도 모를 일이다. 그런 일에 능한 자들이기에 말이다. 이는 해방된 서울의 거리에 총독부 앞잡이들이 태극기를 들고나와 독립 만세를 부르는 위선과 비슷할 것이다. 그들은 그 덕에 살아남았다. 이처럼 인민해방의 그날이 오더라도 심판자가 반인도주의적 범죄를 저지른 주체주의자들을 구별해내기가 쉽지 않을 것이다.

　이렇게 정당성의 주춧돌이 툭 빠져나온 북한의 흔들림 없음을 설명해주는 문턱값 모델은 북한 민주화 운동(만약 이를 주도할 민주화 세력이 있다면)에 중요한 행동 지침을 준다. 혁명의 도미노가 쓰러지기 위해서는 어떻게든 관찰 가능한 공개적 반대 행위가 있어야 한다. 그런데 북한에서 리본을 달거나 콧수염을 기르는 식은 자살행위나 다름없다.[53] 대신에 매우 은밀한 유행을 만들어야 한다. 그래서 이런 방식은 어떨지 상상해본다. 가난한 북한 주민의 부족한 생필품 중 하나가 양말이 아닐까 짐작한다. 가혹한 시절을 보내는 그들이 특정 발가락 위치에 구멍이 난 양말 신기 운동을 벌이는 건 어떨지? 사적 공간에서 신발을 벗어야만 볼 수 있고, 혹시라도 들키면 그냥 거기가 낡았다고 발뺌하면 되니 그나마 안전하지 않을까?

선수자 수령의
현상유지편향

당신은 나에게 해주지 않은 일이 많아 고마웠다고 전쟁터에서 전사한 애인을 여인은 추모한다.[54] 자신의 실수에 화내지 않은 애인을 그리워하는 성숙한 여인의 모습이다.

그녀와 달리 일상의 우리는 나쁜 일의 부재를 감각하지 못한다. 우리는 선물을 주고 맛있는 음식을 대접하는 등 감각을 긍정적으로 자극한 일에 주로 감사한다. 감각의 어쩔 수 없는 약점이다. 항공 안전관리를 맡은 공무원인 당신이 일을 너무 잘해서 외부인의 접근을 완전히 막아버리는 잠금장치를 조종실에 강제로 설치토록 했다. 그래서 당신은 9·11사태를 미리 막았다. 항공 업계는 그런 당신을 영웅으로 대우할까? 폭풍우

속에서 기도했지만 살아남지 못한 어부를 그린 그림이 없는 것처럼, 우리는 당신이 무엇을 막았는지 알지 못한다. 감사의 편지 대신 당신은 성가신 공무원으로 업계의 낙인이 찍힐 것이다.[55]

그런데 수령의 생각을 제대로 읽기 위해서는 그가 하지 않은 일에 주목하는 현명함이 필요하다. 핵무기 실험을 제외한 그의 지독한 무위無爲가 그의 마음을 엿볼 수 있는 열쇠 구멍이다. 하지 않음에 대한 관찰은 짖지 않은 개를 단서 삼아 말 도둑을 잡은 셜록 홈스의 지혜이다. 시장개혁과 남한 민간인을 대상으로 한 테러가 일어나지 않았다. 이는 수령이 현재 상황을 어떻게 생각하는지를 알려주는 결정적 단서이다.

일어나지 않은 일을 심사숙고한 홈스의 지혜에 객관적으로 객관적인 것은 없다는 사회심리학의 통찰을 더 하면 금상첨화이다. 우리는 절대 시간, 절대 온도를 측정하고 평가하는 물리의 세계에 살고 있지 않다. 각자가 가지고 있는 마음속 준거점이 사회 현실에 대한 평가에 결정적이다. 비교의 준거에 따라 현실은 완전히 달라 보인다. 이 논리를 역으로 뒤집어 우리는 수령의 무위로부터 그의 준거점을 간접적으로 유추할 수 있다.

여기 두 명의 사회주의자가 있다. 소련의 미하일 고르바초프와 중국의 덩샤오핑鄧小平이다. 그들은 자신들이 믿는 사회주의의 준거점에 한참 못 미치는 조국의 현실에 답답했을 터이다. 그렇다고 1980년대 소련과 1970년대 중국은 몰락이 임박한 상태는 아니었다. 침체와 쇠퇴는 분명했지만 정치적 위기는 없었다. 국민경제의 악화가 정치적 위기를 불러오는 민주주의가 아니라 공산 독재 국가였음을 상기하자. 신념이 없는 기회주의자가 정치적 무리를 할 만큼 위태롭지 않았다. 사회주의를 믿었기에 정치적으로 강력한 두 지도자의 마음이 급해졌을 뿐이었다.

만약 상부구조에 조응하는 생산력 구축이라는 사회주의 신념의 눈으로 바라본다면 북한은 위험한 개혁을 시도해야 하는 절박한 상태이다. 쉬운 이해를 위해 축구 경기를 상상해보자. 한 골 차로 뒤진 채 게임이 곧 끝날 상황이다. 감독은 골키퍼를 중앙선 위로 올리고 골문을 포기한다. 이 극단적 전술이 들어맞으면 극적인 동점 골이다. 아니면 한 골을 더 먹고 토너먼트에서 탈락한다. 당연히 위험을 감수하는 공격적인 전략을 펼친다. 2018년 월드컵에서 한국과 맞선 독일의 마지막 시도처럼 말이다. 인민대중의 풍요로운 삶을 꿈꾸는 낭만적 사회주의자의 눈에 북한의 앞날은 불 보듯 뻔하다. 인민의 파국이다. 마음이 괴로운 그는 이를 피하려고 위험을 감수한다. 시장개혁을 결정한다.

그런데 굶어 죽어가는 인민을 두고 "우리식"을 외치는 "위대한" 수령은 사회주의자가 아니다. 그의 무위로부터 이를 확신할 수 있다. 수령의 존엄과 안전이 북한 인민의 절대 목표가 되어야 한다고 믿는 수령 삼대이다. 수령의 지킴이들은 민족자주, 자력갱생을 고집하다 인민들이(자신은 아니고) 굶어 죽어도 괜찮다는 비정한 인물들이다. 무수한 인민의 절규를 소리 없는 아우성으로 만들어버릴 뿐이다.

배고파 죽어가는 인민을 배경으로 북한은 흔들림 없는 수령의 절대 권력을 수월하게 지키고 있다. 인민의 위기는 수령의 위기가 아닌 것이다. 그래서 그는 무리할 필요가 없다.[56]

수령의 수월한 목표 달성의 이유를 앞서 자세히 살펴보았다. 한번 정리해보자.

첫째, 권력은 독재적일수록 지키기가 쉽다. 권력이 만들어내는 조정의 압력 때문이다. 살기 위해, 출세하기 위해 다수의 선택을 겉으로 철저하게 따르고 싶은 조정이다. 누구도 절대 복종에서 벗어난 행위를 하지 않는다.

둘째, 개인 우상화를 이념화시킨 주체사상의 줄기찬 사상 사업이 절대 권력을 뒷받침한다. 사상 사업이 마음의 눈을 멀게 하는 세뇌에는 실패했지만, 절대복종의 여론에 대한 여론(공동지식)을 수호하고 있다. 다른 사람들이 자기만큼은 수령을 경멸하지 않는다고 반체제 인사들이 잘못 믿어버린다.[57] 자포자기이다. 그리고 이는 다시 공동 지식을 유지하는 데 기여한다.

셋째, 북한의 강한 국가가 또 다른 이유이다. 감시와 폭력의 국가 덕분에 경제 위기는 지배의 위기로 전이되지 않는다. 인민의 삶이 힘들어지면 지배가 흔들린다고 민주주의를 사는 우리가 착각할 뿐이다. 선대가 막대한 고정비용을 쏟아 건설한 국가의 한계지배비용이 저렴한 탓에 재정난으로는 지배가 흔들리지 않는다. 북한에서 경제 위기는 인민의 굶주림과 고통일 뿐이다. 거기서 끝이다. 정당성을 상실한 북한이라는 시한폭탄은 터지지 않는다.

넷째, 지배 연합의 구조가 수령을 돕고 있다. 소규모 핵심이 운영하는 조선노동당은 엘리트의 충성도를 최대로 끌어올리고 있다. 더욱이 이들 충성파가 가지고 도망갈 것도 없다.

이처럼 지배에 수월한 수령이 무리할 이유가 없다. 돈을 잃어 본전 생각에 마음이 괴롭지 않은 이상 우리 대부분은 잘되면 크게 얻지만 높은 확률로 크게 잃을 수 있는 고위험 고배당의 도박을 피한다.[58] 이런 인간적 습성에서 수령도 크게 다르지 않을 것이다. 그런 그가 흔들리지 않는 수령제 아래서 최소한 본전치기는 하고 있다. 수령 개인의 위기가 없으니 수령의 개혁도 없다.

그래도 혁명의 노래가 읊조리듯 밤이 깊어지면 새벽이 가까워지지 않을까? 개혁 개방을 경원시하며 인민의 생활을 개선하지 않으면 결국 혁명적 위기가 닥치지 않을까? 사회주의 혁명이론을 빌려 표현하면 사회적 모순의 양적 심화로 혁명이라는 질적 변화가 일어나지 않을까? 토크빌은 자신의 목숨을 바친 연구에서 반대의 사실을 밝힌다. 비운의 루이 16세가 집권하면서 프랑스 인민의 경제 사정은 오히려 이전보다 좋아졌다. 그 순간 파리 시민들이 떨쳐 일어났다. 혁명의 역설이다. 더욱 세밀한 연구는 잘나가던 개혁의 일시적 좌초로 직전까지 상승한 인민의 기대와 나빠져버린 현실 사이의 괴리가 크게 벌어지는 순간을 지목한다.[59]

이 순간이 위험한 것은 인간의 생각하는 버릇 때문이다. 세상은 객관적이지 않다. 마음에 품은 기대의 높고 낮음에 따라 사건에 대한 평가가 달라진다. 결과가 기대에 미치지 못하면 더 커진 보상에도 실망한다. 여전히 잘해주는 애인에게 토라지는 마음이다. 상대의 호의가 더 커져버린 기대를 따라가지 못했기 때문이다. 우리의 어리석음이다. 마음이 사랑과 열정의 절대적 수준이 아니라 경향성에 빼앗겨버린다. 어쩌면 그래서 별로 친절하지 않은 애인이 가끔 잘해주는 식으로 상대의 마음을 더욱 애달고 불타게 하는지도 모르겠다.

그렇다. 억압이 있는 곳에 저항이 있는 것이 아니다. 밟고 있던 발을 풀면 스프링이 튀어오르는 듯 억압이 풀리는 순간 저항이 일어난다. 푸는 대신 북한처럼 계속해서 밟아버리면 좌절도 분노도 아닌 체념과 굴종만이 있을 뿐이다.

인민은 대단한 걸 원하지 않는다. 일한 만큼 먹고 살고 싶을 뿐이다. 그런 인민의 단순한 소망을 도와주고 인민의 칭송을 받고 싶은 유혹에 수령이 빠질 만도 하고, 새롭게 권좌에 올라 존재감을 드러내고 싶어 무리할 수도 있다. 우리식 사회주의, 우리식 발전 전략을 고수하는 수령의 절제가 놀랍다.

우리식을 고수하는 세상에서 인민의 기대는 없다. 내일도 오늘처럼 힘든 삶의 연속이라 믿는 이들은 정의의 횃불이 아니라 낡은 삽을 들고 체념과 굴종으로 고개를 숙인다. 세상은 어제의 불행을 조용히 반복한다. 시끄러운 확성기의 〈붉은 기〉 노랫소리뿐이다. "우리식 사회주의"는 안전하다.

그렇지만 여전히 시장개혁을 철저히 거부하는 이유를 납득하기 어렵다. 중국처럼 부분적 시장개혁을 통해 공산당 지배를 유지하면서 경제를 발전시키면 꿩 먹고 알 먹고 아닐까? 절대 권력의 수령이 마음만 먹으면 정책 변경이야 식은 죽 먹기 아닌가? 감히 어느 기득권(?)이 수령의 결정을 막아선단 말인가? 그렇다. 수령의 적은 오직 수령이다. 수령제의 정치 논리가 수령을 막아 나선다. 다음에서 왜 수령은 시장개혁을 시도할 수 없는지 살펴보자.

수령이 할 수 없는 것, 시장개혁

과연 햇볕 정책은 북한을 개혁개방으로 이끌 수 있을까? 한때 햇볕 정책의 실효성을 두고 논쟁이 격렬했다. 이제는 아무도 햇볕이 수령의 옷을 벗게 할 거라고 진지하게 믿지는 않는 모양새다.

이 논쟁에서 빠진 부분이 바로 북한의 내부 정치이다. 민주주의와 독재 어디서나 힘과 정치의 논리는 결정권자의 선택을 제약한다. 경제적으로 합리적인 최적의 대안을 선택하지 못하게 하는 정치의 제약이다. 국가의 선택을 논할 때 일반적으로 잊지 말아야 할 핵심 변수이다. 그런데 우리는 개혁을 제약할 수 있는 북한의 정치 논리를 소홀히 했다. 왜냐하면 수령의 정치 논리를 다룰 분석 이론이 마땅치 않았기 때문이다. 그래서 큰 틀의 분석 대신 수령이 흘리는 말 한마디에 매달려 시장개혁의 가능성을 논의해왔다.

수령의 입만 보는 대신 보다 정치학적 접근이 필요하다. 나는 이 책에서 전개하고 있는 수령제의 정치 논리에 비추어 북한이 과연 시장개혁을 시도할 수 있는지 질문한다. 나의 답은 불가이다. 수령제가 변하지 않는 이상 남한의 햇볕은 북한의 개혁개방을 유도하지 못한다.

한창 공산권이 몰락하고 중국의 경제가 눈부시게 성장할 때, 사회주의 시장개혁을 다룬 많은 연구는 북한 등 개혁을 시도하지 않은 사례를 포함하지 않았다. 주로 소련과 중국을 비교했다. 실패한 소련과 성공한 중국을 설명하기 위해 그들의 차이를 집중 조명했다. 전문가들은 분권형 혹은 집중형 계획경제 구조, 전체 경제에서 농업과 농민의 비중, 정보 처리를 비롯한 국가의 능력, 정치 개혁의 불가피성, 공산화 기간의 차이, 계획경제의 심화 정도, 간부의 부패에 대한 대응 방식 등 실로 다양한 요인을 들어 소련과 중국의 차이를 설명했다.[60]

특별히 소련과 중국만을 비교하면 엘리트가 서로 권력을 나누어 가진 당 독재가 시장개혁을 방해하는 것처럼 보인다. 상대적으로 당 독재의 제도화(관습화) 정도가 높은 소련에서 시장개혁은 좌충우돌이었다. 당 중앙위원회의 다수결로 총서기장을 해임해버린 소련의 공산당 간부는 귀족이었다. 이데올로그가 아니라 영악한 관료처럼 행동한 소련의 간부는 국유재산의 재산권 중 처분권을 제외하고 수익권과 사용권을 실질적으로 누렸다. 공산 정치경제 질서는 너무나 편한데, 시장 경쟁이 반갑지 않았다. 얼마 지나지 않아 복종의 습관과 방심을 벗어던진 그들은 총서기장의 개혁을 망치려 들었다. 이들의 저항에 맞서 고르바초프는 기존 수구 세력의 정치적 기반을 파괴하는 급진적 정치개혁을 경제개혁과 함께 시도했다. 대표적으로 일당 독재를 무너뜨리는 선거의 도입이었다.[61] 결국 엄청난 혼란 속에서 개혁은 실패했고, 소련은 내부로부터 붕괴됐다.[62]

반대로 문화혁명 직후 당이 혼란스러운 틈을 타 중국의 개혁 지도자들은 "특수주의적 계약particularistic contracts"을 통해 개별 정치·경제 간부들(지방당 서기장 등)을 경제 개혁으로 초대했다. 이로써 덩샤오핑과 자오쯔양趙紫陽은 개혁에 대한 중앙의 보수 정치 세력의 조직적 저항을 피할 수 있었다.[63]

이처럼 소련과 중국만을 비교하면, 당 독재가 안정적일수록 수구적 공산 엘리트의 반개혁 연합이 강력해져 사회주의 시장 개혁은 정치적으로 어렵다는 결론에 도달한다. 당 독재가 개혁에 불리하다는 것이다.

사실 소련과 중국에서처럼 공산 엘리트의 저항은 개혁을 둘러싸고 일어나는 집단행동의 딜레마라는 맨슈어 올슨Mancur

Olson의 고전적 주장에 부합한다. 구 엘리트에 집중되는 손실과 국민 다수로 분산되는 이득을 낳는 개혁의 분배적 결과 때문에 단단한 반개혁 연합과 느슨한 친개혁 연합의 정치 세력으로 나뉜다. 개혁이 성공하면 구질서에서 혜택을 누리는 자는 큰 손실을 본다. 그것도 오늘 당장이다. 따라서 소수의 힘 있는 반개혁 집단은 개혁을 막기 위해 자신의 시간과 돈을 쓰는 데 주저하지 않는다. 밤새워 혼자 팀프로젝트를 완성하는 모범생의 마음이다. 혼자라도 열심히 해서 개혁을 막아 얻는 이득이 반대 비용보다 많이 크다. 그래서 기득권자들은 반개혁에 열렬히 나선다. 강력한 반개혁 연대이다. 반대로 수에서 압도적인 친개혁 세력의 구성원은 미래에 대한 의심, 무임승차의 이기심, 크지 않은 개혁의 혜택 등으로 개혁에 소극적이다.[64] 마키아벨리의 표현대로 개혁의 수혜자들은 그 수가 많음에도 "기껏해야 미온적인 지지"를 보내고, "오직 반신반의하여 행동할 뿐이다."[65] 이 논리에 따르면 개혁의 대상인 엘리트를 찍어 누를 만큼 독재적인 정치 질서가 개혁에 유리하다. 놀랍게도 보수적 저항의 보루인 당 독재가 없고 수령이 자기 마음대로 이리저리 나라를 끌고 다닐 수 있는 수령제가 시장개혁에 정치적으로 가장 유리하다는 결론이다.

하지만 북한의 사례를 추가로 대입하면 위의 주장이 뒤집힌다. 중국과 소련을 북한에 대비할 경우 당 독재가 시장개혁에 유리한 측면이 뚜렷해진다. 무엇보다도 권력 분담의 당 독재는 시장제도를 정치적으로 뒷받침할 수 있다. 1장에서 자세히 살펴보았듯이 시장개혁의 핵심은 재산권을 보장하는 지배 권력의 믿을 만한 약속이다. 재산권에 대한 약속의 문제commitment problem를 해결하기 위해서는 약속을 어기고 괴롭히는 자를 처벌할 수 있는 능력을 재산권자(부자)가 갖고 있어야 한다. 당 독재가 작동하면 부자가 된 당 간부는 서로 상대의 선 넘는 행위를 사전적으로 억지하고 사후적으로 처벌할 수 있다. 처벌의 그림자 속에서 재산권은 튼튼해진다.

중국식 개혁은 믿음직한 재산권의 중요성을 증명한다. 중국식 시장개혁의 핵심은 부분적이나마 사적 재산권의 보장에 있었다. 중국 공산당은 다양한 계약 체결로 국영기업, 농민, 심지어 지방당 등에 장기적인 수익권을 보장해준다.[66] 국유재산의 처분권을 제외한 사적 재산권을 실질적으로 인정하는 개혁과 함께 공산당은 이중가격제도로 계획과 병존하는 시장을 허용했다. 계획경제를 절대적 크기로 고정하고 시장이 자라도록 내버려두는 방식이었다. 거대한 구매력의 중국에서 계획의 안전망과 막대한 시장 이윤의 기회를 동시에 제공하는 기발한 개혁 디자인이었다.[67] 부분적 시장개혁 덕분에 빠르게 성장하는 중국 경제에서 막대한 부를 움켜쥔 간부-사업가는 덩샤오핑이 강력히 지지하는 일당 집단 독재에 기대어 자신의 재산권을 지킬 수 있었다. 그들은 시장개혁에 열렬히 동참하는 동시에 공산당의 권위를 지지하고 복종했다. 그 결과 중국 공산당은 정치적·경제적으로 대성공을 거둘 수 있었다.[68]

많은 식자들은 일당 독재의 원형을 유지하면서 경제 발전에 성공한 중국식 시장개혁을 북한이 도입할 수 있다고 쉽게 가정한다. 정치적 부담이 크지 않을 것이라는 식이다.

틀렸다. 중국 공산당과 달리 북한의 수령은 사용권과 수익권을 보장해준다는 약속을 해주기 어렵다. 당 독재와 달리 수령제에서는 독재자와 엘리트 사이에 어떠한 권력 분담도 작동하지 않는다. 빼돌리고 숨기는 것 말고 북한의 누구도 자신의 공개된 재산을 지킬 수 있다고 자신하기 어렵다. 그들에게 믿음을 주기 위해서는 수령의 절대 권력이 부분적으로 후퇴해야 한다. 그런데 안경을 닦아도 죽여야 하는 수령제의 엄격한 정치 논리를 생각할 때 신민들에게 재산을 지킬 권리를 허락하기가 마땅치 않다. 수령이 한발 물러서기도, 수령의 그 말을 믿기도 어렵다. 수령제는 수익권을 보장해줄 수 없고 결국 시장 유인도 시장개혁도 없다.

그래서 다음과 같은 상상은 어불성설이다. 어느 일간지 기고문의 글을 본 적이 있다. 한국 사회가 여러 문제를 제대로 해결하지 못하면 북한이 베트남처럼 발전할 수 있고 그래서 장래에 남과 북의 힘의 관계가 역전될 수 있다는 상당히 충격적인 상상이다. 이 주장을 읽는 순간 축구 결승전을 응원하는 하노이 시민들의 모습이 떠올랐다. 각양각색의 옷을 입고, 상당수가 베트남 국기를 얼굴에 그리고 보통의 자본주의 국가 시민처럼 자유분방하게 응원한다. 평양 응원단과 같은 '일심단결'의 섬뜩한 통일성은 어디에도 보이지 않는다.

지금의 평양은 하노이가 될 수 없다. 앞서 문턱값 모델에서 분석했듯이 시민들이 얼굴에 국기를 그리고 거리를 활보할 수 있는 정도의 자유가 허용된다면 언제라도 아래로부터의 폭발이 일어날 수 있다. 수령의 북한은 베트남 시민들이 누리는 정도의 자유를 절대로 허용할 수 없다. 이는 북한에서 부분적·점진적 개혁개방이 불가하다는 뜻이다.

분명 북한의 경제난은 심각하다. 이제는 수령 김정은이 공개적·공식적으로 경제 문제를 인정할 정도다. 사실 공개적으로 문제를 인정하는 것은 정치적으로 안전한 행동은 아니다. 독재자의 한마디로 인해 북한 경제가 어렵다는 것이 공공연한 사실(공동 지식)로 자리 잡기 때문이다. 민주주의 정치에서 대통령이 잘못을 인정하기를 극도로 꺼리는 이유이기도 하다. 이런 위험성을 무릅쓰고 최근 들어 김정은은 실패를 자인하는 발언을 여러 차례 공개적으로 하고 있다. 예를 들어 2020년 3월 17일 평양종합병원 준공식, 2020년 8월 19일 당 중앙군사위원회 확대회의, 2020년 10월 10일 열병식 등에서 면목이 없다는 식이다. 수령의 공식 인정은 경제난의 심각성이 모두의 눈에 명명백백하다는 방증이다.

하지만 이러한 공개적 인정에도 불구하고 시장개혁의 전조는 보이지 않는다. 사회주의 기업책임관리제의 지속적인 강조 등 기존 방식을 고수하고 있다. 이는 사유화와 시장 자유화는 커녕 시장과 계획의 병존이라는 부분적 시장개혁과도 상관없다. 김정은의 처방은 투입 요소를 극대화하는 사회주의 경제의 합리화에 여전히 머물고 있다. 김정은의 "우리식 발전전략"이다. 수령의 위민에도 불구하고 간부의 태만이 경제 문제를 일으켰다는 아전인수적 원인 분석만 하고 있다. 여전히 정책이 아니라 선전이다. 수령제의 논리적 귀결이다.

2021년 9월 북한의 최고인민회의 14기 5차 회의에서 한 김정은의 시정연설은 다소 눈물겹다. "절약과 내핍의 생활경제, 전 군중적 토끼 기르기 운동"을 외친다. 집집이 토끼를 키워 부족한 단백질을 보충하라는 다소 엉뚱한 명령이다. 아파트 부엌과 화장실에서도 돼지를 키우니 토끼 정도는 식은 죽 먹기인지도 모르겠다. 하여튼 마른 수건을 짜듯 허리띠만 졸라맨다. 질적 개혁은 없다. 천리마가 안 되면 만리마인 식이다.

경제 문제를 논의한 여러 회의 내용을 살펴보면 사회주의 경제를 근본적으로 괴롭히는 동기부여와 정보의 문제를 제도적으로 해결해보겠다는 낌새도 챌 수 없다. 아직까지 김정일의 "우리식 사회주의는 필승불패입니다"라는 수구적 노선의 김정은식 버전만이 보일 뿐이다. "허풍 떨지 마라, 제대로 만들라"는 호통이고 겁박이다.

시장개혁 대신 절대 자력갱생이다. 김일성, 김정일 때와 마찬가지이다. 2021년 8차 당대회 5개년 계획에서도 여전히 자력갱생 자립경제의 물질·기술적 토대 구축을 핵심 목표로 규정하고 자력갱생의 원리 원칙을 지속해서 선전하고 있다. 실패에 대한 학습은 없다. 학습은커녕 자주노선의 파탄 자체를 자인하지도 않는다. 2021년 5월 15일 〈로동신문〉의 "우리 국가제일주의시대를 빛내이기 위한 중요 요구"라는 기사가 북한의 상투적 해결책을 잘 요약하고 있다.

자력갱생은 우리 국가제일주의시대를 끝없이 빛내여 가기 위한 전진방향이고 기본투쟁방식이다. 사대와 외세의존은 예속과 망국의 길이며 자력갱생만이 민족의 자주성을 고수하고 부강번영을 이룩해나가는 길이다. 현존하는 난관을 뚫고 경제건설에서 비약적 발전을 이룩해나갈 수 있는 묘술도 자력갱생에 있고 시대의 지향과 문명의 높이에 어울리는 혁명적이며 고상한 사회주의문화를 창조해 나갈 수 있는 비결도 우리식에 있으며 사회주의건설의 새 승리를 쟁취하기 위한 담보도 주체적 힘, 내적 동력강화에 있다.

그렇다. 수령의 적은 수령이다. 수령제의 논리는 시장개혁과 양립하기가 매우 어렵다. 그래서 우리는 북한을 이렇게 묘사할 수 있다. 수령이 파놓은 자주, 자력갱생의 늪에서 수많은 이들이 허우적거린다. 수령과 주체주의자들이 그들의 머리를 밟고 서 있다. 밖에서 이렇게 저렇게 구한 달러 뭉치를 세면서 오늘도 만족하고 있다.

수령은 춥지도
옷깃을 세우지도 않는다

시장개혁을 회피하는 수령은 가진 게 많은 자임을 알려준다. 가진 걸 지키고 싶은 그는 위험을 피한다.

그가 위험을 피한다는 또 다른 증거가 있다. 1987년 대한항공 폭파 이후 남한 민간인을 향한 테러가 없었다는 점이다. 테러는 소수의 인원으로 모두가 주목할 만한 극적 파괴를 일삼아 상대에게 심대한 심리적·사회적·경제적 타격을 주고자 하는 계산된 도발이다. 결코 적개심을 못 이긴 우발적 행위가 아니다.

보험 회사가 돈을 버는 이유를 생각하면 테러의 효과를 쉽게 상상할 수 있다. 누구에게 일어날지 알 수 없으나 피해를 볼 수 있는 대상의 범위가 넓고 소수의 개인에게 가해지는 피해가 막대한 경우 사람들은 열심히 보험을 구매한다.[69] 과장된 공포가 이윤의 원천이다. 지진이 일어난 직후 사람들이 보험 회사로 달려가듯 테러는 값싼 폭력으로 적국의 시민들을 불안하게 만들고 외국 자본을 쫓아버린다.

북한은 고도로 훈련된 특수부대 등 남한에 치명적인 테러를 가할 수 있는 차고 넘치는 비대칭 전력을 지니고 있다. 그런 북이 작정하면 우리는 당할 수밖에 없다. 열 사람 지켜도 한 도둑 못 막는 이치이다.

북한의 테러에 대한 적절한 수준의 물리적 대응도 마땅치 않다. 우리의 피해에 따르는 비례적 타격을 주기가 대규모 군사 공격을 제외하고 마땅치 않다. 북한 경제가 너무나 원시적이라 상응하는 피해를 줄 수 있는 경제 시설 등이 뚜렷하지 않다.

더욱이 테러는 한 번의 피해로 끝나지 않는다. 도대체 어디를 막고 어떻게 대비해야 하는가? 한국 사회가 겪을 엄청난 불안과 대혼란이다. 지금도 한국 증시가 북한 프리미엄을 내는 현실을 고려할 때 테러가 일으키는 공포의 경제적 타격은 짐작하기 어렵다.

그런데 아직 북한은 남한 내 민간인과 비군사 시설물에 대한 물리적 공격을 감행하지 않고 있다. 남한 민간인 세상에 피해를 주더라도 테러가 추구하는 극장의 효과를 피하려 한다.

감정적 반응이 잘 일어나지 않는 사이버 테러가 주된 해코지 방식이다.

이런 식의 적대 행위는 수령과 그의 측근이 현재 상황을 어떻게 판단하는지 알려주는 좋은 단서이다. 그들에게 북한은 살 만한 세상인 것이다. 그래서 민간인 테러라는 무리를 하지 않는다. 북한에 비대칭적으로 유리한 테러는 시장개혁만큼이나 상당한 위험을 수반한다. 남의 민간인 피해가 나오면 일치단결한 남한과 차원이 다른 적대적 대치와 물리적 충돌을 감수해야 할 것이다. 남한 사회에서 북한의 테러를 막지 못했다는 책임 공방으로 본말이 전도되지 않는다는 전제에서 하는 말이다. 긴장의 수위를 누구도 통제할 수 없게 되고, 정말이지 벼랑 끝 전술을 벌이는 상황이 된다.

세상 누구보다 행복(하고 싶은 대로 다 할 수 있는 행복)한 수령은 아직 벼랑 끝으로 가고 싶지 않다. 잃을 게 많은 수령은 국내적으로 시장개혁과 대남 정책에서 민간인 테러를 피한다.

그래서 걸핏하면 불바다를 만들겠다고 선언하지만 그는 억지 가능한 영리한 도박꾼이다. 여기에 남북 관계가 파국을 피할 수 있는 근본 이유가 있다.

수령의 현상유지편향을 우리에게 유리하게 조작하려는 노력 대신 나쁜 평화가 전쟁보다 낫다는 일부의 의견은 전쟁을 부르는 위험한 태도이다. 많은 언론과 분석가들은 남북관계를 치킨(겁쟁이) 게임으로 묘사한다. 이 게임에서는 상대의 선택에 대한 각자의 믿음이 핵심이다.[70] 전쟁 불가론은 상대에게 잘못된 믿음을 줄 수 있다. 나쁜 평화 우위론은 북이 어떻게 해도 우리는 수그리고 있을 것이라는 위험한 믿음을 상대에게 주는 것이다. 이런 믿음을 가진 자는 미쳐서가 아니라 합리적 계산에 따라 돌진을 선택한다. 왜냐하면 상대가 회피로 자신을 구속했다고 믿기 때문이다.

무엇보다 나쁜 평화론은 상대를 오만하게 할 수 있다. 전쟁의 현자 손자의 가르침을 현대적으로 해석하면 오만한 자가 전쟁을 일으킨다. 적과 아의 의지, 의도, 군사력을 정확히 알아 전쟁의 승산을 따져 서로서로 계산이 일치하면 전쟁 대신 협상이다.[71] 지피지기知彼知己면 부전不戰이다. 그렇게 소중한 앎을 방해하는 것이 오만이다. 오만은 나쁜 평화론이 초래하는 위험한 심리 상태이다.

나는 2022년 러시아-우크라이나 전쟁이 일어나기 전 대중 매체의 보도 행태에 걱정한 적이 있다. 우크라이나 시민들의 결사 항전의 의지가 아니라 부자들이 나라를 떠나고 있다는 소식이 자주 보도되었다. 사실 여부를 떠나 이런 소식은 전쟁을 부추기는 효과를 낳는다. 푸틴을 오만하게 만들기 때문이다. 만약 개전 이후 보여준 우크라이나의 영웅적 저항을 사전적으로 예상했다면 과연 푸틴이 쉽게 침공을 결정했을까 싶다. 푸틴의 전쟁 결정은 속전속결에 대한 그의 잘못된 자신감에서 비롯한 부분이 클 것이다.

이 때문이다. 전쟁을 불사한다는 태도와 의지를 북에 각인시키는 것이 중요하다. 말보다 행동이 아니라, 말이 중요하다. 그래서 나쁜 평화가 낫다는 유화적 언사는 위험하다.

무엇보다 우리는 눈에는 눈의 원칙을 분명히 할 필요가 있다. 잃을 게 있는 수령이기에 남북관계는 근본적으로 돌진과 회피의 치킨 게임이 아니라 반복적인 죄수의 딜레마 게임이다. 이는 파국을 피할 수 있는 억지 가능성이 상당하다는 의미이다. 반복되는 게임에서 억지를 위한 제1원칙은 "눈에는 눈이에는 이"다. 바보처럼 오른쪽 뺨을 때리는데 왼쪽 뺨마저 내밀면 계속 때린다. 즉각적이고 비례적인 보복으로 상대가 다음에는 두 번 생각하도록 만들어야 한다. 그래서 북의 선한 마음에 기댈 것이 아니라 냉정하게 계산된 보복의 양에 압도되어 도발을 스스로 자제하도록 해야 한다. 구체적인 실천 계획은 여러 분야 전문가들의 몫이다.

그런데 북한을 억지할 수는 있으나 새로운 변화로 유인할 수는 없다. 햇볕은 녹슨 강철의 수령제를 녹일 수 없다. 어쩌면 비유가 잘못되었는지도 모르겠다. 수령은 춥지 않고 옷도 껴입지 않았다. 그냥 편하게 지내고 있다. 인민은 춥고 배고프고 다른 무언가를 원하지만, 수령은 전혀 그렇지 않다. 그런 그에게 햇볕은 선탠이고 휴식이다.

수령제의 공고한 내구성은 남북관계를 대하는 우리의 자기 과신을 경고한다. 일부 식자들은 우리가 잘만 하면 남북관계의 돌파구를 만들 수 있다는 분위기를 자꾸 조장한다. 그들이 바라보는 북한 정치가 궁금하다. 이 책에서 내가 전개하는 수령제의 논리에 따르면 북한의 현상유지편향은 고래 심줄이나. 중국식 시장개혁마저 거부하는 튼튼한 수령제의 북한인데 남한 당국이 어떤 묘수를 꺼낼 수 있겠는가?

그렇다고 북한에 주는 원조에 무조건 반대하는 건 아니다. 원조로 달성하고자 하는 정책 목표가 무엇인지 이제 새롭게 생각해보아야 한다. 우리는 보복 의지를 분명히 하면서도 남북관계에서 어느 정도 손해는 감수해야 한다. 문명국 송이 군사적 능력만을 지닌 요와 맺은 전연의 맹濃淵之盟처럼 말이다. 전쟁의 기회비용이 훨씬 큰 송은 가난하지만 호전적인 요에 어느 정도 경제적 손해를 보는 편이 수지가 맞는다고 판단했다. 우리의 처지가 그렇다. 원조의 불가피성은 값싼 방사포가 천문학적 가치의 서울을 잿더미로 만들어버리는 건설과 파괴의 비대칭성에서 비롯된다. 원조는 가난하지만 군사적으로 강하고 호전적인 이웃 나라의 독재자에게 주는 도움인 셈이다. 그렇다. 원조는 수령을 돕는 게 맞다. 어쩔 수 없다.

그래도 수령은 억지 가능하다. 현대전은 군사적 승리를 넘어 적대 세력의 최고 통수권자를 자주 물리적으로 제거해버린다. 극적인 예로 미군은 숨어 있는 사담 후세인Saddam Hussein을 끝까지 추적해서 잡아 사형시켰다. 이 점에서 수령의 처지는 송을 괴롭힌 요나라 왕과 크게 다르다. 요나라 왕은 전쟁에서 패하면 바로 목숨을 잃는다고 생각하지 않았을 터이다. 패자 대부분은 땅의 일부를 잃고 뒤로 더 물러서면 그만인 시대였다. 그만큼 송나라가 요나라의 도발을 억지하기 어려웠다는 의미이다. 반대로 천상천하 유일지존인 수령은 전쟁이 두렵다. 그에게 전쟁은 자기 목숨을 내놓고 하는 도박이다. 인민이나 가신의 죽음 등 전체 전쟁 비용에는 개의치 않겠지만 세상 부러운 것 없는 그이기에 그도 자기 목숨은 끔찍이도 아까울 것이다. 그러니 그는 전쟁 결정에 신중할 수밖에 없다. 그래서 요나라 왕보다 수령을 억지하기가 더 쉽다.

무엇보다 수령제의 공고성에 대한 정치 분석은 원조에 대한 주요한 실천적 지침을 던진다. 우리가 원조에 안달하거나 급할 필요가 없다는 점이다. 이 책이 시도한 에두른 사회과학적 분석의 힘을 느낄 수 있는 결론이다.

원조를 주는 이유는 개혁개방이 아니라 수령이 현재 상태를 너무 비관적으로 보지 않도록 유도하기 위함이다. 그래야 수령은 위험을 감수하는 도발을 자제한다. 우리가 원하는 현상유지이다.[72]

현재 수령은 주체사상, 강한 국가, 소규모 지배연합 구조 등에 힘입어 수월하게 북한을 지배하고 있다. 따라서 아직까지 수령의 위기는 멀리 있음을 짐작할 수 있다. 그러므로 편안한 수령에게 급하게 많은 돈을 찔러줄 필요가 없다. 최대한 잘게 나누어 아주 조금씩 간격을 최대로 해서 "눈에는 눈"의 대응 원칙에 따라 원조를 제공해도 우리가 바라는 현상유지가 충분히 가능하다. 지금보다 훨씬 적은 원조의 양으로 전쟁 없는 상태를 유지할 수 있다는 말이다.

그렇게 시간을 벌어야 한다. 수령제가 우연한 충격으로 좀 더 개혁-수용적인 정치 질서로 바뀌기를 기다리는 수밖에 없다. 수술하기 어려운 혹이 목에 붙어 있다는 생각으로 말이다. "신형비루스(코로나 바이러스)가 남한 때문"이라고 억지를 쓰는 게 황당할 뿐이다.

요약하면 수령의 무위에서 우리는 행동 지침을 찾을 수 있다. 미친 척하는 북한은 미치지 않았기에, 수령은 가진 것이 많기에 우리는 강한 어조로 그에게 말하고 행동해야 한다. 눈에는 눈.

3장

신생 수령 김일성과

세습 수령 김정은

김일성의 위장술과
엘리트의 오만한 순진성

소련군을 뒤따라 들어온 예비 수령 김일성은 만만치 않은 명망가들과 권력투쟁을 벌여야 했다. 성립 당시 조선민주주의인민공화국은 개인의 유일 영도가 아니라 민주 집중제의 공산당이 통치하는 것으로 주요 파벌들은 믿었을 터이다. 스탈린 총서기장이 망쳐버리긴 했지만 공산주의는 원리적으로 그렇기 때문이다. 김일성은 거기서 시작했다.

북한 정권 수립 당시 김일성은 일인자였지만 절대적이지 않았다. 한국전쟁 당시 김일성이 박헌영의 잘못을 묻는 자리에서 서로 다투다 결국 김일성이 재떨이를 던졌다는 이야기는 유명하다. 고분고분하지 않고 수령의 화를 돋우는 박헌영의 대드는 모습이 연상된다. 수령의 절대성이 느껴지지 않는 일화이다. 우리에게 익숙한 신격화된 수령의 모습보다는 영악한 독재자가 책임을 전가하는 옹졸함이 느껴진다. 신격화된 수령이라면 재떨이를 던질 필요도 없었을 것이다.

전지전능하지 않은 김일성은 거물들을 숙청하기에 앞서 약한 고리를 먼저 공격해보았다. 세의 타진이었다. 노선투쟁을 빌미로 함남도당과 오기섭을 시시때때로 "동네북처럼" 비판했다. 오기섭의 비판에 소련파, 연안파, 여타 국내파가 합세했다.[1] 쉬운 싸움이었다. 김일성이 비판을 주도하면 나머지들이 반대파의 지도자를 고립시키는 형세였다. 이는 곧 있을 허가이 비판과 숙청의 예고편이었다.

무엇보다 오기섭을 핍박하는 과정에서 김일성은 파벌 내부의 응집과 파벌 사이의 협력 정도에 대한 감을 잡을 수 있었을 것이다. 별다른 저항이 없었다. 파벌들은 똘똘 뭉칠 기미를 보이지 않았다.[2] 김일성에게 파란 불이었다. 김일성의 본격적인 각개격파가 멀지 않았다.

그렇지만 아직 때가 무르익지는 않았다. 1949년 조선로동당과 국가의 요직 인사는 파벌 지분을 존중한 나누기였다.[3] 1956년 4월 당대회 이전까지 파벌을 안배하는 김일성의 인사 정책은 1950년대 마오쩌둥을 연상시킨다. 오랜 내전 속에서 군사 지도자를 중심으로 강력한 파벌들이 대륙 곳곳에 생겨났다.

1950년대 초 마오쩌둥의 암시와 묵인하에 야심에 찬 가오강高
崗이 파벌의 기득권이라는 선을 넘으려 했다. 다른 파벌들이
강력하게 반대했다. 아니다 싶은 마오는 가오강을 희생양 삼
아 바로 후퇴했다. 김일성 역시 조심스러웠다. 한국전쟁 중
1950년 12월 당 중앙위원회 3차 전원회의에서 연안파의 거두
무정과 함께 빨치산 출신의 엘리트 최광 등을 함께 해임하면
서 김일성은 엘리트의 판단을 복잡하게 만들었다. 김일성의
독재 의지에 긴가민가했을 터였다.[4]

　이후의 사태 전개 과정은 쉽게 만족하고 쉽게 믿는 엘리트
의 모습이었다. 요즈음 젊은이의 용법으로 소련파의 2인자 박
창옥은 "썸을 탄다"고 생각했고 김일성은 "어장 관리"를 한 셈
이었다. 소련파의 거두 허가이 숙청 이후 1953년 8월 소련파의
핵심인 박창옥과 박영빈이 박정애, 김일, 박금철 등과 함께 당
부위원장으로 선출되었다. 사실 최용건(김일성파), 최창익(연안
파), 정일룡(김일성에 충성하는 국내파) 등이 수차례 박창옥(소련
파)을 당 중앙위원회 정치위원회에서 몰아내고자 했다. 그런데
놀랍게도 김일성은 그를 보호해주었다.[5] 1925년 그리고리 지
노비예프Grigory Zinoviev와 레프 카메네프Lev Kamenev가 레프 트로츠
키Lev Trotsky의 제명을 요구할 때 이에 반대한 스탈린을 닮았다.
그래도 김일성은 스탈린처럼 직에서 내려오겠다는 사퇴 쇼는
하지 않았다. 그 정도까지는 필요하지 않았다.

부수상 겸 국가계획위원장에까지 승진한 박창옥은 김일성이 자주 그를 "모범"으로 칭찬했다고 진술하고 있다. 1955년 들어 김일성은 그를 공개 석상에서 비판하다 사적 만남에서 그의 변명을 이해하고 받아들이는 모양새를 반복했다. 이 때문인지 박창옥은 1956년 8월 종파 사건을 일으켜 김일성에 공개적으로 맞서기 몇 달 전까지도 희망의 끈을 놓지 않았다. 박창옥은 "김일성이 곧 박창옥 자신과 박영빈, 그리고 소련파들에 대한 비방이 정확하지 않다는 것을 알게 될 것"이라고 당시 소련 대사에게 진술했다. 이를 두고 당시를 상세히 추적한 백학순은 "김일성이 박창옥으로 하여금 그가 김일성에 의해 숙청당하면서도 김일성의 선의를 믿게 만드는 상황을 연출하는 데 성공"했다고 평가한다.[6]

사후적으로 평가하면 참으로 어리석은 모습이지만, 당시 박창옥은 다른 생각을 하기가 어려웠을 것이다. 왜냐하면 김일성은 권력투쟁의 막바지까지도 자신을 "이인자Mr. Deputy"로 부르도록 명령한 후세인처럼 줄곧 여우같이 처신했기 때문이다.[7] 이에 현혹되어 박창옥은 김일성의 충성파가 회의에서 자주 자기를 비판한 점을 제대로 고려하지 못하고 길일성의 감언이설을 믿고 싶은 마음에 확증편향에 빠진 것이다. 추수감사절까지 자신에게 정성껏 모이를 준 농부를 믿은 순진한 칠면조와 같은 셈이다. 박창옥의 헛된 기대는 1956년 4월 3차 당대회 때

확실히 무너졌다.

수령의 능수능란한 선호 위장 속에서 북한의 엘리트는 스스로 집단행동에 실패했다. 소련파, 연안파 등의 회고와 김일성의 공식 비판에서 소련파가 자신의 세력을 과신하고 "오만"하게 행동했음이 간접적으로 드러난다. 예를 들어 소련파 리문일의 회고에 의하면 허가이는 연안파를 무시하고 간부 인사에서 그들을 차별했다고 한다. 이러한 앙금 때문인지, 허가이 숙청 이후 빨치산파와 김일성에 충성하는 국내파가 소련파를 공격할 때 최창익, 김두봉, 림해 등 연안파 지도자들이 이에 가세했다. 연안파 역시 자멸의 길을 걷고 있었다.

반대 파벌 중 압도적 세가 등장하지 못하도록 한 김일성의 선제적 조치도 반대 파벌들의 정치적 무능력에 한몫했다. 6·25 한국전쟁 직전 주요 남로당파를 비판하고 숙청할 때 소련파와 연안파는 김일성의 편에 섰다. 남로당의 예봉을 꺾어버림으로써 남로당으로의 쏠림이 예방되었고 파벌 사이의 불신이 깊어졌을 것으로 짐작할 수 있다. 1956년 소련 대사와의 대화에서 "남한 출신 박헌영과 리승엽을 나쁜 사람들이라며 인민의 적들"이라던 연안파의 거두 최창익의 진술에서 이를 엿볼 수 있다.[8]

돌아보면, 수령으로 가는 길에서 허가이 숙청이 결정적 전환점이었다. 비등비등했던 세 대결의 좁은 길이 끝나고 불붙어버린 거물급들의 충성 경쟁으로 수령제의 탄탄대로가 만들어지는 경로 의존이 시작되는 지점이었다. 역전승은 물 건너가고 있었다. 소련파의 일인자 허가이 숙청에 소련파의 이인자인 박창옥과 또 다른 소련파 실력자 박영빈이 앞장서는 이상한 상황이었다. 그들은 파벌로 뭉치는 대신 김일성의 앞잡이가 되는 쪽에 자신의 명운을 걸었다.

1장에서 논의했듯이 이는 죄수의 딜레마 게임을 의미한다. 똘똘 뭉쳐 예비 수령에 대항하여 당 중심의 집단 독재 국가를 세우기보다 수령과의 미래를 믿어버린 것이다. 예비 수령의 호의가 계속될 것이라는 낙관적 기대 탓에 혼자 충성해서 출세하는 것에 대한 기댓값이 집단 독재의 그것보다 높게 나온 것이다. 이 경우 김일성에 대한 충성은 상대의 선택에 상관없는 우위 전략이 된다. 상대도 마찬가지다. 함께 도전해서 집단 독재를 세울 가능성은 쥐새끼가 쥐구멍으로 숨어 들어가듯 재빨리 사라진다. 때늦은 후회를 쏟아낸 소련파의 회고는 나의 설명을 지지하고 있다.[9]

이제 김일성이 해야 할 일은 명확해졌다. 엘리트의 착각과 순진한 어리석음이 만들어낸 죄수의 딜레마의 충성 경쟁에 모두의 두 발을 꽁꽁 묶어버리는 것이다. 이는 절대 충성의 공동 지식을 만드는 사상사업, 바로 개인 우상화이다. 개인 우상화는 수령이 즐기는 변태적 자기애가 아니다. 계산된 지배 업무이다. 세뇌의 성공과 상관없이 반대 파벌들이 서로를 오해하도록 조장하는 극장의 기술이기도 하다. 순진한 착각에서 깨어난 엘리트는 머리카락을 쥐어뜯지만, 겉으로 수령 만세를 외친다. 그 모습을 바라보는 맞은편의 다른 파벌도 마찬가지로 쓰리고 불안한 마음이나 목청껏 만세를 외친다. 서로의 마음에 대한 서로의 오해로 함께 수령에 반대하지 못한다.[10] 불안한 각자도생이다. 엘리트의 속수무책이다. 이렇듯 개인 우상화는 조선민주주의인민공화국을 수령제로 올려보내는 마지막 추진체이다.

북한 연구는 김일성이 본격적으로 수령으로 불리기 시작한 시기를 1966년 10월 제2차 당대표자회의 이후로 특정한다. 그렇지만 "비교적 점진적이고 비공식적으로 통제된" 양상의 개인 우상화는 상당히 일찍부터 실행되었다고 덧붙인다.[11] 본격적인 신호탄들이 허가이 비판과 숙청이 시작된 1951년 11월 당 중앙위원회 4차 전원회의 이후 쏘아 올려졌다. 그중 하나가 1952년 12월 당 중앙위원회 5차 전원회의 이후 당 중앙위 내 사회과학부 설치이다. 사회과학부는 "조선인민의 민족해방투쟁사와 경애하는 수령 김일성 동지의 항일무장투쟁의 역사를" 모두에게 전파하는 것을 설립 목적으로 밝히고 있다.

또한 김일성의 이름 앞에 민망한 수식어들이 붙기 시작했다. 박헌영 스스로 이를 보여주었다. 1952년 4월 15일 김일성의 40회 생일을 맞아, 박헌영이 내각 부수상 명의로 주요 출간물에 축시를 발표했다. 글에서 그는 김일성을 "절세의 애국자이며 경애하는 지도자" 등 다양한 우상화 문구로 칭송했다. 1940년대 연안 시절 마오쩌둥 개인 우상화의 선봉에 섰던 당시 이인자 류사오치劉少奇의 모습이 겹친다. 개인 우상화는 점점 뜨거워지고 있었다. 1952년 12월 15일 당 중앙위원회 5차 전원회의에서 김일성의 보고 뒤 "전원이 총 기립하여 김일성 동지 만세와 더불어 우리의 경애하는 수령 김일성 동지에게 영광이 있으라"라는 함성이 장내에 울려퍼졌다는 목격담이 그것이다. 공식 모임에서 최초로 수령으로 불린 사건으로 기록된다.[12]

여기저기 수령의 이름이 등장하는 당시 정치 질서에 대한 백학순의 평가는 이 책의 가설에 어울린다. "그러나 김일성이 아직은 권력구조상으로 볼 때 수령이라는 칭호가 어울리는 유일지도체계, 최소한 단일지도체계를 갖춘 것은 아니었다. … 아직도 김일성파는 연안파 및 소련파와 세력 연합을 이루고" 있었다고 평가한다.[13] 개인 우상화는 보다 안전한 숙청과 단단한 유일 영도를 위한 핵심적 사전 정지 작업이었다. 반대 세력의 정치적 무기력함에 절대복종의 공동 지식이라는 쐐기를 박아버린 것이다. 수령 만세의 외침이 여기저기 터져 나오는 속에 김일성의 최대 정적인 박헌영과 남로당파의 숙청이 본격적으로 시작되었다.

요약하면 김일성이 수령으로 가는 경로는 다음과 같이 표현할 수 있다.

김일성의 용인술과 위장술(정보의 불확실성) → 충성 경쟁(죄수의 딜레마 게임) → 거물급 허가이의 공개 비판과 숙청 → 개인우상화(공동 지식) → 빨치산파의 득세 → 8월 종파 사건(실패한 조정 게임)

김일성이 수령으로 가는 길에서 거물들은 참으로 어리석었다. 김일성의 손에 경쟁자가 사라지는 것을 두려워하기는커녕 반기고 있었다. 1949년 체제가 보여주듯이 아직 김일성이 압도적 힘의 우위를 가지지 못했을 때 남로당파, 소련파, 연안파 등이 똘똘 뭉쳤다면 사태는 달라질 수 있었다. 그렇지만 그들은 김일성의 권력 의지가 어디까지 갈지 짐작조차 하지 못했다. 특별히 소련파와 연안파는 파벌을 안배하는 김일성의 용인술과 음흉한 미소로 안심시키는 그의 위장술에 충성 경쟁이라는 죄수의 딜레마에 빠졌다. 그들의 뒤늦은 깨달음은 너무 늦었다. 이러한 엘리트의 어리석음이 김정은 시대에 되풀이되었다.

세습 수령
김정은의 선당

앞서 1장에서 다루었듯이 엘리트가 새로운 수령과의 미래를 어떻게 생각하느냐에 따라 정치 게임의 성격이 달라진다. 후덕한 수령을 상상하는 순간 죄수의 딜레마 게임이다. 동료와의 협력이 아니라 기회주의적으로 자신만의 출세를 추구한다. 반대로 만약 어리석은 수령이 "너희 다 죽었어!"라며 모두를 동시에 공포에 떨게 하면 서로 합세할 유인이 강한 조정 게임이다. 현명한 수령은 먼저 죄수의 딜레마 게임을 유인하여 엘리트 사이의 협력을 무너뜨린 다음 본색을 드러낸다. 김정은의 할아버지처럼 말이다. 그럼 자신의 위태로운 처지를 뒤늦게 깨달은 엘리트는 조정의 딜레마라는 새로운 어려움으로 속수무책이다. 연안파처럼 말이다.

그런 의미에서 세습 수령 김정은의 선당 정치는 수령에 대한 엘리트의 불안감을 달래어 그들 사이의 협력을 사전적으로 봉쇄하는 위장술이었다. 그래서 김정은 시대 북한 정치는 김일성 시대를 반복하고 있다. 수령의 위장에 방심하고 딜레마에 빠진 엘리트 사이의 반목과 갈등이다.

여기에 세습의 강력한 이점이 더해진다. 무엇보다. 개인 우상화가 관습적 실천을 넘어 유토피아적 이념의 지위로 격상된 북한에서 절대복종의 혁명적 수령관이 엘리트 사이의 공동 지식으로 튼튼히 자리 잡고 있었다. 화난다고 혼자 구시렁거리는 것조차 미친 짓인 세상이다. 결과적으로 세습 수령의 쉬운 싸움이었다.

하지만 삭풍이 불어대는 2011년 겨울에는 그렇게 보이지 않았다. 김정은이 물려받은 당시 북한의 사정이 젊은 수령에게 그리 녹록지 않았다. 사회주의권 국가의 붕괴, 굶주림과 유랑의 고난의 행군, 김정일의 때 이른 중병이 겹치면서 모든 게 혼란스러웠다. 특별히 김정일의 선군정치는 수령의 어려움을 증명했다. 독재정치에서 군은 단독으로 지배자를 갈아치울 능력을 지닌 유일한 조직이다. 스탈린이 제2차 세계대전 직전까지 장군들의 숙청에 열을 올린 이유이다. 독재자가 두려워하는 군을 전면에 내세워야 할 만큼 북한은 어려웠다. 이런 와중에 김정일이 예상 밖으로 일찍 사망하고 그의 어린 막내아들이 수령을 계승했다.

그래서 당시 김정일의 운구 행렬을 바라보는 외부자들은 안개 정국이라며 호들갑을 떨었다. 북한을 극장국가로 새롭게 조명한 인류학자들은 노동당의 정치적 기능이 회복되는 것 같은 움직임을 관찰하면서 "사회주의 정치의 정상적 상태를 회복할 것"이라고 기대 섞인 예상을 조심스럽지만 내놓았다.[14]

북한 권부 가장 깊숙이 자리 잡은 내부자 역시 상황을 크게 오판했다. 권력의 오르막과 내리막을 모두 맛본 장성택의 행보는 처음부터 수령제의 좁은 외길에서 크게 벗어나버렸다. 2013년 겨울, 법정에 끌려온 장성택의 판결문에는 2011년 김정은이 당 중앙군사위원회 부위원장으로 선출될 당시 장성택이 "마지못해 자리에서 일어서서 건성건성 박수를 치면서 오만불손"하게 행동했다고 적시되어 있다.

세습 수령 김정은의 시작은 조심스러웠다. 어린 후계자는 노골적으로 절대 권력을 휘두르는 대신 조선노동당을 먼저 외양적으로 복원했다. 정기적으로 주요 회의가 열리고 정치국이 복원되는 등 아버지 김정일 때와는 사뭇 달랐다. 김정일 시대에 당이 제도적·정치적으로 시들해진 것에 비추어볼 때, 김정은 집권 초기 노동당의 외양적 복원은 모두에게 특별해 보였을 것이다. 당이 중요해지는 듯했다. 나는 이를 죽어가는 김정일과 아들 김정은의 위장술로 평가한다. 부자의 계획은 적중했다. 김정은을 과소평가하고 자신의 안전을 과신한 엘리트의 실수가 곳곳에서 나타났다.

그럼 김정은이 유일적 영도를 튼튼히 세우기 위해 선택한 우회로인 노동당의 복원 과정을 자세히 살펴보자. 이야기는 김정일 시대의 노동당에서 시작한다. 당시 노동당은 정치 무대에서 크게 후퇴했다. 1980년 10월 정위원 19명, 후보위원 15명으로 시작한 정치국은 사망 등으로 사라진 인물들을 대체하지 않으면서 1999년 정위원 7인과 후보위원 8인으로 구성된 보잘것없는 조직으로 전락했다.[15] 왜소해진 정치국은 회의마저 거의 열지 않았다.

뒤이은 김정일의 선군정치는 당적 지도 우위의 원칙을 유명무실하게 만들었다. 예를 들어 군사 부문을 감독하는 당 조직인 당 중앙군사위원회가 관리·감독했던 군수산업 관련 제2경제 부문이 1998년 이후 국방위원회로 이관됐다. 이로써 군부가 당의 통제권을 벗어났다. 홀대받은 당 중앙군사위원회 위원의 수는 1980년 19명에서 1999년에 14명으로 줄어들었다.[16] 더욱이 김정일은 1980년 제6차 당대회 이후 한 번도 당대회를 열지 않았다.

김정일의 선군정치는 파격이었다. 1996년 7월 김일성 사망 2주기 중앙추모대회에서 엿보이기 시작한 서열 파괴의 결과

1998년 군부 핵심의 서열이 정치국 위원보다 높았다.[17] 이런 파격은 김정일 시대 말까지 계속해서 유지되었다. 2001년 4월 최고인민회의 10기 4차 회의 주석단 서열에서 국방위원들이 정치국 위원과 후보위원보다 앞서 배치됐다.[18]

그런데 김정일은 죽음을 목전에 두고 조직 노선을 급격하게 수정했다. 1993년 12월 제6기 21차 중앙당 전원회의 이후 작동을 멈춰버린 조선노동당은 권력 계승기에 극적으로 정치 전면에 등장했다. 44년 만에 열린 2010년 조선노동당 제3차 대표자회의에서 북한의 새로운 지도자가 추대됐다. 이를 시발로 당·정·군의 분산 대신 당 중심으로 국가 조직이 재편되기 시작했다.[19]

2010년 3차 당대표자회의와 김정일 사후 열린 2012년 4월 4차 당대표자회의의 결과 선군정치가 크게 후퇴했다. 당 중앙군사위원회의 재부상이었다. 2010년 김정은을 후계자로 추대한 3차 당대표자회의에서 30년 만의 당 규약 개정으로 당 중앙군사위원회는 "군사 분야의 모든 사업을 당적으로 조직 지도하는 최고군사기관"으로 지위가 올라갔다. 이듬해 겨울 사망한 김정일이 선군노선으로 비대해진 군부가 아들 김정은에게 부담으로 작용하는 것을 걱정한 것 때문이 아닐까 추측한다.

계승 초기 더욱 확실한 당의 외양적 부상은 정치국의 위상 강화에서 더욱 뚜렷하다. 2010년과 2012년 당대표자회의 직후 만들어진 정치국의 위용은 김정일 시대와 크게 대비된다. 당시 후계자 김정은의 측근이라 믿어지는 인물 모두가 정치국 위원, 후보위원의 명단에 이름을 올렸다.[20] 김정일 시대와 달리 2012년에서 2015년까지 정치국회의, 당 중앙위원회 전원회의, 당 중앙군사위원회가 대체로 정기적으로 개최되었다. 이러한 당 회의체의 부상을 묘사하면서 "엘리트의 불안감을 희석하는" 조치로 평한 북한 전문가의 견해처럼 간부들이 "당과 함께"를 상상할 만했다.[21]

여기에 더해 김정은의 처신 역시 후흑厚黑의 전형을 보인다. 김정일 생전 김정은과 리영호가 서로 자리를 양보하는 모습을 보이기도 했다고 라종일은 전한다. 당시 김정은과 장성택의 외면적 친밀도 역시 이보다 훨씬 높았다는 평가도 덧붙인다.[22] 2013년 12월 숙청이 있기 몇 달 전까지도 장성택이 김정은을 수행한 기록이 눈에 들어온다. 그해 10월 전국 도대항 체육경기대회를 장성택은 김정은과 함께 관람했다.[23]

영화 제작 등으로 김일성의 개인 우상화에 매진한 아버지의 지혜를 이어받아 계승 초기 김정은 역시 자신의 개인 우상화를 전면에 내세우는 무리수를 피했다. 자신의 개인 우상화를 위해 레닌을 먼저 우상화했던 스탈린의 지혜처럼 김정은은 가계 우상화에 전념하는 모습이었다. 권력의 기초가 계약이 아니라 관습임을 알아차린 듯한 움직임이었다.[24]

유훈통치인 것이다. 왜? 선대를 존경하겠다는 유교적 가치로 포장되어 있지만, 전임 수령의 조정 권력을 그대로 물려받고 싶은 계승자의 영리한 결정이다. 계승의 불안정기에 전임 수령에 대한 절대복종에 멈춘 엘리트와 인민의 조정을 그대로 유지하고 싶은 것이다. 옛것에 새것을 덧입히는 삼십육계 전략 중 하나인 차시환혼借屍還魂과 일맥상통한다. 전통이 도와주는 세습 독재의 이점을 김정은은 한껏 이용했다.

그래서 유훈통치는 지배의 곁가지가 아니라 기본 줄기였다. 2012년 신년 공동사설에서 "경애하는 김정은은 곧 위대한 김정일 동지이시다"라고 선포했다. 유훈에 대한 강조는 당분간 쉼이 없었다. 김정은은 2015년 2월 당 중앙위원회 정치국 확대회의에서까지 "김정일 유훈 관철 사업을 제1차적인 사업으로 설정해서 무조건 관철할 것"을 명령했다. 김정은의 절대 권력을 공식적으로 선언한 2016년 이전까지 그의 담화 연설에서 "어버이", "김정일", "백두" 등 김일성, 김정일 우상화와 권력 승계와 관련한 단어들이 빈도 높게 등장한다고 밝히는 연구가 유훈통치의 분위기를 확인하고 있다.[25]

세습의 이점을 누리면서 서두르지 않는 김정은의 우상화 전략은 그의 공식 직함에서부터 잘 드러난다. 2012년 조선노동당 4차 당대표자회의에서 김정은은 아버지 김정일이 맡았던 총비서와 국방위원장직을 그대로 남겨두고 대신에 노동당 제1

비서와 국방위원회 제1위원장직을 맡았다. 2012년 조선노동당 규약과 사회주의헌법을 개정하면서 조선노동당을 김일성-김정일의 당으로 규정하고, 김일성-김정일주의를 유일사상으로 새롭게 명시하고, 김일성-김정일주의화를 최고 강령으로 정했다. 김정은은 자신의 개인적 카리스마를 강조하는 대신 아버지의 위상을 할아버지 김일성의 지위로 올려놓았다.

유훈통치와 전통에 매달리면서도 김정은은 모두를 헷갈리게 하는 확실한 잡음을 보냈다. 바로 2012년 모란봉 악단 공연에서 디즈니 캐릭터인 미키마우스, 미니마우스, 도날드덕 등의 인형 옷을 입은 연주자가 등장한 것이다. 연이어 이듬해 김정은은 미국의 농구 스타 데니스 로드먼을 초청해 즐거운 시간을 가졌다. 철천지원수인 미국의 제국주의를 상징하는 디즈니랜드와 NBA가 북한의 핵심 권부에 등장하니 변화에 대한 기대감이 크게 높아졌다. 개혁개방을 철저히 거부하는 지금에 와서 김정은의 이런 선택을 설명하기는 어렵다. 당시 외부의 관찰자만큼이나 북한의 내부자들 역시 수령제의 북한에 해빙의 바람이 불지도 모른다고 생각하지 않았을까? 분명한 건 모두를 헷갈리게 하는 한 수였다.

세습 초기 김정은이 내보낸 신호의 소음은 10대 원칙의 부분적 개정에서 정점을 찍었다. 수령과 엘리트의 관계가 어디로 향하는지를 헷갈리게 할 수 있을 정도였다. 10대 원칙 개정의 내용을 요약하면, 세습을 정당화하고 당의 권위를 인정하면서 동시에 엘리트 내부 파벌에 대한 경고를 분명히 했다. 시점이 아직 장성택의 숙청이 있기 몇 달 전인 2013년 6월이었음에 주목하자.

기존 "당의 유일사상체계 확립의 10대 원칙"에서 "당 유일적 영도 체계 확립의 10대 원칙"으로 이름을 살짝 바꾼 북한의 십계명에는 새롭게 당에 대한 강조가 뚜렷하다. 기존 제4조 8항의 "위대한 수령 김일성 동지의 교시와 개별적 간부들의 지시를 엄격히 구별하며"를 제4조 7항의 "당의 방침과 지시를 개별적 간부들의 지시와 엄격히 구별하며"로 변경했다. 노동당이 수령을 대신하고 있다. 제9조의 "위대한 수령 김일성 동지의 유일적 영도 밑에"는 "당의 유일적 영도 밑에"로 수정되었고, 간부 임용의 기준인 제9조 7항의 "수령에 대한 충실성"은 "당에 대한 충실성과 실력"으로 바뀌었다. 혁명적 수령관의 주체사상에 비추어볼 때 가히 혁명적 수정이었다.[26]

그러나 당의 복원은 선군노선을 폐기하는 술수일 뿐이었다. 군에 대한 독재자들의 두려움은 보편적이다. 쿠데타의 위험성 때문에 독재자들은 군부의 정치적 영향력을 올려주는 조치를 가능한 한 피하고 싶어 한다. 김정은의 북한도 예외가 아니었다. 2012년 리영호가 제거된 이후 총정치국, 총참모부 등 핵심 보직의 인사 교체가 빈번하게 이루어지고 군 간부 다수가 잔혹하게 숙청당했다. 이 결과 김정은 시대 북한 정치에서 군 출신으로 리영호에 비견할 실력자가 아직까지 나타나지 않고 있다.

선군노선이 사라지는 과정은 혼탁했다. 군부 숙청에도 불구하고 선군노선에 대한 공허한 찬양은 계속되었다. 자신의 절대 권력을 대내외에 공표한 2016년 5월 조선노동당 7차 당대회에서도 김정은은 여전히 "수령님의 위업을 계승하여 조선혁명의 백승의 진로인 선군혁명로선을 확고히 견지하고 선군정치를 전면적으로 실시하였다"라고 보고했다.[27] 이는 겉 다르고 속 다른 소리장도笑裏藏刀의 술수일 뿐이다. 수령의 본심은 여전히 선군의 완전한 후퇴이다. 2021년 8차 당대회에서 개정된 당 규약은 인민군을 "당의 영도를 받들어 나가는 조선노동당의 혁명적 무장력"으로 규정함으로써 선군의 흔적을 다시 한 번 깨끗이 지웠다.

수령의 경계심을 유발하는 선군을 대체한 선당은 수령의 "당과 함께"가 전혀 아니다. 그저 수령이 당을 통해서 지배하겠다는 의미임이 갈수록 선명해진다. 만약 선당이 사회주의 정치의 정상화라면 정치국이 주요 정책을 심의하는 식이다. 당연히 북한에서 정치국의 심의·의결 권한은 없다. 주요 회의는 수령이 전체를 한꺼번에 다그치고 호통 치기 위한 기능적 모임일 뿐이다. 다시 말해 2016년 이후 김정은의 절대성을 공식적으로 선포한 이후 잠시 주춤했다가 다시 소집되는 당 회의는 집단적 의사결정의 당치와 여전히 상관이 없다. 아마도 대내적 어려움이 점점 더 가중되면서 수령이 통치를 돌보지 않을 수 없는 지경까지 이르렀기 때문일 것이다.

계승 초기 노동당의 외양적 복원은 권력투쟁에서 가장 중요한 몫을 해냈다. 수령의 의도에 대한 불확실성을 조장한 것이다. 정치국 회의가 정기적으로 열리는 속에서 어느 실력자가 임박한 공포정치를 예견했겠는가? 당의 권위를 올려주는 북한 십계명의 변경된 문구를 보면서 당과 군의 간부들은 헷갈렸을 터이다.

헷갈린 자의 대표 주자가 바로 장성택이었다. 그가 어린 수령과의 미래를 자신하는 순간 다른 엘리트와의 협력의 가능성은 사라졌다. 김일성 시대 소련파 박창옥의 뒤를 이어 장성택이 앞장서서 죄수의 딜레마 게임을 반복했다. 그의 착각이고 오만이었다. 그의 무서운 몰락이었다.

장성택, 김일성 시대의
오만과 오판을 반복하다

어린 수령이 대를 이으면서 장성택은 죽을 수밖에 없었다. 왜냐하면 그는 능력 있고 인기 있는 이인자였기 때문이다. 그런데 이는 사후적으로 명확할 뿐이었다. 현장의 그는 이를 전혀 걱정하지 않는 눈치였다. 비정한 독재의 역사를 망각하고 있었다.

누군가는 답답하다. 왜 이인자는 일인자를 먼저 공격하지 않는가? 일인자가 불안하지, 이인자는 만족하고 행복하기 때문이다. 이미 충분히 가진 엄청난 부자는 그보다 몇백 배 많은 재산을 가진 빌 게이츠와 전 재산을 걸고 승자독식의 도박을 벌이지 않는다. 수령의 자리를 노리는 것은 빌 게이츠와 도박을 벌이는 어리석은 모험이다. 당연히 전혀 매력적이지 않다. 거기에 더해 고위급 엘리트는 주위의 다른 사람들과 비교하며 자신의 부와 권력에 만족한다. 그리고 자신을 높은 자리까지 올려준 수령의 호의를 믿는다. 인생은 아름답다. 아직은.

그럼 당신은 이렇게 물을 수 있다. 고개를 숙이고 완전히 바싹 엎드리면 되지 않는가? 박헌영은 미리 머리를 숙이고 충성을 맹세하지 않았는가? 굴종하고 싶어도 그 속마음을 증명하기가 마땅치 않다. 인기가 많고 따르는 무리가 있는 그가 충성 맹세만으로 수령을 안심시키기란 쉽지 않다. 1930년대 연안 시절 마오쩌둥의 개인 우상화를 주도한 류사오치의 몰락이 그랬다. 그에 대한 마오쩌둥의 의심과 질투심은 사라질 줄 몰랐다. 독재의 구조적 무정부성 속에서 독재 권력을 극대화해야 하는 김일성도 마찬가지였다. 남로당파의 본격적인 숙청이 시작되기 전인 1952년 박헌영은 수많은 수식어를 달아 김일성을 찬양하는 편지를 여기저기 실었다. 그래도 역부족이었다. 그의 인기와 카리스마가 불행의 씨앗이었다. 예비 수령이 가만히 두고 보기에는 너무나 위험한 인물이었다. 김일성은 나중에 저승에서 만나 박헌영에게 변명하리라. '너무 원망하지 마라. 당신도 나였다면 같은 선택을 했으리라.' 깊은 불신의 북한 정치판이다.

그래서 "나가다니는 장군님"이라는 소문이 나도는 순간 장성택의 운명은 이미 정해진 것일지도 모른다. 그런데도 김정은 시대 장성택은 걱정하고 불안해하기보다 자신감 넘치는 모습이었다. 소련파, 남로당파, 연안파가 미리 함께 김일성에게 맞서지 못한 어리석음이 뻐딱하게 앉은 그의 자세에서 어른거렸다.

아직 유일 영도 체계가 세워지기 전(1940년대) 혹은 불안한 계승 초기(2011년 말-2013년 초)는 실력자들의 적기다. 파벌의 수장들은 공무원이 왜 좋은 직업인지 배워야 했다. 우리가 공무원을 선호하는 이유는 "내가 안 잘리지만" 내가 미워죽는 "그놈도 안 잘리기" 때문이다. 나도 살고 기분 나쁜 너도 살기 때문에 모두가 사는 것이다. 새로운 법인의 장이 부하 직원들을 너무나 막 대한다. 당신은 그가 밉다. 그런 그가 당신이 싫어하는 직원을 부당하게 해고하려 한다. 함께 맞서고 싶지 않다. 조금은 고소한 마음도 있다. 어리석은 결정이다. 칼날은 곧 당신에게 날아온다. 마찬가지이다. 서로 밉더라도 파벌의 수장들은 수령도 넘을 수 없는 선을 함께 지키는 지혜가 필요했다.

그렇지만 세상살이에 지친 이들은 안다. 이런 지혜를 가지기가 매우 어렵다. 여유 없고 불안한 일상에서 우리는 보이는 대로 생각하고 믿는 수동적인 존재이다. 고위급 엘리트도 다르지 않다. 오직 잃을 것밖에 없는 수령만이 늘 걱정하고 불안하고 한 수 앞을 생각한다. 처조카인 어린 수령이 친밀감을 보이고 자신과 그의 행정부가 잘 나가는 세상에서, 장성택이 곧 닥쳐올 공포를 미루어 짐작하기는 어려웠을 것이다. 우리는 다시 한번 삼인칭 전지적 작가 시점으로 당시를 평가하면 안 된다. 우리도 그도 그럴 줄 몰랐다.

리영호 숙청 당시 장성택을 관찰하면 그의 오판을 간접적으로 확인할 수 있다. 외부 관찰자들은 리영호의 숙청을 김정은 공포정치의 서막이 아니라 파벌 경쟁에서 장성택의 승리로 해석하는 경향이 있었다. 장성택이 보여준 행보는 외부자의 틀린 판단과 어긋나지 않았다. 자신의 당 행정부가 군과의 세력 다툼에서 승리했다는 자만심을 장성택은 가진 듯했다. 리영호 숙청으로 장성택이 더욱 기고만장해진 모습은 2012년 8월 중국 방문에서 나타났다. 대규모 방중 수행단을 이끈 장성택은 중국에서 국가 원수급 환대를 받았다. 평양 주재 중국대사가 베이징에서 장성택을 맞이했고, 중국 신문에 실린 인민대회당에서 후진타오胡錦濤와 찍은 사진은 마치 정상회담을 연상시킬 정도였다.[28] 당연히 〈로동신문〉은 축소 보도했다.

그리고 계승기 노동당의 외양적 복원은 공포의 동굴로 들어가는 입구를 감춘 가림막이었다. "너희들 다 죽었어!"가 아니라 "너희들과 함께 가겠어"라는 수령의 위장이었다. 이 와중에 함께 미래를 불안해하는 대신 구원舊怨을 청산하고 싶은 엘리트는 서로 반목했다. 소련파와 연안파가 남로당파를 견제하고 다수가 소련파의 거만함을 미워했던 김일성 시대의 반복이었다. 장성택과 조직지도부의 구원이 대표적이었다.

구원의 깊은 뿌리는 이미 김정일 총비서의 의도대로 심어졌다. 1995년 선군정치로 당이 쇠락하면서 조직지도부로부터 행정부가 분리되고 장성택이 행정부장을 맡았다. 결국 장성택과 행정부의 위상이 리제강의 조직지도부와 맞서는 정도로 올라갔다. 수령의 전통적 핵심 보위 조직인 조직지도부가 반격했다. 장성택이 혁명화 조치를 당한 세 번째 주된 이유는 당의 유일 영도 체계에 반해 아랫사람들을 모은 것이었다. 이는 오만이자 실수였다. 리제강이 이끄는 조직지도부는 이를 놓치지 않았다. 이 사건으로 장성택의 사람들은 분산 배치되고, 일부는 정치범 수용소에 보내지는 등 장성택은 심대한 정치적 타격을 입었다.[29]

혁명화 조치를 받은 장성택은 김정일 와병 중에 재기에 성공했다. 2010년 6월 12기 3차 최고인민회의에서 장성택은 국방위원회 부위원장으로 임명됐다.

이때를 전후한 몇 가지 우연이 장성택의 오만과 착각을 부추겼다. 장성택의 천적인 당 조직지도부의 수장들이 몇 달을 사이에 두고 연속적으로 사망했다. 당 조직지도부 군사 담당 제1부부장 리용철이 2010년 4월 지병으로 사망했다. 그해 6월 장성택의 최대 숙적이었던 리제강이 교통사고로 사망했고, 후임 박정순 역시 2011년 1월 병사했다. 조직지도부 전체의 불운이었다.

이 와중에 김정은의 후견인 역할을 맡은 장성택은 과감하게 선을 넘어버렸다. 김정일이 생사를 오간 2009년 그는 당 행정부장으로 지방당을 공식적으로 순시했다. 이 외에도 수령제의 금기사항을 다수 위반했다.[30] 불길한 행동이었다.

오만해진 장성택과 달리 노련한 수령 김정일은 당·정·군의 분할통치를 한순간도 소홀히 하지 않았다. 특히 감시통제기구 중에서 가장 중요한 국가안전보위부는 장성택의 어떠한 영향력도 허용하지 않았다. 결국 김정은 시대 국가안전보위부의 김원홍 부장이 장성택의 몰락에 결정적 역할을 한다.

이 결과 어떤 세력도 압도적 힘의 우위를 가질 수 없었다. 이는 집합적 도전을 위한 엘리트의 조정에 불리했다. 남로당파, 소련파, 연안파가 엇비슷한 세력을 가진 상황과 유사했다. 이런 세력의 배분 상태는 한 곳으로 힘이 모이는 것을 어렵게 했다.

더욱이 장성택은 협력과는 반대로 행동했다. 군부, 국가안전보위부, 당 조직지도부 등 거의 모든 권력 기구와 심하게 다투었다. 행정부와 이권 다툼을 벌인 군부를 비롯한 조연준, 황병서, 김원홍 등 당시 실세들이 장성택에 맞서고 있었다.[31]

한마디로 장성택은, 미워도 같이 살아야 자기도 살 수 있다는 지혜를 가지지 못했다. 김정은의 호의가 2013년에 끝날 줄 미리 알았더라면 장성택은 다르게 행동했을 것이다. 그러나 어린 처조카인 김정은의 호의를 의심할 이유가 아직 딱히 없었다. 다른 실세들과의 통 큰 단결은 장성택의 선택지에 들어 있지 않았음이 틀림없다. 이상한 일이다. 그렇게 호되게 전임 수령의 변덕에 당한 그인데.

그렇다면 삼대를 걸친 수령제의 관습적 뿌리를 생각할 때 이미 게임은 끝난 셈이다. 자금 관리를 둘러싼 부처 사이의 갈등에서 선을 넘어버린 장성택 부하의 처신이 발단인 것으로 알려지고 있다. 교통사고로 사망한 리제강의 대표적 인맥인 조연준 당 조직지도부 제1부부장에게 장성택을 검열하라는 명령이 내려왔다. 구원을 해소할 절호의 기회를 맞은 조연준을 도운 이는 국가안전보위부의 김원홍이었다.[32]

역사의 반복이다. 서로에 대한 불신과 구원, 엇비슷한 세력으로 나누어진 파벌 등으로 김정은의 엘리트는 나도 살고 미운 너도 사는 통 큰 단결 대신 수령의 충실한 조력자로 핏빛 충성 경쟁에 나선다. 수령의 손을 빌려 미운 상대를 처리하면서 순간의 즐거움을 취한다. 자신의 무덤을 파고 있다는 사실을 애써 외면한 채 말이다.

이제 우리는 김정은이 세습 수령의 지위를 공고히 한 핵심 과정을 요약할 수 있다. 2009년 후계자 김정은의 최대 과제는 김정일 집권 말기에 형성된 파벌의 소탕이었다. 고난의 행군에 따른 국가 기구의 혼란, 선군정치, 김정일의 건강 악화 등으로 주체사상의 일색화 이후 그 어느 때보다 파벌의 힘이 강력해졌다. 주요 파벌 집단의 수장들이 힘을 합친다면 어린 수령이 곤란해질 수 있었다.[33]

이런 세력의 배분 상태 아래서 그는 공포정치의 발톱을 잠시나마 숨겨야 했다. 바로 선당이었다. 이는 선군정치의 혼란을 틈타 성장한 엘리트를 방심하게 하는 김정은의 위장술이었다.

그러나 세습의 이점을 누린 김정은의 위장술은 오래 가지 않았다. 과거 신생 수령의 지위를 노린 할아버지 김일성은 파벌을 거느린 명망가들의 당 독재에서 권력투쟁을 시작했다. 이에 반해 손자인 김정은은 개인 우상화의 주체사상과 절대권력의 수령제로 조정한 소규모 지배 연합을 물려받았다. 이러한 전략적 이점으로 인해 세습 수령은 신생 수령보다 더 압축적이고 신속하게 숙청했다. 속도의 차이가 뚜렷했다. 반종파 투쟁 이전 김일성의 조선노동당에서 장성택급 인물을 그렇게 순식간에 날린 경우를 찾아보기는 어렵다.

세습의 이점과 함께 엘리트의 오만과 오판이 김정은의 빠른 성공에 한몫했다. 계승 초기 정치국 회의가 정기적으로 열리는 가운데 곧 몰아칠 공포정치를 감지하지 못한 고위급 엘리트는 목숨을 건 싸움에 몰두했다. 협력은 없었다. 이는 젊은 계

승자에 대한 엘리트의 과소평가이며 수령제를 흔들 수 있는 계승기라는 적기를 놓친 엘리트의 자멸이다.[34]

북한 전문가는 물고 물리는 과정을 잘 요약해주고 있다. 장성택이 리영호 숙청을, 뒤이어 조직지도부의 조연준과 국가안전보위부의 김원홍 부장이 장성택의 숙청을 주도했다. 그리고 2016년 김원홍 부장을 당 조직지도부가 검열했다. 이에 앞서 2014년 5월에는 조직지도부 제1부부장 황병서와 김원홍 부장이 당시 총정치국장인 최룡해를 해임하고 황병서가 그 자리를 대신했다. 다시 2016년 최룡해는 당 중앙위 부위원장으로 복귀하였고 얼마 후 황병서와 김원홍에게 복수했다. 그리고 다시 황병서가 2018년 9월 제한적이나마 복권되면서 최룡해가 견제당했다.[35] 꼬리에 꼬리를 무는 복수혈전이었다.

불안한 출발이었지만 세습 수령은 참 쉬웠다. 혹시나 하는 기대와 달리 역시나 하는 결과였다. 장성택이 숙청되고 몇 년 뒤인 2016년 김정은은 대내외에 자신의 절대 권력을 공식적으로 알렸다. 일련의 과정에서 인민의 살림살이가 더 나아졌는지는 모르겠으나 지배는 튼튼해졌다.

세습 수령 김정은은
자주 바꾼다

고등 생물의 개체발생이 계통발생을 반복하듯 김정은은 김일성을 닮았다. 외모만을 말하는 것이 아니다. 권력을 키우는 방식과 과정이 비슷하다. 그럼 무엇이 다른가? 바로 속도이다. 속도계는 바로 공식 제도의 바꿈이다.

김정은은 우리에게 익숙한 스탈린, 마오쩌둥, 할아버지 김일성 등 유명한 독재자들과 다른 근본적 차이가 있다. 바로 절대 권력을 세습한 자라는 것이다. 독재 연구에 지금도 많은 영감을 주는 고전인 마키아벨리의 《군주론》은 세습 군주와 신생 군주의 어려움이 근본적으로 다르다고 지적하면서 주로 신생 군주의 현명한 처신을 논하고 있다. 그는 관습의 도움을 받는 세습 군주는 "어지간한 근면함"만으로 권력을 유지할 수 있다고 했다. 김정은은 전형적인 세습 군주다.[36] 할아버지 때부터 만들어진 튼튼한 조정 균형(누구도 혼자 기존 선택을 변경할 유인이 없는 상태)인 수령제에서 독재 생활을 시작했다. 느슨한 엘리트 연합 당 독재의 일인자로 시작한 할아버지 김일성과 크게 다른 점이다. 김일성과 김정은 사이에 흥미로운 일치와 차이는 여기에서 비롯된다. 김정은은 김일성의 길을 따라가지만 주기가 비교할 수 없을 정도로 빨랐다. 그 대표적인 징표가 바로 잦은 헌법 개정이다.

그렇다. 놀랍게도 북한에도 헌법은 있다. 그렇지만 누구도 북한의 헌법이 구속력을 가진다고 생각하지는 않을 것이다. 북한에서 지배와 복종의 원리는 규칙과 절차가 권위의 원천이고 제복과 제복을 입은 자를 분리하는 법적·합리적 정당성과 전혀 상관이 없다. 수령이 차지하고 있는 헌법적 지위 때문에 공산당원과 주민이 그에게 복종하는 것이 아니다. 그렇다고 북한의 선전 기관이 계속해서 떠들어대는 개인의 특출한 능력을 주기적으로 시연하는 카리스마와도 거리가 있다. 차라리 과거로부터 내려온 수령에 대한 절대복종이라는 관습을 따르는 전통적 정당성에 가깝다. 그런데 왜 수령은 헌법을 만들고, 거듭 고치는 번거로운 수고를 하는가?

왜냐하면 헌법은 모두의 귀에 전달되는 큰 소리를 만드는 스피커와 같기 때문이다. 스피커로 전달되는 소식은 모두가 알고 있다고 모두가 믿는 공동 지식을 만든다. 소곤거리는 귓속말이나 심부름꾼을 통해 전달되는 메시지는 모두가 들었다고 모두가 믿는 공동 지식이 되기 어렵다. 한 사람씩 따로따로 만나 당신의 비밀을 이야기해도 아직 별다른 분위기 변화가 감지되지 않는다. 그런데 당신이 술에 취해 다들 모인 자리에서 큰 소리로 털어놓으면 내일부터 모두 당신의 비밀을 공공연히 떠들어댄다.[37] 마찬가지로 혁명에 성공하자마자 자신의 절대 권력을 명시한 헌법을 공포한다면 많은 조력자들은 동시에 불안하고 불편한 마음을 가지게 된다. 일인자의 탐욕에 대한 공론을 자극한다. 여기저기 웅성거림 속에서 절대 권력을 꿈꾸는 예비 수령은 위험해진다.

그래서 쿠데타와 혁명에 막 성공한 신생 독재의 음흉한 일인자는 속마음과 달리 권력을 나누는 헌법을 제정, 공포한다. 3선 금지, 7년 단임 등을 명기한 헌법으로 권력을 독차지할 의지가 없음을 만방에 알린다. 특별히 헌법의 메시지는 조력자들을 향한다. 조력자들과 권력을 나누어 가지겠다는 일인자의 공개적 약속이다.[38]

그런데 왜 자기들끼리 계약서를 쓰거나 피의 맹세를 하는 식으로 약속하지 않고, 거창하게 헌법을 공포할까? 같은 대답이다. 절대 권력이든 권력 분담이든 헌법은 함성을 질러 모두가 알고 있다고 모두가 믿는 공동의 기대를 만들기 때문이다. 이로써 권력 분담의 헌법은 엘리트가 조정, 협력하여 일인자에 대항하는 것을 돕는다.[39] 그래서 혁명과 쿠데타의 조력자들은 비밀스러운 계약서가 아니라 조직의 수장이 권력 분담의 헌법을 공표하기를 원한다.

반대로 개인 독재를 완성한 자 역시 신헌법을 반포하고자 한다. 최고 존엄의 절대성을 명기한 헌법 개정은 권력투쟁을 마무리하는 독재자가 그냥 한번 해보는 심심풀이 놀이가 아니다. 자신의 절대 권력을 모두에게 알려 가신들을 공동 지식의 보자기로 꽁꽁 싸매어버리는 대단히 강력한 정치적 의례이다.

그래도 서두르면 안 된다. 김정은의 할아버지 김일성은 헌법 개정에 조심스러웠다. 스스로 한번 물어보자. 김일성의 절대 권력을 명문화한 국가 주석제가 언제 헌법에 도입되었을까? 남로당파, 소련파, 연안파가 제거된 1950년대 같기도 하고 김일성 친위 세력의 일부인 갑산파마저 숙청한 1960년대 후반 같기도 한가? 아니다. 남한 중앙정보부장 김형욱의 방북 이후 합의한〈남북공동성명〉발표 후인 1972년 12월이다. 김일성은 정적의 숙청을 완전히 마무리하고도 마지막 순간까지 남북정상회담으로 새로운 희망을 부풀리는 속에서 신헌법을 공포했다.[40] 그리고 마침내 1974년이 되어서야 당의 유일 사상체계 확립의 10대 원칙이라는 수령제의 십계명을 발표했다.

김일성은 그만큼 조심스러웠다. 그는 수령의 절대 권력을 만방에 알리는 신헌법과 십계명의 팡파르를 성급하게 울리는 자아도취 대신 헷갈리는 용인술로 당·국가 곳곳에 자기 사람을 심었다.

절대 권력의 공식 제도냐 비밀스러운 인사냐는 단순히 독재자의 기호의 문제가 아니다. 공동 지식의 관점에서 이 두 선택은 정치적으로 천양지차다. 수령 독재의 헌법을 제정하면 모호하지 않은 분명한 정보가 모두에게 전달된다. 수장의 독재적 의도에 대한 엘리트 사이의 공동 지식이 쉽게 만들어진다. 반대로 당과 국가 조직 이곳저곳에 야금야금 심어놓은 충성파의 점증하는 세는 처음에는 분명하지 않다.[41]

결국 조력자들이 오랜만에 한번 모두 모이는 당대회 등에서 자신들의 순진한 방심을 깨닫게 되기까지는 시간이 꽤 걸린다. 정보의 문제이다. 각자는 김일성의 친위 세력이 자기 부서에 내리꽂히고 다른 파벌 사람이 하나둘 사라지는 것을 독립적으로 목격한다. 하지만 일단 숨기고 침묵하는 독재정치의 만연한 비밀주의 탓에 분명한 정보는 희소하고, 이마저도 광범위하게 전파되지 못한다.

이런 가운데 김일성과 정치적 뿌리가 다른 이들은 가랑비에 옷 젖는 줄 모른다, 새로운 인물들이 한꺼번에 모이는 당대회는 뒤늦게 옷이 흠뻑 젖었다는 걸 깨닫는 순간이다. 북한에서는 1956년이 되어서야 비로소 모든 게 분명해졌다. 소련파와 남로당파가 당의 주요 보직에 이름을 올린 1949년과 달리 1956년 4월 당대회 결과 김일성은 빨치산파의 "과도한 중용"을 더는 숨길 수 없었다. 그제야 김일성의 의도와 세를 알아챈 남아 있던 이질 세력은 뒤늦게 집단 도전을 감행했다. 1956년 8월 종파 사건이다. 때늦은 집단행동이었다. 당연히 실패했다. 중국 등 외부의 개입으로 몇몇이 목숨만은 보전할 수 있었을 뿐이다. 그래도 김일성은 조심스러웠다. 아직 충성스럽지만 의심스러운 갑산파가 제대로 정리되지 않았기 때문이다. 참을성 있게 더 기다렸다. 마침내 1972년 김일성은 주석제를 공표했다.

이미 선대의 수령제를 물려받은 세습 수령인 김정은이지만 할아버지의 지혜를 이어받아 자신을 낮추는 식의 헌법으로 시작했다. 2012년 김정은은 당 제1비서라는, 북한의 최고지도자에 다소 못 미치는 명칭의 직책에 앉았다. 그래도 빨랐다. 할아버지가 돌다리를 하나하나 두드리면서 건넜다면 주체의 유산을 물려받은 세습 수령 김정은은 잰걸음이었다. 2011년 추운 겨울 아버지 김정일의 운구를 도운 리영호, 장성택 등 핵심 인사를 포함하여 200명 이상이 몇 년 사이에 숙청당했고 수많은 이들이 혁명화와 복권을 반복했다.

특별히 장성택과 그의 부하의 숙청은 절대 권력의 공개적 시연이었다. 2013년 11월 강건군관학교 연병장에서 사형 판결문 낭독 직후 장성택의 측근인 리룡하와 장수길은 고사 기관총과 화염 방사기에 문자 그대로 사라져버렸다. 수백 명의 당정군 간부들이 이 모든 과정을 지켜보고 있었다.[42] 그리고 12월 8일 당 중앙위원회 정치국 확대회의에서 장성택이 끌려 나가는 모습이 텔레비전으로 보도되었다. 12일에는 허리를 제대로 펴지 못한 장성택이 재판정에 들어선 모습이 신문에 실렸다. 이례적 공개성이었다. 라종일은 장성택의 과도하게 연출된 처벌과 숙청을 "부처의 이익 갈등이 아닌 (김정은의) 권력을 모든 권력의 유일한 근원으로 세우는 문제"로 평가한다.[43] 이 평가처럼 국내외 만방에 공개된 장성택의 숙청은 김정은의 절대 권력에 한 점의 의구심도 남기지 않았다.

이제 더 이상의 위장술은 불필요했다. 오히려 절대 권력을 과시할 때가 되었다. 2016년 5월 7차 당대회에서 이루어진 당 규약 개정의 방향은 김정은 유일 지배 체제를 분명히 하는 것이었다. 조선노동당 규약에서는 김정은의 당이라는 문구가 처음 등장했고 김정은의 공식 직책은 당 제1비서에서 당 위원장으로 격상되었다. 아버지의 후광에서 벗어남을 공식화하는 순간이었다.

제1비서의 직책을 폐지하는 것을 신호탄으로 하여 2016년 6월 29일 최고인민위원회는 헌법을 수정하여 국무위원회가 조선민주주의인민공화국 국방위원회를 대체하게 했다. 그리고 김정일을 영원한 국방위원회 국방위원장으로 추대했다. 이와 함께 선군노선 시절 헌법 조문에 삽입되었던 주체사상, 선군사상은 김일성-김정일주의로 바뀌었다. 이 개정은 선군노선의 정치적 유산, 파벌로서의 군부를 완전히 청산했다는 공식 신호탄이었다. 군부가 더는 수령의 걱정거리가 아님을 알리는 것이었다. 당연히 김정은은 "조선민주주의인민공화국의 최고령도자"로 규정된 국무위원회 위원장의 자리에 앉았다.

자신의 절대 권력에 대한 명문화는 김정은의 정세 판단과 밀접히 맞물려 있다. 2016년 7차 당대회에서 행한 김정은의 당 중앙위원회 사업총화 보고는 수령의 압도적 승리를 선언하고 있다. 보고 후반부에 배치된 당 사업 보고는 "조선로동당은 당 건설과 당 활동에서 수령의 령도적 권위를 절대화하고 결사옹위하는 것을 중심과업으로 틀어쥐고 나갔으며 그에 배치되는 현상과 비타협적인 투쟁을 벌려 단결의 중심, 령도의 중심이 확고히 보장되도록" 했다고 평가한다. 보고는 계속해서 "현대판 종파분자들을 제때 단호히 적발 숙청" 등 수령의 유일 영도 체계를 확고히 세우기 위한 과감한 투쟁을 북한 특유의 과장된 표현으로 반복적으로 서술하고 있다.[44]

결국 장성택 숙청 전까지 감지되던 세습 수령 김정은의 조심성 혹은 은밀성은 완전히 사라졌다. 국무위원장 김정은은

2019년 4월 개정된 헌법에 "국가를 대표하는"이라는 문구를 추가하여 국무위원장의 권한을 확대했다. 그리고 2021년 1월 8차 당대표자회의는 김정은을 총비서로 추대했다.

자주 바꾼 것은 헌법만이 아니었다. 김정은은 기존 충성파 개개인의 정치적 장래에 큰 영향을 줄 수 있는 공안 조직의 급진적 개편도 빈번하게 했다. 이는 안정적인 미래를 원하는 조직의 중견 간부들에게는 달갑지 않은 일이었다. 대표적으로 김정은은 2018년 2월 호위사령부를 쪼개버렸다. 호위사령부의 권한과 기능을 대폭 축소하고 경호부대 세 개를 추가로 신설했다. 2020년 10월 노동당 창건 75주년 열병식에 당 중앙위 호위처, 국무위원회 경위국, 호위국, 호위사령부 등 네 개의 호위 기관이 함께 등장해 외부자들의 이목을 크게 끌었다. 호위사령부의 뇌물과 성 상납 및 은폐 시도에 대한 조직지도부의 검열이라지만 너무나 급진적 조치였다.

이후 김정은의 제도 쪼개기는 권력의 더 깊은 핵심부를 향했다. 2021년 8차 당대회에서 기존의 규율조사부는 당 중앙검사위원회의 권한을 대폭 확장함으로써 힘 있는 또 하나의 권력 기관으로 재탄생했다. 규율조사부는 당 조직과 당원들의 유일영도에 반하는 당 규율 위반 행위를 조사하는 조직으로 수령의 핵심 권력 기반인 조직지도부와의 충성 경쟁이 불가피했다.

쪼개기와 흔들기는 정치·경제학적으로 조직 구성원의 미

래를 흔들어버리는 결정이다. 승진과 출세의 전망을 어둡게
하여 소중한 청춘을 쏟아부은 중간 간부의 불만을 키울 수 있
다. 소련의 흐루쇼프가 1964년 실각한 결정적 이유이다. 중앙
및 지방당 정부 조직을 정신없이 없애고 쪼개는 통에 정치적
으로 불안해진 당 간부들이 중앙위원회에 모여 총서기장의 해
임을 결정했다. 소련과 달리 총비서로 등극한 수령 김정은이
걱정할 거리는 아니다. 그는 개인 우상화와 무제한의 국가 폭
력을 갖고 있기 때문이다. 소련의 총서기장이 섣불리 금지하
고 폐기해버린 것들이다.

4장

전망과

계획

은밀한 나라의
관찰할 수 있는 것들에 대하여

축구 등 스포츠 경기를 중계할 때는 시합에 앞서 관객이 주목해야 할 관전 포인트가 제시된다. 관전 포인트를 숙지하고 경기를 보면 경기가 한결 재미있고, 무엇에 집중해야 하는지도 분명해진다. 그리고 각각의 순간에 대한 빠른 분석이 가능하다. 지금까지의 북한 이야기를 종합해서 우리가 쉽게 관찰할 수 있는 몇 가지 주요 관전 포인트를 정리해보자. 한 가지 부연하면 관전 포인트는 내부자가 아니라도 쉽게 관찰 가능해야 한다.

독재 정권이 무너지는 대표적인 이유는 독재자의 실수이다.[1] 실수는 너무 불안하거나 자신감이 넘칠 때 나오기 쉽다.

커다란 성공을 확신하거나 무언가를 너무 바라는 마음에 큰 낭패를 볼 위험성을 간과하는 데서 비롯된다. 수령의 말과 행동에서 그의 오만하거나 급한 마음을 찾아보는 것이 핵심 관전 포인트이다.

오만과 실수의 전범이 1985년 최고의 자리에 등극한 소련의 마지막 총서기장 고르바초프이다. 민주화와 시장개혁은 집권 초기 그의 자신감에서 비롯되었다. 고르바초프는 지방당 서기장 등 핵심 보직에 대한 인사권을 적절히 이용해서 신속하게 자신의 충성파, 지지파로 중앙상임위원을 교체했다. 교체 속도가 전임자들보다 매우 빨랐다. 이 때문에 1991년의 불명예스러운 퇴진과 달리 당시에는 소련 역사상 가장 강력한 총서기장이라는 평가를 받았다. 정치적 자신감의 근거였다.

이를 놓고 보았을 때 개혁적 신념에 찬 총서기장이 수구적 엘리트의 소련 공산당을 파괴하거나 흔들어 나라도 발전시키고 개인의 권위와 영광도 더 높이는 일거양득을 상상했던 모양이다. 이 추측에 걸맞게 그는 위험한 민주화를 주동적으로 결정했다. 그의 치명적 실수였다.

그의 실수를 잠깐만 따라가보자. 신념의 총서기장 고르바초프의 눈에 비친 소련의 현실은 그의 주관적 기대에 미치지 못했다. 페레스트로이카Perestroika의 근거가 된 노보시비르스크Novo-sibirsk 보고서는 총서기장의 현실 인식을 그대로 반영하고 있다.

보고서의 핵심 내용은 현재 소련의 생산 관계가 생산력 발전을 가로막고 있다는 평가였다. 혁명적 변화가 불가피하다는 사회주의적 표현이다. 전망이론으로 다시 쓰면 총서기장의 눈에 비친 소련의 현실은 사회주의 발전 목표에 미치지 못하는 손실의 범위domain of loss에 속한다. 행동경제학이 밝히고 있듯이 총서기장의 이러한 현실 인식은 위험한 불확실성을 감수하는 선택으로 이어질 개연성이 높았다.

하지만 총서기장의 이상주의적 열망과 현실에 대한 실망만이 위험한 개혁의 주관적 원인이 아니었다. 정치적 자신감과 욕망도 한몫했다. 소련의 마지막 순간에 그가 보여준 정신없는 줄타기에서 이를 확인할 수 있다. 1990년 당시 고르바초프는 몇 달을 주기로 지역 공화국을 중심으로 뭉친 개혁 세력과 소련 중앙공산당 간부, 행정 관료로 이루어진 보수 세력 사이를 크게 왔다 갔다 했다. 1990년 초 총서기장은 급진 시장개혁안인 "샤탈린Shatalin 500일 계획"을 옐친 등 개혁 세력을 등에 업고 입안했다. 하지만 입안과 동시에 그는 개혁안에 주저했다. 뒤이어 터진 발트 삼국의 독립 선언에 그는 보수 세력 쪽으로 기울었다. 그러나 자신의 정치적 입지를 넓히기 위한 그의 줄타기는 계속되었고 이번에는 보수 세력을 실망시켰다. 개혁 세력과 연합해 소련을 대체하는 독립국가연합(CIS)을 만들고자 했다. 고르바초프의 양다리 전략에 깊은 불신을 느낀 핵심 보수파는 마침내 모스크바에서 쿠데타를 감행했다.[2] 쿠데타는 우습게 끝나버렸고 고르바초프와 소련의 운명은 동시에 마침표를 찍었다.

그럼 김정은이 실수할 요인은 무엇일까? 분명 그의 위민헌신의 마음은 아니다. 스위스에서 어린 시절을 보내며 장군놀이와 농구에 빠진 그에게 평등과 풍요의 사회주의 신념이 있을 리 만무하다. 그렇다고 재벌 2세가 흔히 하는 잘못을 일으킬 시간도 이미 지났다. 김정은은 자신의 존재감을 뽐내기 위해 무리한 정책으로 나라를 흔드는 대신 유훈통치로 자신의 지배를 안정화하기에 바빴다.

그렇게 소중하게 "우리식 사회주의"를 지키는 젊은 수령의 나이가 눈에 띈다. 젊은 나이 때문에 실수할 수 있다. 미숙하거나 과격한 시절이라서가 아니다. 그냥 그에게 남은(남았다고 기대되는) 시간이 길기 때문이다. 30년 이상이다. 긴 시간이다. 그가 30년 뒤에도 여전히 수령으로 남아 있을까 묻다 보면 불안해질 수 있다.

우리 대부분도 마찬가지이다. 먼 미래를 생각하면 불안해진다. 높이 나는 새가 멀리 보긴 하지만 시각적으로 보이지 않는 미래를 생각하면 꿈이 아니라 불안이 엄습해 온다. 특별히 중년의 나이가 그렇다. 우리는 본능적으로 안다. 인생은 깨지기 쉬운 유리잔이라는 사실을 말이다. 엔트로피는 어려운 물리의 법칙만이 아니다. 방이 정돈된 경우의 수는 아주 적다. 반대로 책이 방안 어딘가에 나뒹굴 경우의 수는 무수히 많다. 그냥 내버려두면 방이 어지러워지는 것은 확률적 확실성이다. 인생도 마찬가지이다. 소설《안나 카레니나》가 묘사하듯 우리는 저마다의 이유로 불행하다. 불행해질 수 있는 경우의 수가 너무나 많다. 수많은 경우의 수로 인해 한 방울의 잉크는 컵 전체로 골고루 퍼지고 인생은 결국 불행해진다. 미래가 멀면 멀수록 그 안에 우리를 불행하게 만들 무언가는 일어날 것 같다.

수령에게는 이런 불안한 마음이 훨씬 세게 오지 않을까? 더 이상 높아지고 나아질 것은 없는데, 아차 하면 엄청난 권력을 잃을 수 있는 처지인 젊은 수령의 마음이 되어보자. 수월한 지배를 위한 국가 하부구조가 견고하다. 주민은 굶주리고 있으나 선대가 곳곳에 세운 수용소 덕분에 당장의 지배에 큰 문제는 없다. 이렇게 한 해 한 해는 무사히 지낼 것 같다. 그저 살짝살짝 땜질식 처방으로 족하다. 그런데 나이 때문인지 자꾸만 30이라는 숫자가 마음에서 떠나지 않는다. 지금 이대로 30년을 무사히 지낼 확률은 1년을 무사히 지낼 확률의 30제곱이다. 이제 이 값은 1에서 상당히 벗어나 있다. 그렇게 자세히 계산하지 않아도 대강의 어림만으로도 불안한 직감이 자꾸 맴돈다. 인민의 어려운 삶과 경제 성장의 희박한 가능성을 놓고 보았을 때 이대로 간다면 그 긴 시간 동안 무언가 일어날 것만 같다. 불길하다. 미래의 파국을 피하고 싶은 마음에 오늘 위험을 감수한다.

그래서 미래를 이야기하는 김정은의 발언들이 시선을 끈다. 김정은은 2021년 청년동맹 대회에 보낸 서한에서 "앞으로 15년 안팎 융성번영하는 사회주의 강국을 일떠세울 것임"을 선언했다.[3] 2022년 건설일꾼대강습 서한에서는 "20~30년 기한부로 사회주의 이상국 낙원으로 건설할 거창한 설계도를 펼쳤다"라는 보도가 나왔다.[4] 북한은 2035년 사회주의 강성국가를 목표로 제시하고 있다. 아버지 김정일의 북한이 제시하는 사회주의 강성대국보다 더 먼 미래를 내다보고 있다. 김정은이 언급하는 시간이 멀면 멀수록 그가 위험을 감수할 가능성은 커진다.

아직 김정은이 당 관료를 자주 모아놓고 호통치는 모습은 위험 회피형 시도이다. 사회주의 계획경제를 합리적으로 운용하고 관료를 몰아붙여 문제를 해결하겠다는 노력이다. 천리마가 통하지 않으면 만리마인 식이다. 이는 개혁 주기의 일반적 규칙성에 부합한다. 심각한 문제에 직면하더라도 정책 결정자는 부분적 해결을 여러 번 시도하다가 실패한 끝에 결국 중간 단계를 거치지 않고 바로 위험을 감수하는 구조 개혁을 시도한다는 연구 결과가 있다.[5] 위험한 대개혁은 다수의 땜질이 실패할 때까지 미루어진다.

페레스트로이카에 앞선 고르바초프의 모습이기도 했다. 그는 1985년 총서기장에 취임한 후 2년 동안 사회주의 관리의 합리화를 시도했다. 1985년 3월에서 1986년 가을까지 고르바초프의 정책은 가속화라는 단어로 요약된다. 그는 정치혁명이 아닌 문화혁명을 부르짖었다. 사회주의 국가의 전형적인 보수적 구호이다. 2년여의 시도 뒤 그는 공산당이 문제의 해결자가 아니라 핵심 문제라고 인식을 바꾸어 공산당을 공격했다.

그렇지만 북한에서는 김정은의 호통이 일시적으로 먹힐 확률이 높다. 왜냐하면 평균으로의 회귀라는 통계적 규칙성 때문이다. 워낙 나빴던 경제는 그냥 시간이 가면 과거보다는 나아질 수밖에 없다. 단기적으로 몇 년간은 사회주의 경제 합리화 노력이 구체적 성과를 보일 가능성이 크다. 그렇게 주기적 변동을 보이면서 아래로 하락할 것이다.

그런데 세계화의 후퇴와 세계적 경기 침체라는 외부의 쓰나미가 몰아닥치면 문제는 복잡해진다. 소위 미국 제국주의 경제가 침체에 빠지면서 세계화가 후퇴하고 남한 경제도 어려워질 수 있다. 거기에 중국의 국내 경제 역시 불합리가 누적되면서 침체에 빠진다면 여러 나라에 공동을 요구하는 북한의 옆구리 찌르기가 먹히지 않을 수 있다. 개방경제도 아닌 북한이 세계 경제에 큰 영향을 받는 아이러니다. 북한 국가 수입의 상당 부분이 외국에서 오기 때문이다. 원조, 천연자원 수출, 관광 수입, 해외 파견 노동자의 외화벌이, 국제 범죄 수익 등이 모두 줄어들 수 있다. 그러면 국가 재정에서 인민 경제의 비중이 높아지고 국내 경제 행위자의 입지가 올라간다. 이전보다 그들을 살살 다룰 수밖에 없어진다. 연쇄적으로 부분적 개혁의 압박이 올라간다.[6]

만약 이런저런 대내외적 압박으로 수령이 결심하면 그들은 한다. 수령 독재는 강력한 현상유지편향을 지니고 있지만, 수령이 잘못 결심해도 아무도 말리지 못한다. 그냥 아무런 견제나 숙고 없이 바로 시행된다. 여기에 수령제의 가장 큰 위험성이 도사리고 있다.

다음으로 수령제의 한 축인 가신들이 바라보는 미래가 어떤지가 주요 관전 포인트다. 숙청을 당하는 인물들의 나이와 직위를 관찰할 필요가 있다. 과연 중간급 간부가 숙청을 많이 당하는지, 주요 인물을 한 명씩 숙청하는지, 한번에 많은 이를 동시에 숙청하는지. 중간급 간부의 대규모 숙청은 모두의 불안감을 높이는 실책이다.

또한 쉽게 보이는 관전 포인트는 당 관료의 복무 행태다. 우리는 주요 국가 기구의 관료들이 정상적으로 출근하는지를 살펴볼 필요가 있다. 말보다 행동이다. 소련 말기 공산당원은 날짜를 바꾸어가면서 국가와 자기가 세운 사기업으로 번갈아 출근했다.[7] 장마당 등에서 돈벌이에 직접 나서는지 등은 당 관료가 판단하는 북한의 미래를 알려준다.

　정권의 미래에 대한 판단과 관련하여 평양 시민들의 자식 교육열도 재밌는 관찰 대상이다. 자식 교육을 위해 평양의 부모들이 어떤 노력을 하는지 알면 체제의 미래에 대한 평양 시민들의 생각을 엿볼 수 있다. 교육열이 높다는 것은 엘리트가 체제의 미래를 불안해하지 않는다는 것을 의미한다. 그리고 무슨 과가 인기가 있는지도 흥미 있는 볼거리이다. 과학 혹은 공학 등 지식의 특정성이 낮아 어디에서나 써먹을 수 있는 전공인지, 국가 관리 등에 특화된 특정성이 높은 학과가 인기가 있는지 궁금하다. 특정성이 낮은 지식을 가진 자는 떠나기 좋고 체제 변화에 덜 저항적이다.

　엘리트의 만족도와 국가의 능력을 가늠할 수 있는 쉬운 관찰 대상이 평양이다. 우리에게도 공개될 수밖에 없는 수도는 국가 능력을 시위할 수 있는 전략적 공간이다. 평양 시내 보통강 정비 사업, 송화거리와 보통강 주변 고급 주택지구 건설, 무궤도 전차 도입 등은 김정은이 핵심 지지층의 충성심을 살 수 있는 능력을 보여주는 것이다. 김정은이 마식령 스키장을 만들고, 리춘희에게 다이아몬드나 달러 대신 고가의 아파트를 선물하는 식도 마찬가지이다. 훌륭한 보여주기이다. 아직까지 북한이 지배하는 데 어려움이 없다는 신호를 모두에게 보내는 것이다. 이런 생각에 나는 수령의 가신들이 밀집한 동네의 밤거리 가로등이 밝은지 궁금하다.

소통이 없으면 저항은 없다. 소통의 정도를 가늠할 수 있는 외부자의 관전 포인트로 패션과 유행어가 있다. 패션이 얼마나 자주 바뀌고 얼마나 멀리 퍼지는지 궁금하다. 이는 북한 주민들 사이의 수평적 소통과 연결성이 어느 정도인지 알려준다. 특히 광범위하게 사용되는 은어와 비속어가 궁금하다. 소설《1984》에서 오웰이 묘사하듯 과거에는 국가가 신조어를 독점적으로 생산했다. 이제 독점은 무너졌다. 주민들 스스로 만들어낸 단어는 대세 여론이 무엇인지 외부자가 엿볼 수 있게 도와준다.

이와 관련하여 과연 북한의 뒷골목과 담벼락 여기저기 낙서가 있는지도 궁금하다. 그래도 상대적으로 위험하지 않은 공개적 표현이 낙서이기 때문이다. 이마저도 없다면 정부의 감시에 대한 주민들의 두려움이 여전히 상당하다고 짐작할 수 있다.

마지막으로 수령이 구사하는 지배 기술에 대한 관찰이다. 요즈음 자꾸 이런저런 법을 발표한다. 청년교양보장법 등 남한 사람들에게 생경한 이름의 법으로 통치한다는 건 국가의 지배 능력이 이전만큼 강하지 않거나 혹은 사회적 분위기가 어려워졌음을 방증한다. 법을 통한 지배는 양날의 칼이다. 한쪽 칼날은 엘리트와 주민을, 다른 쪽은 수령을 향한다. 반동사상문화배격법의 예를 들어보자. 이런 법을 공표하면 이제 모두가 한류를 보고 있다고 모두가 믿게 된다. 정권에 불리한 공동 지식이 만들어진다. 이 때문에 과거에는 법으로 지배하는 것을 피했다. 한류 유통을 막는 법까지 만들었다는 건 이제 외부 사조의 유입이 너무 광범위해서 숨길 수 없는 지경에 이르렀음을 실토하는 것이다.

다른 무엇보다도 수령의 건강이 최대 관전 포인트다. 수령의 건강은 수령제의 미래다. 수령제의 아킬레스건은 김정은의 갑작스러운 유고다. 김정은이 너무나 급작스럽게 사망한다면 북한 정치는 혼란 그 자체다. 북한은 세 가지 심대한 조정의 문제에 직면한다. 첫째, 김정은의 후계자가 누가 될 것인가? 둘째, 후계자를 어떻게 뽑을 것인가? 셋째, 수령제를 유지할 것인가, 말 것인가?

분명 대혼란이 체제 붕괴로 이어지는 것을 엘리트는 두려워할 것이다. 그렇지만 동시에 공포정치와 수령의 마음대로 숙청에 벌벌 떨어왔던 엘리트는 수령의 죽음이라는 기회를 놓치지 않을 것이다. 새로운 조정의 역사적 계기에서 몇 가지 엘리트의 선택이 예측 가능하다. 그 핵심에는 수령제에 대한 엘리트의 거부가 있다.

스탈린 사후 소련의 경험은 수령이 사망한 이후 북한 정치에서 일어날 사건들에 대한 대강의 단서를 알려준다. 첫 번째 단계는 집단 독재(지도)의 산통이다. 비밀경찰의 수장 라브렌티 베리야에 김여정이 겹친다. 소련의 지도자들은 가장 두려운 베리야를 회의 도중 체포, 구금, 처형했다. 같은 이유로 김여정이 바로 위험해질 수 있다. 김여정이 물리적·정치적으로 사라진다면 누구도 혼자서 나머지를 압도할 수 없을 것이다. 베리야가 제거된 소련이 그랬다. 스탈린 사후 당과 정부 요직은 정치국 핵심 지도자들에게 균등하게 배분되었고, 당, 정, 군, 엘리트 중 누구도 힘의 압도적 우위를 누리지 못했다. 이는 이인자가 될 낌새만 보여도 가차 없이 죽여버린 스탈린 통치의 역사적 유산이라 할 수 있다. 결국 권력을 향한 주요 파벌의 합종연횡 끝에 공산당의 지배가 자리 잡았다. 집단 독재의 산통이 북한에서는 더욱 고통스러울 것이다. 왜냐하면 삼대 세습의 북한에서 당 독재에 대한 공동의 기억은 아주 오래전 사라졌기 때문이다. 그렇지만 결국 어느 누구도 나머지를 압도할 수 없으면서 집단 독재인 당 독재가 모두의 선택이 될 것이다.

두 번째 단계는 수령의 재출현을 막기 위한 공동의 노력이다. 두 가지 중요한 방어책이 등장할 것이다. 첫째, 개인 우상화 금지이다. 스탈린 사후 소련이, 마오쩌둥 사후 중국이 그랬다. 둘째, 엘리트의 물리적(생물학적) 안전에 대한 합의이다. 최소한 서로 죽이지 말자는 선에서 국가 폭력에 대한 제한이다. 졸았다고 고사포 등으로 죽이는 짓은 사라질 것이다.

마지막 세 번째 단계는 새로운 지도자를 뽑는 규칙을 정하는 것이다. 누가 권력을 잡을지에 대한 물음만큼이나 소련 엘리트는 새로운 지배자를 어떻게 뽑을지를 놓고 혼란에 빠졌다. 스탈린이 당을 철저하게 파괴해버린 탓이었다. 게오르기 말렌코프Georgy Malenkov와 그의 지지자들은 자신들이 다수를 차지하는 정치국의 선출권을 주장하면서 투표를 강행했다. 이에 반대해서 전국 각지에 흩어져 있는 중앙위원회 위원들을 긴급히 소집한 흐루쇼프는 중앙위원회 투표로 총서기장에 선출되었다. 이 사건이 유명한 1957년 반당위기였다. 이러한 우여곡절을 거치면서 공산당 중앙위원회가 총서기장을 선출·해임할 수 있는 권한을 지니고 있다는 선례가 엘리트 모두의 마음속에 자리 잡았다. 수령이 갑자기 사라지면 북한 엘리트는 다음 계승자를 어떻게 선출할 것인가를 두고 엄청나게 싸울 것이다.

그렇지만 김정은 유고시 정당성을 오래전 잃어버린 북한이 과연 위험한 전환의 계곡을 무사히 건널지 의심스럽다. 국가폭력에 대한 제한은 의도하지 않게 북한이라는 시한폭탄에 심지를 붙여버릴 수 있다. 문턱값 모델에서 살펴보았듯이 처벌의 수위가 다소 낮아지면 급변 사태가 발생할 가능성이 매우 높아진다. 왜냐하면 연좌제의 공포에서 벗어나 자기 한목숨 바치겠다는 선각자들이 우후죽순 혁명의 무대로 뛰어 올라올 수 있기 때문이다. 그래서 우리의 계획이나 바람과 상관없이 급작스럽게 통일이 뛰어올 수 있다.

덧붙이면 남한의 안전에 최대 난제인 북한의 가장 큰 위험이 김정은의 신체적 건강이라는 사실이 아이러니하다.

과연 중국은 북한을 원할까?

국가는 항상 더 넓은 영토, 더 많은 사람을 지배하려 한다고 우리는 가정한다. 영토적 야망에는 한계가 없다는 식이다. 실제로 강대국의 지배자 역시 그런 유혹에 빠져 일생을 정복에 매달리기도 했다. 당시의 기준을 훌쩍 넘어선 초거대 국가를 수립한 수양제가 변방의 고구려를 탐해 정복전쟁을 벌였다. 실패했고, 몰락했다.

성공했더라도 일시적 지배에 그쳤을 것이다. 험준한 산맥을 내달리는 고구려인의 뛰어난 철제 기술로 만든 화살촉의 파괴력을 견디지 못했을 터이다. 지속 가능한 지배의 범위에는 결국 한계가 있기 마련이다. 다른 모든 경제 활동과 마찬가지로 지배 역시 비용과 편익의 제약을 받는다. 그런데 어리석은 황제의 과욕 탓에 종종 제국의 지배비용은 편익을 넘어선다. 갈수록 국력이 쇠퇴해지다 외부의 이민족 등에게 허망하게 무너진다.[8]

일찍이 이를 간파한 마키아벨리는 무릇 군주가 다른 나라를 침공하여 영도를 넓히고자 할 때 비용과 편익을 면밀히 검토해야 한다는 점을《군주론》의 시작에서부터 분명히 진술하고 있다. 정복한 영토에서 식민지를 건설할 필요성, 자유로운 국가를 병합하고자 할 때 주의할 점, 친히 정복한 영토에 정주할 것 등 정복의 비용과 편익을 꽤 상세하게 논하면서 영토 확장에 신중할 것을 조언하고 있다.[9]

분명 나라가 나라 행세를 하려면 크기가 어느 정도까지는 되어야 하는 건 맞다. 큰 나라가 국가 운용에 유리한 면도 있다. 이는 국가 건설의 특징에 기인한다. 나라의 크기와 상관없이 국가 건설의 고정비용은 상당하다. 건설 비용이 국민의 수에 비례하지 않는다는 의미이다. 이 비용을 적은 수의 국민이 나누어 내기가 만만치 않다. 큰 나라가 십시일반에 유리하다. 가난한 대학생들이 좋은 술집에서 기분을 내고자 할 때 인원을 모으는 것과 일맥상통한다.[10]

그렇지만 술자리를 해보면 알겠지만 인원이 너무 많아지면 술자리가 아니라 집회를 하는 느낌이 날 수 있다. 밀도 있는 대화는 어렵고 번잡스럽기만 하다.

나라도 마찬가지다. 나라가 커질수록 구성원이 다양해진다. 갈등적 이해를 다루기가 점점 더 어려워지면서 정책에 불만을 가진 자들도 많아지고 원래부터 독립적으로 사는 데 익숙한 이들이 편입되기도 한다. 이는 커다란 추가 지배비용을 의미한다.

큰 나라가 연방제를 실시하는 이유는 바로 다양한 이해에서 비롯하는 갈등 때문이다. 어떤 이는 자식이 있어 정부가 공교육에 많이 투자하기를 원하고 세금도 많이 낼 용의가 있다. 어린 자식이 없는 젊은이나 나이 든 노인은 질 좋은 공교육도, 높은 세금도 원하지 않는다. 연방제는 비슷한 이해관계를 지닌 시민들이 지리적으로 따로따로 모이도록 해 지역 정부가 맞춤형 공공 정책을 제공할 수 있게 도와준다.[11]

특별히 민주화는 종교적·문화적·경제적 이질성이 만연한 제국에 치명적이다. 민주화로 다수결의 원리가 도입되면 변방의 민족들은 자신의 정치적·경제적 소망에 무신경한 국가에 억지로 붙어 있기보다는 분리·독립을 민주적으로 결정한다.

중위투표자 정리median voter theorem를 이용해 좀더 분석적으로 이해할 수 있다. 중위투표자는 선호도에 따라 좌우로 개인들을 나열할 때 중간(산술평균이 아님)에 위치한 개인을 의미한다. 다수결의 원칙이 작동하는 민주주의에서 결국 중위자의 선호에 따라 정책이 결정된다. 바로 신생 독립 국가의 수도 위치가 상징한다. 국토의 정중앙이다. 워싱턴 D.C.는 미국 건국 당시 동부 해안선을 따라 위와 아래로 뻗은 영토의 중간이었다. 그래서 지금은 좀 이상한 위치에 자리하게 된 것이다. 튀르키예의 수도 앙카라 역시 정중앙이다. 문화적·역사적 상징인 이스탄불은 신생국의 수도가 되기에는 위치가 한쪽으로 너무 치우쳐 있다. 새롭게 복속된 변방의 이민족은 제국의 중위자 시민의 선호와 멀리 벗어나 있다. 민주화를 틈타 그들은 다수결로 분리·독립을 결정해 자신의 선호에 더 부합하는 소규모 국가를 건설한다.[12]

특히 국제 사회가 전쟁과 보호무역이 아니라 평화와 자유무역의 시대라면 분리주의의 압력은 더욱 거세진다. 왜냐하면 안보와 번영을 위해 이민족과의 불편한 동거를 참아야 할 유인이 약하기 때문이다. 탈냉전과 세계화가 분리주의의 광풍을 불러일으킨 이유이다. 전통의 민주주의 국가인 영국의 스코틀랜드와 웨일스에서 일어난 거센 분리주의의 세계사적 배경이다.

민주주의와 달리 독재는 영토 확장의 여력이 상대적으로 크다. 보다 많은 자산을 시민들로부터 뺏어올 수 있기에 정복과 지배의 한계소득이 민주주의보다 크다. 영토의 크기가 독재에서 증가한다는 미시경제학적 근거이다.[13]

하지만 민주주의나 독재나 결국 경제적으로 수지타산이 맞는 영토의 크기에는 여전히 한계가 있다. 영토 확장은 부동산 투기가 아니다. 이런저런 이유로 나라가 커질수록 새롭게 차지한 영토를 통치하는 데 드는 한계지배비용이 점점 더 커진다.

이를 실감하기 위해 중국의 어사 박문수 이야기 하나를 지어내보자. 그는 자금성 황제의 비밀 특명으로 대륙의 서남쪽 깊은 곳(지금의 윈난성 근처)의 악명 높은 탐관오리를 조사하러 내려가는 중이다. 길이 참 멀다. 평평한 대륙의 지형 덕분에 험준한 산맥과 높은 산이 없으니 망정이다. 그래도 곳곳이 벼랑이고 산적이 도사리는 음침한 골짜기이다. 박문수가 어디로 새버려도 도적한테 죽임을 당했나 의심부터 드는 위험한 길이다. 무사히 내려간 그가 딴마음을 품고 탐관오리와 결탁해도 황제는 알 도리가 없다. 다시 어사를 임명해 보내야 할 지경이다. 이처럼 광활하게 넓은 영토 때문에 중국 고대 왕국의 한계지배비용은 엄청나다. 황제가 조금만 방탕해도 아래가 흥청망청인 까닭이요, 고대 중국이 분열과 통합을 반복한 까닭이다.

지배의 한계소득과 한계비용에 미치는 요소로 교통·통신 기술에 대비한 영토의 상대적 크기, 부존자원의 시장성, 언어, 종교, 문화의 이질성, 원주민의 저항정신 등을 꼽을 수 있다, 예를 들어 세계 시장에 비싸게 내다 팔 수 있는 부존자원이 풍부한 경우 정복지의 한계지배소득이 크다고 할 수 있다. 비싼 한계지배비용을 지불하고라도 가질 만한 영토이다. 정복한 땅이 종교적·문화적·인종적으로 이질적이라면 통치하기가 만만치 않다. 특히 수·당에 맞서 이기고 몽골에 쉽게 항복하지 않은 한민족처럼 상대가 불굴의 의지로 저항하면 정복의 수지타산이 맞지 않는다.

한계지배비용에 미치는 자연적 요소는 정복지의 지형적 특성이다. 거대 제국인 중국을 옆에 둔 한반도의 오랜 독립은 역사의 미스터리다. 여기에는 한반도의 지형이 큰 몫을 했다고 볼 수 있다. 우리가 학교 지리 시간에 귀가 닳도록 들었듯이 한반도는 삼면이 바다로 둘러싸여 있고 산지가 국토의 70퍼센트인 산악 국가이다. 산악 지형은 대륙의 황제에게 상당히 부담스럽다. 〈최종병기 활〉이라는 영화가 그리듯 활과 산이 만날 때 속도와 침투에 강점이 있는 기마병은 맥을 추지 못한다.

산악 지형이 부가하는 지배비용은 민주화에도 유리하다. 가파른 산은 의적 로빈 후드의 훌륭한 근거지이다. 바로 스위스이다. 스위스의 민주주의는 산악 지형에 크게 힘입었다. 귀족의 약탈을 피해 산으로 피신한 스위스 평민들에게는 석궁이라는 무기가 있었다. 지금은 아동학대로 잡혀갈 만한 빌헬름 텔이 아들 머리에 사과를 올려놓고 맞추는 데 사용한 무기이다. 이 무기를 들고 가족들을 먹여 살리기 위해 용감한 스위스 용병들은 서유럽의 들판과 언덕을 누볐을 것이다. 그런 이들이 간악한 귀족의 곳간을 털어 산으로 올라가 석궁을 쏘아댄다.

귀족과 관병이 속수무책이다. 귀족과 평민 사이에 정치적 타협이 불가피하다. 바로 민주주의이다. 산악 지형만큼이나 정복의 비용을 높이는 지형지물이 바로 늪이다. 네덜란드가 일찍이 도시국가로 주변 중앙집권의 왕국에 맞서 독립과 자치를 누릴 수 있었던 이유이다.[14]

〈최종병기 활〉, 스위스의 민주주의, 로마 제국의 쇠퇴와 몰락 등의 이야기가 알려주듯 경제적으로 합리적 영토 확장은 한계지배비용과 한계지배소득이 일치하는 국경선까지이다. 영토가 커지고 인구의 이질성이 높아지면서 한계지배비용은 가파르게 상승한다. 한계비용이 한계소득을 넘어서면 국부가 제국의 기간 내내 새어나간다. 결국 영토의 확장은 어디선가 멈추어야 한다. 멈추지 못하면 제국은 쇠락한다.

이런 비용과 편익으로 어림짐작해 볼 때 중국이 북한을 병합하여 식민지화할 이유가 없어 보인다. 고대 중국 왕조가 조공에 만족한 이유와 비슷하다. 그들의 선조가 가시덤불 같은 한반도를 먹어 삼키지 않았듯이 지금 중국이 북한을 중국화하려 소중한 국력을 쏟아붓지는 않으리라고 나는 예상한다.

그러나 훨씬 더 친중적인 정권이 북한에 세워지는 걸 중국이 마다할 이유는 없다. 자주를 생명으로 하는 수령제보다는 중국식 시장개혁에 나설 가능성이 큰 조선노동당의 집단 독재가 훨씬 친중적일 것이다. 수령 없는 북한은 중국에 군사적·

경제적으로 의존하는 것을 마다하지 않을 것이기 때문이다. 따라서 엘리트의 도전으로 수령이 흔들릴 경우 중국이 무리해서 북한 국내 정치에 개입해 수령을 돕지는 않을 것이라 나는 예상한다.

이런 예상은 북한의 급변 사태에 우리 정부가 어떻게 행동해야 (혹은 안 해야) 하는지를 암시한다. 나는 삼십육계의 아홉 번째 계책인 강 건너 불구경의 격안관화隔岸觀火를 제안하고 싶다. 지금까지의 수령제 분석은 흔들리는 위기의 수령은 대내외적으로 고립무원임을 알려준다. 이때 한국 정부의 개입은 문제를 복잡하게만 만들 뿐이다. 다시 한번 수령제에 대한 사회과학의 해부가 던지는 또 다른 생각할 거리다.

통일 헌법을
제안한다

과연 우리의 소원은 통일인가? 당신의 연금이 바닥나고 노후가 불안해지는 등 어떠한 경제적 어려움이 오더라도 통일이 최우선인가? 그런 당신은 맞은 편 이웃 주민의 어려움에 자신을 기꺼이 희생할 수 있는가? 추상적인 민족을 사랑하는 편이 구체적인 이웃을 돕는 것보다 쉬워 보인다. 민족과 통일을 입에 달고 사는 이들이 자문하고 있지 않을 뿐이다.

우리에게 통일에 대한 생각을 묻는 방식은 대개 다음과 같다. 거리를 걷고 있는 당신 앞에 통일에 찬성하는지 혹은 반대하는지를 묻는 판을 들고 한 무리의 고등학생들이 다가온다. 스티커를 붙여달라는 요청이다. 길거리 설문조사에서는 표본의 문제가 심각하다. 이보다 더 큰 왜곡이 있다. 공개적 의사 표현은 솔직한 생각을 말하는 걸 어렵게 한다. 공개적 선택에는 정치적 올바름의 압력이 작동하기 때문이다. 이런 방식 대신 통일이 우리의 국시(국가 이념)여야 하는지 비밀투표를 해볼 것을 제안한다.

가끔은 민족주의, 민족애를 생각하면 허망한 느낌이다. 이런 상상이 든다. 민족이 하나 되자는 집회에 참석하러 가는 민족주의자는 급히 가느라 킥보드를 운전해서 아슬아슬 곡예 하듯 급히 달리고 있다. 같은 민족의 일원인 보행자는 안중에도 없다. 그러다 보행자의 방해로—인도를 질주하는 민족주의자의 입장에서—급하게 멈추어야 했다. 그때 그의 입에서는 별로 곱지 않은 말이 나온다. 나는 층간소음이 힘들다. 민족을 사랑하는 민족주의자는 민족의 일원인 위층 주민의 무신경한 마늘 찧는 소리에 너그러울 수 있을까? 민족을 사랑한다면서 대외 노선 등에서 이견을 제시하는 자를 토착 매국노로 너무 쉽게 이름 붙이는 모습이 당혹스럽다. 넘치는 민족에 대한 사랑으로 이견을 지닌 타인을 인내하지 못할까?

그래도 통일은 된다. 당신이 민족주의자이든 그 무엇이든, 우리가 진정 원하든 원하지 않든, 통일은 결국 우리에게 올 것이다. 역사의 힘이고 관습의 힘이다.

통일이란 말만 나오면 통일 비용이 약방의 감초처럼 등장한다. 사실 통일 비용의 어림짐작이 쉽지 않다. 그런데 누군가 구체적 숫자를 말하면서 상당히 자세히 알고 있다는 분위기를 풍긴다. 의심스럽다. 도대체 그 숫자가 어떻게 나왔는지 쉽게 알려주지 않는다. 정확한 숫자가 아니라 대강의 어림 비용을 설득력 있는 방식으로 일반 국민에게 알려주기를 원한다. 구글 입사 문제로 하늘에 지금 비행기가 몇 대나 떠 있는지 혹은 영국 축구 프리미어 리그 시즌 당 얼마나 많은 골이 들어가는지 등의 질문이 나온다고 한다. 합당한 어림짐작이 가능하다. 불가능한 정확성보다 낫다. 그렇다. 소위 통일 비용 전문가들은 모두가 쉽게 이해할 수 있는 어림짐작의 근거를 제시할 수 있어야 한다.

그런데 통일 비용에 대비해 정치 제도에 대한 논의는 상당히 부족한 형편이다. 아마도 통일에서 경제적 비용보다 헌법이 더 근본적인 과제일 터인데 말이다.

통일 비용하면 약방의 감초처럼 등장하는 독일의 민주주의에서 특징 하나가 눈에 띈다. 비례대표제 방식을 채택하고 민주주의를 상당히 합의적 방식으로 운영한다는 점이다. 승자독식의 성격이 매우 강한 우리나라의 단수다수제 및 강력한 대통령제에 대비된다.[15]

나는 독일의 합의적 민주주의가 통일 독일의 통합에 크게 기여했을 것이라고 상상한다. 독일을 본받아 우리의 통일 헌법도 승자독식을 피해야 한다고 생각한다. 이를 위해 통일 헌법에서 다수결에 반하는 장치가 필요하다. 바로 상원의 설치를 제안하고 싶다.

건국 당시 미국이 상원을 설치한 의도이기도 하다. 노예제를 반대하는 북부와 노예주인 남부는 강대국들의 위협에 맞서기 위해 단일 국가로 합치고 싶었다. 문제는 국내 정치에서 인구가 적은 남부의 걱정이었다. 민주주의의 일반 원칙인 다수결주의는 인구가 많은 북부에 유리했다. 이 때문에 남부는 연방국가에 편입하기를 주저했다. 남부가 걱정하는 북부의 독주를 막을 수 있는 방책이 바로 상원이었다. 인구수와 관계없이 주마다 두 명의 상원의원을 선출하고 상원에 법률 거부권을 부여하는 방식이다. 이렇게 상원은 1인 1표의 평등 원칙을 고의로 위반한 반다수결 제도다.[16] 감정과 선동에 휩싸인 다수에 대한 미국 헌법 입안자들의 걱정과 북부의 독주에 대한 남부의 두려움이 맞아떨어진 제도였다.

통일 한국에서 반다수결 제도의 필요성은 쉽게 이해된다. 북쪽 출신 사람이 남쪽 출신에 비해 턱없이 적다. 1인 1표의 원칙만을 고수하면 북쪽 주민은 영속적인 정치적 패배자로 전락한다. 통일 한국에서 북이 남과 동등한 대우를 받을 수 있을지 의심할 수밖에 없는 이유이다. 미국 건국 당시 남부 주들의 걱정과 비슷하다.

통일 헌법에서 상원이라는 반다수결 제도는 북한 주민의 정치·경제적 권익을 보장한다는 약속을 믿을 수 있도록 한다. 상원을 설치하면 남한 위주의 독단적 정부 운영이 당연히 어렵게 된다. 상원의 거부권을 누리는 북쪽 사람들은 남쪽 사람들의 호의에만 기댈 필요가 없어진다. 상원은 통합의 약속을 나라의 기둥에 박아버린 뽑을 수 없는 대못인 셈이다. 이런저런 정책과 보상을 약속하는 것보다 훨씬 믿음직스럽다. 상원은 바로 변심이 의심되는 행위자의 손을 묶어버리는 헌법의 사전 구속 장치인 것이다.[17]

그런데 낭만주의자들은 군이 인위적인 장치가 필요할지 의심할 수 있다. 우리는 반만년의 유구한 역사 속에서 하나의 민족으로 살아왔기에 쉽게 일치단결 상부상조할 것이라 믿는다. 과연 타당한 믿음일까? 지금 우리나라 지역주의 정치만 고려해도 이는 얼토당토않다고 쉽게 느낄 수 있다. 쉬운 통합의 순진한 기대는 버려야 한다.

인종적·종교적 차이 등 무언가 근원적인 것들만 우리를 갈라놓지 않는다. 사회심리학의 실험에 따르면 옷에 노란 딱지와 빨간 딱지를 붙이는 것만으로 집단은 색깔별로 나뉘어 갈등한다. 참으로 어처구니없지만 피하기 어려운 인간적인 습성이다.

더욱이 우리 사회가 관용에 익숙한 성숙한 민주주의라고 착각하면 안 된다. 아직 한국의 다문화 문제가 심각하지 않은 이유는 간단하다. 다문화로 분류될 수 있는 사람의 수가 충분히 많지 않기에 정치적 갈등으로까지 발전하지 못한 것일 뿐이다. 우리의 성숙한 관용성과는 하등 상관이 없다. 관용성 면에서 우리 사회보다 나을 것으로 생각되는 많은 서유럽 선진국의 이민자들이 종종 차에 불을 지르면서 과격한 시위를 한다. 이민자의 수가 만들어내는 갈등의 압력이다.

그렇다. 수의 문제다. 수천만이 이쪽저쪽으로 나뉘면 어떤 사소한 기준도 엄청난 정치적 압력을 만들어낸다. 통일의 순간 일어나는 열정과 흥분은 이내 사라지고 지역이나 과거의 기억 등 의미 없는 기준으로 헤쳐모여 다툴 가능성이 농후하다. 대규모 인원이 새롭게 편입하면 세상 어디서나 일어날 수 있는 슬프지만 자연스러운 분열과 혼란이다. 그런 시절에 있을 남쪽의 이기적 변심을 사전에 예상하고 미리 못되게 굴 수 있는 행위 능력을 제거해야 한다. 그래서 상원이 필요하다.

합의적 헌법 장치와 함께 무엇보다 탈북민 중에서 아주 성공한 인물이 나오면 남북의 통합에 참 좋을 듯하다. 남한에서 나고 자란 이들의 잘사는 모습은 북한 주민에게 감흥을 주기 어렵다. 개인은 자신이 속한다고 믿는 집단의 구성원과 자신을 비교한다.[18] 우연한 관심 집중으로 돈 많이 버는 유명 연예인이 아니라 같은 학교 같은 과 출신의 성공한 동급생을 바라보면서 어려운 감정을 느낀다. 그런 점에서 우리는 북한 주민들의 진정한 비교 대상이 아니다. 그들만의 리그에 속하지 않는다. 비교 대상은 그들과 비슷한 처지에 있었던 탈북민이다. 그런데 아직까지 탈북민 중 남한 사회에서 누구나 알 만한 성공을 거둔 인물이 눈에 띄지 않는다. 몇몇 고위 관료 출신의 탈북자가 정치인 등으로 성공을 거두었지만 이들의 과거 지위와 한국에서 성공 경로가 과연 북한 주민의 준거 인물이 될 수 있을지 의문이다.

요즈음 어머니가 탈북민이라 알려주는 대학 신입생을 마주칠 때 탈북의 역사가 오래되었다는 사실을 실감한다. 동시에 그 오랜 시간 동안 한국 사회가 제공하는 일반적인 경로로 큰 성공을 거둔 인물이 없다는 점은 여러 가지 생각을 하게 한다.

주사파, 당파성의 위험을 증명하다

정치인들이 다 그렇긴 하지만 뻔뻔함에서 북한의 수령을 따라
갈 인물을 찾아보기 어렵다. 소위 조선민주주의인민공화국의
국호답게 북한의 수령은 인민을 입에 달고 산다. 수령도 잘 모
르는 수령의 통치 이념인 주체사상은 역사의 주체로 인민대중
을 치켜세운다. 인류 역사에서 소수가 다수를 줄곧 지배한다
는 명제의 엘리트 이론보다 규범적으로 훨씬 바람직스러워 보
인다. 좋은 말 대잔치에 넘어가는 순진한 소수와 출세욕으로
가득 찬 앞잡이들 앞에서 수령은 오늘도 위민헌신을 외치고
있다.

위민헌신은 문자 그대로 해석하면 인민을 위한 민주주의이다. 인민에 의한 민주주의가 아니다. 그래서 결국 인민을 위한 민주주의도 없다. 프롤레타리아 독재나 수령-당-대중의 사회적 생명체에서는 위로부터의 지도만이 있을 뿐이다. 주체사상에 따르면 지도를 받지 못하는 인민대중은 역사의 주체가 될 수 없다. 정신이 아찔한 수령과 주체주의자들의 독선이다. 이렇듯 그들은 폭력뿐만 아니라 진리와 사랑마저 독점한다. 나머지는 닥치고 복종이다.

어쩌면 주체주의자들은 가장 완벽한 거짓말쟁이인지도 모른다. 이 모든 고난이 제국주의의 간악한 음모를 뚫고 주체의 낙원으로 가는 길고 긴 여정의 한 걸음이라 진심으로 믿기 때문이다. 정의로움을 자처하는 그들에게 제국주의와 매판 자본은 마르지 않는 샘물이다. 그런 주체주의자들이 다음 세대에도 여전히 남한을 반봉건 신식민지 사회로 부를지 궁금하다. 시대착오적인 그들의 마음에는 절대 권력과 위민헌신이라는 방이 뚜렷이 분리·독립되어 있는 듯하다. 인민을 위해 눈물을 흘리다가도 〈오징어 게임〉을 봤다며 그 불쌍한 인민을 죽이거나 수용소로 보내버린다. 그들의 머릿속에는 자기 모순에 대한 어떠한 고뇌도 없다. 어떻게 아냐고? 그들은 오늘도 전혀 흔들리지 않는 모습으로 온갖 아름다운 말을 쏟아내고 있으니 말이다.

누군가의 울화를 불러오겠지만 북한 주체주의자들은 정의롭게 행동하지 않으면서도 정의감만은 포기하지 않는다. 편협하고 고집 센 이데올로그의 전형이다. 그런 자는 얼토당토않은 말만으로 당신을 숨 막히게 한다. 일반인의 눈에 한국전쟁을 비롯해 그들의 수많은 반인도주의적 악행은 보편적 가치로 포장하기 어렵다. 그들에게는 문제가 안 된다. 사악한 정치적 목적을 달성하고 정의로움도 누리고 싶은 욕심 덩어리 집단은 반대편을 인간이 아닌, 심지어 가축보다 못한 벌레로 규정해 버린다. 정의를 부르짖는 이들이 인격 살인의 이름 붙이기에 능한 것처럼 보이는 까닭이기도 하다. 이제 반대편은 개돼지 취급을 받아 마땅하다. 정의로운 자신들이 합당한 정의를 행했다며 감격의 축하 술자리를 가진다.

이런 수령과 주체주의자들에게 몸서리치지 않는 이들이 있다. 남북관계는 특수하다고 믿기 때문인지 다른 무엇인지 알 수 없으나 이들의 북에 대한 관용성이 늘 놀랍다. 심지어 북한 인권을 지적하는 자의 불손한 정치적 의도를 꾸짖는다. 궁금하다. 어떻게 북한의 무자비한 인권탄압을 내재적 접근이라는 불분명한 주장으로 논외시하는가? 갑질하는 못된 이를 내재적으로 이해하면, 어쩌면 부처도 놀랄 관용으로 모두를 대할 수 있지 않을까? 가정마다 나름의 문화가 있고 이를 내재적으로 접근하면 그들의 몰상식한 행동은 나름 상식적이지 않을까? 그렇게 내재적으로 접근해버리면 인권은 없다.

북한의 수령제에 분노를 느끼지는 않는 남한 인권운동가의 정신세계가 그리 특별한 건 아니다. 이루고자 하는 정치적 욕망이 크면 클수록 제대로 생각하기가 점점 어려워진다. 호불호가 사실을 이겨버린다. 우리 대부분의 약점이다. 정치적 욕망으로 취약해진 마음은 무의식적으로 심리 계좌mental accounting의 농간에 빠져버린다.

그 함정이 꽤 깊다. 간만에 큰마음 먹고 50만 원짜리 비싼 선글라스를 샀다가 며칠 만에 잃어버렸다. 당신은 다시 선글라스를 살 수 있을까? 아마도 포기할 것이다. 어제 현금 50만 원을 어디서 잃어버렸다. 당신은 오늘 선글라스를 살 것인가? 그냥 처음 마음먹은 대로 안경집에 들른다. 같은 50만 원의 손실을 다르게 대하는 마음의 농간이다. 술집에서 비싼 안주 하나만 줄이면 평소 눈여겨본 텀블러를 살 수 있는 돈이 남는다. 어제 골뱅이 안주를 참은 50대인 당신은 과연 살 수 있을까? 우리의 마음에 다양한 방이 있고 거기에는 예산이 책정되어 있다. 선글라스 50만 원, 텀블러 0원, 술값 ?원 등이다. 자기도 모르게 세운 인위적 경계를 넘어서기가 너무 어렵다.[1]

돈만이 아니다. 통일방, 남한 인권방 등을 열심히 구분해놓고 있다. 방 사이가 높다. 잘 넘어서지 못한다. 결국 자기 모순에 너그럽다.

특별히 적과 아로 나뉜 마음에는 당파성이 활활 타오른다. 실수하기 딱 좋은 마음이 된다. 《예수살렘의 아이히만Eichmann in Jerusalem》에서 한나 아렌트Hannah Arendt가 평결한 열심히 생각하지 않는 죄를 저지르기 쉬운 마음 상태이다. 동지에 대한 무한한 관용과 적에 대한 불타는 적개심 사이의 벽이 높다. 여기에는 "내로남불"을 부끄러워하는 마음이 발붙일 틈이 없다. 이 무서운 정신 상태는 견결한 당파성으로 격상된다.

"내로남불"의 모순을 쉽게 용인하는 마음가짐에는 문화적 요인도 한몫한다. 10달러를 나누어 가지는 최후통첩 게임으로 보편적 원칙에 대한 태도를 연구한 보고가 있다. 제안자는 돈을 자기 마음대로 가를 수 있고 상대는 이를 받아들이거나 거부할 수 있다. 만약 거부하면 둘 다 아무것도 가지지 못하고 끝난다. 개인의 합리성 가정에 따르면 단돈 1달러라도 가져가는 것이 이득이기에 어떤 부당한 제안도 거부하지 않는다고 예상한다. 그런데 실험은 뜻밖의 결과이다. 상당수가 제안을 거부한다. 자신의 정의감에 위배되기 때문이다. 이 결과는 경제학의 합리성 가정을 뒤흔들어버린다. 이제 똑같은 게임을 서구 시민이 아닌 아마존 원주민에게 부탁한다. 그들 절대다수는 부당해 보이는 제안을 쉽게 받아들인다. 그들이 오히려 경제학적으로 합리적이다. 인류학자의 설명에 따르면 아마존의 자연인은 외부인의 차별적 대우에 익숙하기 때문이다. 그들은 타인의 부당한 나누기에 불편한 심기를 별달리 느끼지 않는다.[2] 이런들 어떠하며 저런들 어떠한가인 셈이다. 주위 친구에게 이 실험을 해보면 어떤 결과가 나올까?

우리나라의 대표적 단편소설인 황순원의 〈학〉과 미국 소설가 오 헨리O. Henry의 〈20년 후After Twenty Years〉는 위의 사실을 확인해준다. 인민군 포로로 잡혀온 친구를 놓아주는 치안대원 성삼과 수배범 친구를 만나는 자리에 동료를 보내 체포한 경찰관 지미는 보편적 원칙에 대한 두 가지 완전히 다른 접근을 상징한다. 인류학자가 다음과 같은 질문을 서구 및 비서구권 사람들에게 던진다. 만약 친구가 뺑소니를 했는데 당신이 유일한 목격자다. 피해자는 평생 장애를 안고 살아야 하는 부상을 당했다. 유죄로 입증되면 친구는 무거운 처벌을 받는다. 당신은 법정에서 사실대로 증언할 것인가?[3]

"내로남불"이 우리 사회를 뜨겁게 달구는 이유이다. 급속한 경제 발전과 세계화 속에서 서구적 가치가 사람들 사이에 인기를 얻고 있지만 원칙의 보편적 적용은 우리의 문화적 습성에 쉽게 어울리지 않는다. 여전히 남에게 들통 난 잘못 때문에 느끼는 수치심이 양심으로 고통스러운 죄책감을 압도하는 문화이다. 비서구 사회 대부분이 비슷하다. 인간적 친소 관계를 외면하는 원칙의 보편적 적용은 높은 교육 수준의 산업화되고 부유한 민주주의인 서유럽과 북미(WEIRD, western, educated, industrialized,

^{rich and democratic}) 나라들의 이상한_{weird} 행동 준칙이다.

세상의 진보(부언하면 좌파적 가치와 마찬가지로 우파적 가치도 맥락에 따라 진보적이다. 예를 들어 부패를 척결하는 "법대로"는 매우 혁명적 조치이다)는 보편적 원칙을 일관되게 적용할 때 달성할 수 있다. 그런데 목소리를 높이는 갖가지 감수성 예민한 여론 선도자들은 남한방, 난민방, 북한방, 통일방 등을 높은 담으로 나누어 놓고 상황에 따라 이 방 저 방을 왔다 갔다 하면서 전혀 마음의 부담을 느끼지 않는 모양새다. 어쩌랴. 안타깝게도 우리의 인간적인 모습이 그렇다. 심기를 괴롭히는 반대편들과 함께 북한을 욕하기 싫은 마음인지도 모르겠다.

이 모든 마음의 장난질을 집대성한 이들이 바로 남한의 주체사상파이다. 5·18 민주화운동, 한국 사회의 불평등과 군부독재, 통일과 대북 정책에 대한 입장을 정하고 이에 맞추어 북한을 왜곡해버린 이들이 주체사상파이다. 이들이 활동한 1980년대는 아직 정보가 불분명하고 체제 경쟁의 승패가 압도적이지 않은 시기였다. 보고 싶은 대로 보기 딱 좋은 조건이었다.

그들이 어떻게 보았을지 알려주는 심리학 실험이 있다. 순간적으로 두 가지 다른 모양으로 보이는 그림이 있다. 무엇을 보느냐에 따라 마셔야 할 음료가 달라진다는 설정이다. 피실험자의 눈은 맛있는 음료를 주는 그림에서 딱 멈춘다. 동기가 시각적 인지를 결정한다.[4]

강력한 정치적 동기에 이끌린 뇌의 변연계 부분이 남한과 북한에 대한 호불호를 결정하고 나면 전두엽은 합리적인rational 증거와 논거 대신 합리화rationalizing하는 이야기를 만들어내고 같은 의견을 지닌 이들과 동지애를 느낀다. 세상 편한 일이다. 술맛도 좋다. 그렇게 주사파는 치명적 인지적 오류를 저지른다. 민주화 운동 탄압 세력이 북한을 적대시하니 이에 반대해야 한다는 일차원적인 생각이다. 자신의 집중력을 오랫동안 발휘하여 심사숙고한 논리적 판단을 내리는 인간적으로 괴로운 노력 대신 당시 남한 정부에 대한 분노에 눈이 멀어 버렸다.

보이는 것만 전부라 생각하는 인식의 오류도 엿보인다. 민주화 세력에게 남한의 부정의와 부당함은 잘 보였다. 뚜렷하게 보이는 남한에 비해 북한은 당시까지도 객관적 정보가 극히 부족했다. 문제가 잘 보이니까 그만큼 문제가 심각하다는 단순한 사고방식이었다. 그리고 남한 당국이 북한 정보를 차단하고 있으니 북한에 뭔가 대단히 좋은 게 있다고 믿는 어리석음이었다.

마음의 방의 농간 역시 작동한다. 주사파는 북한과 통일하자는 민족자주의 방과 전두환·노태우 정권을 타도하자는 민주화의 방을 철저히 분리했다. 딸과 며느리를 다른 마음의 방에 둔 예전의 시어머니처럼 말이다. 자유, 민주주의, 인권, 번영의 잣대는 주사파의 민족자주의 방에서 마법처럼 사라졌다.

반미자주의 잣대로 은둔의 나라 북한을 관찰(추종)했으니, 북한을 찬양하는 가설은 쉽게 확증되었다. 열심히 생각하지 않은 죄를 저질렀다.

의식화 과정 역시 한몫한다. 설득의 심리학이 밝히고 있는 일관성의 함정에 한쪽 발을 살짝 들여놓게 하는 기술foot-in-the-door technique이다.[5] 신입생은 학과 학회 등에 가입하여 사회 문제에 대한 자발적 "문제의식"을 쌓고 나면 서명 운동 등 낮은 수준에서부터 거리 시위로 참여의 수위를 높인다. 학년이 올라 자신이 주동이 되어 후배들을 의식화하면서 일련의 과정이 마무리된다. 이 과정을 통해 남한 정부에 대한 적대 의식이 차고 넘치면 그때야 북한에 대한 의식화가 들어간다. 호불호를 먼저 확실히 하는 방식이다.

여기에 더해 남한 정부가 금기시하는 이단을 선택한 자신의 독립성에 자부심을 느꼈을 가능성이 높다. 자가당착이다. 감옥에 갈 각오로 자유를 위해 싸우겠다는 훌륭한 생각을 하는 자들이 세상에서 가장 억압적인 북한이 만든 촌스러운 이념을 믿으면서 반항 정신을 과시하니 말이다.

사회적 증거에 의한 설득도 작동한다. 주위 사람들이 비도 내리지 않는 하늘을 바라보고 있으면 지나가던 행인도 길을 멈추고 하늘을 바라본다. 다수의 힘이다. 주사파가 학생운동권 내에서 다수를 차지하면서 운동권 내에서 전염력이 커진다.

과격한 정체성 경쟁도 엿보인다. 그들만의 리그에서 일등하고 싶은 마음에 보다 위험스러운 금단의 이념을 받아들인다.

목적론적 세계관에도 불구하고 과학적 사고에 자부심을 둔 급진 이념들과 달리 당파성을 절대화하는 주체사상이 문제를 더욱 악화시킨다. 태도와 의견이 사실을 압도하는 우리 사회 급진 네티즌의 걱정스러운 모습이기도 하다. 무엇이 사실이냐 가 아니라 어느 편이냐가 자주성의 기준이다. 주체사상은 내로남불을 부끄러워하지 않는다. 찬양한다. 적과 아에 대한 무비판적 당파성은 정치적으로 훌륭한 태도로 여겨지고 혁명적 신심이 굳건하고 품성 좋은 전위로 인정받는다. 이런저런 토론과 논쟁이 아니라 통일 단결이 먼저이다. 지도를 무비판적으로 수용하는 주체주의자들이기 때문이다. 이는 분파 투쟁에서 승리할 수 있는 정치적으로 합리적인 태도이다. 단 세상의 진보에는 역행하는 태도이다. 민주주의도 죽인다.

모든 게 불확실했던 1980년대와 달리 이제 체제 경쟁은 끝났다. 승패는 갈라졌다. 이는 주체사상이라는 전염병의 재생산 지수를 급격히 떨어뜨렸다. 이로써 집단면역이 이루어졌다. 오늘날 주체사상의 전염성을 코로나 시대 널리 알려진 SIR 전염병 모델에 빗대어 살펴보자.[6]

전염과 관련하여 인구는 감염가능군susceptible, 감염군infected, 회복군recovered으로 구분된다. 먼저 감염군에 대해서 생각해보자.

이데올로기 감염자는 침대에 누워 기침하면서 휴식을 취하지 않는다. 그는 코로나 감염인과 반대로 활동성이 오히려 크게 증가한다. 평소 내성적인 자가 다른 사람들을 감염시키기 위해 학업마저 팽개치고 이리저리 사람들을 만나러 바쁘게 돌아다닌다. 좀비를 연상시킨다. 그리고 일반 바이러스 감염과 다르게 회복이 아주 느리거나 아예 없다. 감염인은 부정할 수 없는 객관적 반대 증거가 차곡차곡 쌓여도 이를 당파성을 훼손하는 적들의 음모로 치부한다. 자신의 청춘을 바친 이데올로기를 버리기도 괴롭다. 매몰비용의 오류이다. 회복하지 못한 그는 당파성이라는 미명하에 화이부동和而不同의 멋진 지사가 아니라 동이불화同而不和의 정치꾼 소인배의 길을 간다. 슬픈 인생이다.

그런데 좀비 영화의 클라이맥스와 달리 이제 주사파 좀비는 타인을 감염시키는 데 어려움을 겪는다. 북의 거대한 실패 앞에서 감염가능군은 극히 소수다. 좀비가 아무리 열심히 돌아다녀도 면역력이 약한 구성원을 찾기는 어렵다. 현 체제를 지지하는 자뿐만 아니라 혁명을 원하는 급진주의자마저 주체사상에 면역력을 가지고 있다. 거역할 수 없는 진실 때문이다. 사회주의권의 몰락, 한국경제의 눈부신 발전, 포장할 수 없는 북한의 후진성·봉건성·잔인성, 주체사상의 감염에서 완쾌한 회복군 등으로 우리는 주사파에 대한 집단면역을 달성했다.

주사파 바이러스의 재생산지수는 이제 거의 0이다.

돌아보면 주사파는 당파성이 얼마나 위험한지를 제대로 알려준다. 당파성 때문에 생각이 어디까지 치우칠 수 있는지를 보여준다. 그 끝이 어디인지를.

당파적 태도가 아주 강한 네티즌들이 주사파의 오류를 답습하는 듯하다. 정치는 승리하는 게 목적이고, 숭고한 승리를 위해 어떤 수단도 정당화된다는 정치지상주의다. 호불호의 느낌이 사실을 이긴다. 이를 믿는 정치인은 뻔뻔하다. 그런 의도가 아니라는 변명도 안 한다. 그냥 그런 적이 없다고 우기면 그만이다. 왜냐하면 이쪽이나 저쪽이나 무조건 지지지해주는 팬덤이 있으니 말이다. 독립적 시민은 사라지고 "팝콘 각"이라며 흥분한 구경꾼만 넘쳐난다. 그냥 단순 다수제와 강력한 대통령제가 만들어낸 인위적인 양당제 질서일 뿐인데 열성팬들은 이쪽과 저쪽을 목숨이라도 걸듯 지지한다. 동지에게는 한없이 너그럽고 적에게 비타협적으로 적대하라는 구호가 부끄럼 없이 여기저기 나돌아다닌다. 걱정스럽다.

엄청난 의사소통 기술로 당파성의 어리석음은 여기저기서 폭발하고 있다. 기술은 기하급수적으로 발전하는데 지혜는 기울기가 낮은 직선처럼 나아지는 인류의 비극인지도 모르겠다. 정치꾼들이 시끄럽게 떠드는 동안 나머지는 그냥 조용히 침묵한다. 아직 살 만한데 괜한 분란을 일으키고 싶지 않은 수수방관의 마음이다.

그래서 어느 때보다 독립적인 지식인이 절실하다. 과거 사회의 구조적 모순이 심했던 시절 민중의 어려움에 대한 깊은 공적 의무감을 지닌 자가 인텔리겐치아, 지식인이었다. 이제 새로운 지식인 상이 필요하다. 사실과 논리에 비추어 균형 잡힌 비판적 사고를 끊임없이 내놓는 아웃사이더 같은 인물이면 한다. 나의 바람이다. 나중에 자랑스럽게 "어디에도 나는 속하지 않았다. 저녁을 자주 혼자 먹었다"라고 회고하는 노인을 그려본다.

북한의 민주화를 위해 헌신하는 이들에게 바치는 글로 책을 맺고자 한다. 그들의 용기와 희생에 감사하며 술 한잔한다면 건배사로 아모르 파티amor fati를 외치고 싶다. 정의를 추구하지만, 사필귀정을 믿지 말기를 바라는 심정이다. 그렇지 않으면 노력에 합당한 영예와 명예를 얻지 못하는 순간 당신은 무너질 수 있다. 영화 〈배트맨〉의 등장인물인 투페이스의 불행한 운명처럼 말이다. 세상은 그리 정의롭지도 않고, 뜻대로 되지도 않는다. 인정도 박수갈채도 바라지 마라. 구경꾼의 정의로움을 기대하지도 마라. 정의를 추구하는 너의 모습을 사랑하고 나머지는 다 운으로 취급하라. 그리고 운을 사랑하라. 아모르 파티. 그렇지 않다면 당신이 사랑한다고 믿은 대상의 실망스러운 반응에 오히려 그들을 경멸한다.

당신의 희생과 봉사는 존경의 대상이 될 수도, 조롱의 대상이 될 수도 있다. 제2차 세계대전 기간 유대인의 탈출을 도운 주민들이 나중에 마을에서 쫓겨난 일이 있다. 수수방관한 주민들이 자신의 비겁함을 매일매일 느끼고 싶지 않아서 이웃 영웅들을 쫓아버린 것이다.[7] 그렇다. 당신의 영웅적 희생을 응시한 절대다수가 당신을 영웅으로 대접할 것이라는 기대는 당신을 좌절시키고 당신에게서 정의감마저 뺏어갈 수 있다. 왜 구경꾼에게 그런 엄청난 힘을 주는가?

북한 민주화 운동을 주도하는 인물에게 물어본 적이 있다. 왜 자신을 희생하는가? 그의 대답에서 영웅의 냄새가 났다. 순간의 영웅이 있다. 우리는 인간에 대한 순진한 믿음은 거두어야 하지만 냉소로 일관해서도 안 된다. 개인이 천재적 능력을 발휘할 때 로마인들은 게니우스genius(천재)라는 신이 그에게 잠시 들어갔다고 생각했다. 이런 개념화는 천재성이 인간에게 부과하는 스트레스와 오만을 피할 수 있도록 한다. 이는 또한 우리가 영웅적 행위와 천재적 업적을 칭송하면서 동시에 그의 평범함을 잊지 않도록 도와준다. 우리 중 누군가는 잠깐 동안 영웅이 될 수 있다. 접신의 시간이 끝나고 결국 인간계로 내려오겠지만 말이다. 시민들이여, 그의 행위를 칭송하라.

프롤로그: 북한적인 너무나도 북한적인

1   시간 단위에 따라 주목거리가 달라진다는 생각을 참조한 책으로 다음이 있다.
    Harford, Tim(2022), *The Data Detective: Ten Easy Rules to Make Sense of Statistics*,
    New York: Riverhead Books.

2   Taleb, Nassim(2007), *The Black Swan: The Impact of the Highly Improbable*, New
    York: Random House.

1장 이상한 수령제, 이상하지 않은 설명

1   Schelling, Thomas(1960), *The Strategy of Conflict*, Cambridge: Harvard University
    Press.

2   Hume, David(1748), *Political Essays*, New York: Cambridge University Press.

3   Chwe, Michael Suk-Young(2001), *Rational Ritual: Culture, Coordination, and
    Common Knowledge*, Princeton: Princeton University Press.

4   한병진(2016), "북한정치의 심리학적 고찰," 《제주평화연구원 정책포럼》 5권:
    1-10.

5   Steven Strogatz(2019), *Infinite Powers: How Calculus Reveals the Secrets of the
    Universe*, Boston: Mariner Books.

6   Orlin, Ben(2018), *Math with Bad Drawings: Illuminating the Ideas that Shape our
    Reality*. New York: Black Dog & Leventhal Publishers.

7   한병진(2021), 《독재의 법칙: 민주주의를 위협하는 탐욕과 배신의 정치사》,
    곰출판.

8   Arthur, Brian W(1994), *Increasing Returns and Path Dependence in the Economy*, Ann
    Arbor: University of Michigan Press.

9   Taleb, Nassim(2005), *Fooled by Randomness: The Hidden Role of Chance in Life and
    in the Markets*, New York: Random House.

10 Kahneman, Daniel and Amos Tversky(2000), *Choices, Values, and Frames*, New

York: Cambridge University Press.

11   태영호(2018), 《3층 서기실의 암호》, 기파랑.

12   Kunda, Ziva(1999), *Social Cognition: Making Sense of People*, Cambridge: MIT Press.

13   확증편향을 야기하는 인식의 근원적 편향에 대한 논의로 다음을 참조. Gilbert, Daniel(1991), "How Mental Systems Believe," *American Psychologist* 46(2): 111–119.

14   Burgis, Luke(2021), *Wanting: The Power of Mimetic Desire in Everyday Life*, New York: St. Martin's Press.

15   Thaler, Richard H.(2015), *Misbehaving: The Making of Behavioral Economics*, New York: W.W. Norton & Company.

16   Kahneman, Daniel(2011), *Thinking, Fast and Slow*, New York: Farrar. Straus and Giroux.

17   Mearsheimer, John(2014), *The Tragedy of Great Power Politics*, New York. W.W Norton & Company.

18   Brownlee, Jason(2007), "Hereditary Succession in Modern Autocracies," *World Politics* 59(4): 595–628.

19   Christian, Brian and Tom Griffiths(2016), *Live by Algorithms: The Computer Science of Human Decisions*, New York: Henry Holt and Co.

20   한병진(2021), 《독재의 법칙: 민주주의를 위협하는 탐욕과 배신의 정치사》, 곰출판.

21   Powell, Robert(1991), "Absolute and Relative Gains in International Relations Theory," *American Political Science Review* 85(4): 1303–1320.

22   "〈제89화〉내가 치른 북한숙청(4)-전 내무성부상 강상호 l허가이 암살," 〈중앙일보〉(1993.02.01) https://www.joongang.co.kr/article/2782571#home

23   한병진(2021), 《독재의 법칙》, 곰출판.

24   Thomas, Kyle A., Peter DeScioli, Omar Sultan Haque, and Steven Pinker(2014), "The Psychology of Coordination and Common Knowledge," *Journal of Personality and Social Psychology* 107(4): 657 – 676.

25   Fischhoff, Baruch(1975), "Hindsight is not equal to foresight: The effect of outcome knowledge on judgment under uncertainty," *Journal of Experimental Psychology: Human Perception and Performance* 1(3): 288 – 299.

26   정보의 불확실성이라는 변수를 중심으로 개인 독재화를 다룬 연구로 다음을 참조. Svolik, Milan W.(2012), *The Politics of Authoritarian Rule*, New York: Cambridge University Press.

27 "〈제89화〉내가 치른 북한숙청(4)-전 내무성부상 강상호 I허가이 암살," 〈중앙
일보〉(1993.02.01) https://www.joongang.co.kr/article/2782571#home

28 Chwe, Michael Suk-Young(2001), *Rational Ritual: Culture, Coordination, and Common Knowledge*, Princeton: Princeton University Press.

29 시간이 경과하면서 불확실한 세상을 바라보는 모델이 바뀐다는 주장으로 다음을 참조. Christian, Brian and Tom Griffiths(2016), *Live by Algorithms: The Computer Science of Human Decisions*, New York: Henry Holt and Co.

30 백학순(2010),《북한 권력의 역사: 사상, 정체성, 구조》, 한울.

31 권헌익 · 정병호(2013),《극장국가 북한》, 창작과비평.

32 라종일(2016),《장성택의 길: 신정神政의 불온한 경계인》, 알마.

33 애나 파이필드, 이기동 옮김(2019),《마지막 계승자》, 프리뷰.

34 위험한 집단행동의 변화 양상에 대한 논의로 다음을 참조. Oliver, Pamela, Gerad Marwell, Ruy Teixeira(1993), "A Theory of the Critical Mass I. Interdependence, Group Heterogeneity and the Production of Collective Action," *American Journal of Sociology* 91(3): 522-556.

35 Olson, Mancur(1965), *The Logic of Collective Action*, New York: Cambridge University Press.

36 허약한 정의감은 대상의 거리에 따라 바람직함 혹은 실행 가능성으로 다르게 판단하는 인식의 편향과도 연결된다. 이에 대한 상세한 논의로 다음을 참조. Fiske, Susan, and Shelley E Taylor(2013), *Social Cognition: From Brains to Culture*, New York: Sage.

37 Popovic, Srdja(2015), *Blueprint for Revolution: How to Use Rice Pudding, Lego Men, and Other Nonviolent Techniques to Galvanize Communities, Overthrow Dictators, or Simply Change the World*, New York: Spiegel & Grau.

38 Pinker, Steven(2008), *Stuff of Thought: Language at a Window into Human Nature*, New York: Penguin Books.

39 Popovic, Srdja(2015), *Blueprint for Revolution: How to Use Rice Pudding, Lego Men, and Other Nonviolent Techniques to Galvanize Communities, Overthrow Dictators, or Simply Change the World*, New York: Spiegel & Grau.

40 Arthur, Brian W(1994), *Increasing Returns and Path Dependence in the Economy*, Ann Arbor: University of Michigan Press.

41 Pape, Robert(2006), *Dying to Win: The Strategic Logic of Suicide Terrorism*, New York: Random House.

42 Harford, Tim(2007), *The Undercover Economist*, New York: Random House.

43 Hirschleifer, Jack(2001), *The Dark Side of Force*, New York: Cambridge

University Press.

44 Leeson, Peter T.(2011), *The Invisible Hook: The Hidden Economics of Pirates, Princeton*: Princeton University Press.

45 Bates, Robert H., Avner Greif, and Smita Singh(2002), "Organizing Violence," *Journal of Conflict Resolution* 46(5): 599-628.

46 Ross, Michael(2001), "Does Oil Hinder Democracy?" *World Politics* 53(3): 325-361.

47 Tilly, Charles(1978), *From Mobilization to Revolution*, Reading, MA: Addision-Wesley; Hoffman, Philip T. and Jean-Laurent Rosenthan(2010), "Divided We Fall: The Political Economy of Warfare and Taxation," Unpublished Manuscript.

48 시대에 따라 달라진 초기 국가 건설 비용이 국가의 크기에 영향을 미쳤다는 논의로 다음을 참조. Alesina, Alberto and Enrico Spolaore(2003), *The Size of Nations*, Cambridge: MIT Press.

49 Reno, William(1999), *Warlord Politics and African States*, New York: Lynne Rienner Publishers.

50 석유 수출국의 재정 구조에 대한 연구로 다음을 참조. Beblawi, Hazem and Giacomo Luciani(1987), *The Rentier State*, London: Croom Helm.

51 Byman, Daniel and Jennifer Lind(2010), "Pyongyang's Survival Strategy: Tools of Authoritarian Control in North Korea," *International Security* 35(1): 44-74.

52 개인 독재가 공공재 생산을 기피하는 이유에 대한 상세한 논의로 다음을 참조. Bueno de Mesquita, Bruce and Alastair Smith(2011), *The Dictator's Handbook: Why Bad Behavior Is Almost Always Good Politics*, New York: Public Affairs; Bueno de Mesquita, Bruce, Alastair Smith, Randolph M. Siverson, James D. Morrow(2003), *The Logic of Political Survival*, Cambridge: MIT Press.

53 "북한판 '퍽치기'…양강도서 60代 남성 살인사건 발생," 〈데일리NK〉 https://www.dailynk.com/

54 Surowiecki, James(2005), *The Wisdom of Crowds*, Norell, Massachusetts: Anchor.

55 Arendt, Hannah(1973), *The Origins of Totalitarianism*. New York: Harcourt Brace Jovanoivch

56 Akerlof, Gorge A.(1970), "The Market for Lemons: Quality Uncertainty and the Market Mechanism," *Quarterly Journal of Economics* 84(3): 488-500.

57 Hewett, Ed.(1988), *Reforming the Soviet Economy: Equality vs. Efficiency*, Washington, D.C.: Brookings Institution Press.

58 "김정은 "허풍떨지 마라" 삿대질, 경제책임자 한달만에 날렸다," 〈조선일보〉 (2021.02.14) https://www.chosun.com/politics/north_korea/2021/02/14/

HTXNSE5KWFFM5FLHUBOXXY7YDU/

59 "김정은, 치약-허리띠 들고 "품질이 이게 뭐냐" 격노," 〈동아일보〉(2022.06.14) https://www.donga.com/news/Politics/article/all/20220614/113920778/2

60 Kornai, J.(1986), "The Soft Budget Constraint," *Kyklos*, 39(1): 3-30.

61 Olson, Mancur(1993), "Dictatorship, Democracy, and Development," *American Political Science Review* 87(3): 567-576.

62 Shleifer, Andrei, and Robert W. Vishny(1993), "Corruption," *Quarterly Journal of Economics* 108(3): 599-617.

63 Roland, Gerard(2000), *Transition and Economics*, Cambridge: MIT Press.

64 Solnick, Steven L.(1998), *Stealing the State: Control and Collapse in Soviet Institutions*, New York: Cambridge University Press.

65 Hewett, Ed.(1988), *Reforming the Soviet Economy: Equality vs. Efficiency*, Washington, D.C.: Brookings Institution Press.

66 Hellman, Joel(1993), "Bureaucrats vs. Markets? Rethinking the Bureaucratic Response to Market Reform in Centrally Planned Economies" in S.S. Solomon ed. *Beyond Sovietology*, London: M. E. Sharpe; Solnick, Steven L.(1998), *Stealing the State: Control and Collapse in Soviet Institutions*, New York: Cambridge University Press.

67 Frank H. Robert(2016), *Success and Luck: Good Fortune and the Myth of Meritocracy*, Princeton: Princeton University Press.

68 버나드 마넹, 곽준혁 옮김(2004), 《선거는 민주적인가》, 후마니타스.

69 Mauboussin, Michael(2012), *The Success Equation: Untangling Skill and Luck in Business, Sports, and Investing*, Cambridge: Harvard University Press.

70 Stephens-Davidowitz, Seth(2017), *Everybody Lies: Big Data, New Data, and What the Internet Can Tell Us About Who We Really Are*, New York: Dey Street Books.

71 Myers, David G.(2010), *Social Psychology*, New York: McGraw-Hill.

72 Handelman, Stephen(1997), *Comrade Criminal: Russia's New Mafiya*, New Haven: Yale University Press.

73 Urban, Michael(1997), "Politics and Communism: Figure and Ground" in Michael Urban with Vyacheslav Igrunov and Sergei Mitrokhin, *The Rebirth of Politics in Russia*, New York: Cambridge University Press.

74 행동의 애매모호성에 대한 고전적 논의로 다음을 참조. Asch, Solomon (1946), "Forming impressions of personality," *The Journal of Abnormal and Social Psychology* 41(3): 258-290.

75 Kornhauser, William(1959), *The Politics of Mass Society*, Glencoe, IL: Free Press;

Nahirny, Vladimir(1962), "Some Observations on Ideological Groups," *Journal of American Sociology* 67(4): 397-405.

76   Jowitt, Ken(1983), "Soviet Neotraditionalism: The political corruption of a Leninist regime," *Soviet Studies* 35(3): 275-297; Walder, Andrew(1986), *Communist Neo-Traditionalism*, Berkeley and Los Angeles: University of California Press.

77   Easter, Gerald M.(2000), *Reconstructing the State: Personal Networks and Elite Identity in Soviet Russia*, New York: Cambridge University Press.

78   Gallagher, Mary and Jonathan K. Hanson(2013), "Authoritarian Survival, Resilience, and the Selectorate Theory," in Martin Dimitrov, *Why Communism Did Not Collapse*, New York: Cambridge University Press.

79   Huntington, Samuel P.(1968), *Political Order in Changing Societies*, New Haven: Yale University Press.

80   Hamilton, Alexander, James Madison, John Jay(2015), *The Federalist Papers: A Collection of Essays Written in Favour of the New Constitution*, Dublin, Ohio: Coventry House Publishing.

81   Weingast, Barry(1997), "The Foundations of Democracy and Rule of Law," *American Political Science Review* 91(2): 245-263.

82   Evans, Peter(1995), *Embedded Autonomy*, Princeton: Princeton University Press; Shafer, D. Michael(1994), *Winners and Losers: How Sectors Shape the Developmental Prospects of State*, Ithaca: Cornell University Press.

83   Schedler, Andreas ed.(2006), *Electoral Authoritarianism: The Dynamics of Unfree Competition*, Boulder: Lynne Rienner Publishers.

84   Fearon, James(2011), "Self-Enforcing Democracy," *The Quarterly Journal of Economics* 126(4): 1661-1708.

85   Greene, Kenneth F.(2009), *Why Dominant Parties Lose: Mexico's Democratization in Comparative Perspective*, New York: Cambridge University Press

86   Cox, Gary W(1997), *Making Votes Count: Strategic Coordination in the World's Electoral Systems*, New York: Cambridge University Press.

87   Magaloni. Beatriz(2006), *Voting for Autocracy*, New York: Cambridge University Press.

88   Haggard, Stephan(1990), *Pathways from the Periphery: The Politics of Growth in the Newly Industrializing Countries*, Ithaca: Cornell University Press.

89   Hale, Henry E.(2005), "Regime Cycles: Democracy, Autocracy, and Revolution in Post-Soviet Eurasia," *World Politics* 58(1): 133-165.

90 박종철(1990), "자유당의 경제정책: 원조와 수입대체산업, 농업정책," 동아일 보사 편,《현대사를 어떻게 볼 것인가 3》, 동아일보사.

91 김정렴(1990),《김정렴 회고록: 한국경제정책 30년사》, 중앙경제신문.

92 Gerschenkron, Alexander(1992), "Economic Backwardness in Historical Perspective" in Mark Granovetter and Richard Swedberg eds., *The Sociology of Economic Life*, Boulder, CO: Westview.

93 Przeworski, Adam(2008), "Self-enforcing Democracy" in Barry R. Weingast and Donald Wittman eds., *The Oxford Handbook of Political Science*, Oxford: Oxford University Press.

94 Magaloni, Beatriz(2008), "Credible Power-Sharing and the Longevity of Authoritarian Rule," *Comparative Political Studies* 41(4-5): 715-741.

95 Dixit, Avinash K.(2007), *Lawlessness and Economics: Alternative Modes of Governance*, Princeton: Princeton University Press.

96 Soto, Hermando(2003), *The Mystery of Capital: Why Capitalism Triumphs in the West and Fails Everywhere Else*, New York: Basic Books.

97 North, Douglass(1981), *Structure and Change in Economic History*, W. W. Norton & Company.

98 Hoffman, David E.(2002), *The Oligarchs*, New York: Public Affairs.

99 Hellman, Joel, Geraint Jones and Daniel Kaufman(2000), "Seize the State, Seize the Day, State Capture, Corruption and Influence in Transition Economics," *Policy Research Working Paper* 2444

100 Hardin, Russell(1991), "Hobbesian Political Order," *Political Theory* 19(2): 156-180.

101 Leeson, Peter(2014), *Anarchy Unbound: Why Self-Governance Works Better Than You Think*, New York: Cambridge University Press; Dixit, Avinash K.(2007), *Lawlessness and Economics: Alternative Modes of Governance*, Princeton: Princeton University Press.

102 Leeson, Peter T.(2017), *WTF?!: An Economic Tour of the Weird*, California: Stanford University Press.

103 Harber, Stephen(2003), *The Politics of Property Rights: Political Instability, Credible Commitments, and Economic Growth in Mexico, 1876~1929*, New York: Cambridge University Press.

104 Greif, Avner(2006), *Institutions and the Path to the Modern Economy*, New York: Cambridge University Press.

2장 수령, 통치는 몰라도 지배는 너무 잘 안다

1   Chwe, Michael Suk-Young(2001), *Rational Ritual: Culture, Coordination, and Common Knowledge*, Princeton: Princeton University Press.

2   《주체사상총서》,《김일성 저작선집》등 주체사상 문헌에 대한 필자의 독해이다.

3   "혁명적인 사상공세로 최후승리를 앞당겨나가자. 경애하는 김정은동지께서 조선로동당 제8차 사상일군대회에서 하신 연설,"〈로동신문〉, (2014.02.26)

4   "조선로동당 제7차 대회에서 한 당중앙위원회 사업총화보고,"〈로동신문〉, (2016.05.08)

5   Shadmehr, Mehdi(2015), "Extremism in Revolutionary Movement," *Games and Economic Behavior* 94(C): 97-121.

6   오경섭·김진하·홍석훈·이지순·한기범·이해정·이혜진(2020), "김정은 정권 통치담론과 부문별 정책 변화: 텍스트마이닝을 이용한 담화연설분석," 통일연구원.

7   한병진(2019),《광장의 법칙: 머리띠 두르고 백전백승을 거두는 정치의 기술》, 곰출판.

8   Merton, Robert(1948), "The Self-Fulfilling Prophecy," *The Antioch Review* 8(2): 193-210.

9   한비, 이운구 옮김(2012),《한비자》, 한길사.

10 Skocpol, Theda(1979), *States and Social Revolutions*, New York: Cambridge University Press.

11 Frieden, Jeffrey A.(1991), *Debt, Development, and Democracy*, Princeton: Princeton University Press.

12 Bratton, Michael and Nicolas Van de Walle(1994), "Neopatrimonial Regimes and Political Transitions in Africa," *World Politics* 46(4): 453-489.

13 Haber, Stephen(2006), "Authoritarian Government," In Barry Weingast and Donald Wittman, eds., *The Oxford Handbook of Political Economy*, Oxford: Oxford University Press.

14 한병진(2020), "독재의 권력투쟁에 관한 비교연구: 북한, 소련, 중국, 이라크, 시리아 사례를 중심으로,"《국제지역연구》29권 2호: 39-64.

15 수령의 호칭 등 김일성 개인 우상화에 대한 상세한 추적으로 다음을 참조. 이홍석(2017), "북한체제의 내구성에 관한 연구: 수령제와 당정군복합체의 제도화를 중심으로," 국민대학교 박사학위논문.

16 지배연합의 크기가 최소 수준으로 가는 경향에 대한 이론적 논의로 다음을 참조. Riker, William H.(1962), *The Theory of Political Coalitions*, New Haven: Yale

University Press.

17 Bueno de Mesquita, Bruce, Alastair Smith, Randolph M. Siverson, James D. Morrow(2003), *The Logic of Political Survival*, Cambridge: MIT Press.

18 오경섭 · 김진하 · 홍석훈 · 이지순 · 한기범 · 이해정 · 이혜진(2020), "김정은 정권 통치담론과 부문별 정책 변화: 텍스트마이닝을 이용한 담화연설분석," 통일연구원.

19 Cialdini, Robert B.(2006), *Influence: The Psychology of Persuasion*, New York: Harper Business.

20 한병진(2021), 《독재의 법칙: 민주주의를 위협하는 탐욕과 배신의 정치사》, 곰출판.

21 Bunce, Valerie(1983), "The Political Economy of Brezhnev Era: The Rise and Fall of Corporatism," *British Journal of Political Science* 13(2): 129-158.

22 Sunstein, Cass(2014), *On Rumors: How Falsehoods Spread, Why We believe Them, and What Can Be Done*, Princeton: Princeton University Press.

23 인내와 사랑의 공동체관계가 교환관계로 변질되면 다시 원상태로 복원이 어렵다는 논의로 다음을 참조. Ariely, Dan(2008). *Predictably Irrational*. New York: Harper.

24 Myerson, Roger(2009), "Learning From Schelling's Strategy of Conflict," *Journal of Economic Literature* 47(4): 1109-1125.

25 Noelle-Neumann, Elisabeth(1984), *The Spiral of Silence: Our Social Skin*, Chicago: University of Chicago Press.

26 《군주론》.

27 개인 독재와 집단 독재를 비교한 연구로 다음을 참조. 한병진(2021), 《독재의 법칙: 민주주의를 위협하는 탐욕과 배신의 정치사》, 곰출판; Bueno de Mesquita, Bruce, Alastair Smith, Randolph M. Siverson, James D. Morrow(2003), *The Logic of Political Survival*, Cambridge: MIT Press; Svolik, Milan W.(2012), *The Politics of Authoritarian Rule*, New York: Cambridge University Press.

28 Bellin, Eva(2004), "The Robustness of Authoritarianism in the Middle East : Exceptionalism in Comparative Perspective," *Comparative Politics* 36(2): 139-157.

29 Bueno de Mesquita, Bruce and Alastair Smith(2011), *The Dictator's Handbook: Why Bad Behavior Is Almost Always Good Politics*, New York: Public Affairs.

30 Alavi, Hamza(1972), "The State in Post Colonial Societies: Pakistan and Bangladesh," *New Left Review*, 74(1).

31   Scott, James(1999). *Seeing like the State*, New Heaven: Yale University Press.

32   Fukuyama, Fancis(2004), *State-Building: Governance and World Order in the 21st Century*, Ithaca: Cornell University Press.

33   Reno, William(1999), *Warlord Politics and African States*, New York: Lynne Rienner Publishers.

34   Boix, Carles(2003), *Democracy and Redistribution*, New York: Cambridge University Press.

35   Karl, Terry Lynn(1997), *The Paradox of Plenty: Oil Booms and Petro-States*, Berkely: University of California Press.

36   Shafer, D. Michael(1994), *Winners and Losers: How Sectors Shape the Developmental Prospects of State*, Ithaca: Cornell University Press.

37   Kim, Byung-Yeon(2017), *Unveiling the North Korean Economy: Collapses and Transition*, New York: Cambridge University Press.

38   Asch, Solomon(1955), "Opinions and Social Pressure: Conformity Pressure," *Scientific American* 193(5): 31-35.

39   Noelle-Neumann, Elisabeth(1984), *The Spiral of Silence: Our Social Skin*, Chicago: University of Chicago Press.

40   착각에 의한 독재자들의 실수에 대한 체계적 분석으로 다음을 참조. Treisman, Daniel(2020), "Democracy by Mistake: How the Errors of Autocrats Trigger Transitions to Freer Government," *American Political Science Review* 114(3): 792-810.

41   Levitt, Steven and Stephen Dubner(2015), *Think Like a Freak*, New York: WIlliam Morrow.

42   Leeson, Peter T.(2017), *WTF?!: An Economic Tour of the Weird*, California: Stanford University Press.

43   Harford, Tim(2007), *The Undercover Economist*, New York: Random House.

44   Hirschman, Albert(1972). *Exit, Voice and Loyalty: Responses to Decline in Firms, Organizations, and States*. Cambridge: Harvard University Press.

45   Hirschman, Albert(1993), "Exit, Voice, and the Fate of the German Democratic Republic: an Essay in Conceptual History," *World Politics* 45(1): 173-2002.

46   "북한군에 수면제 먹이고 일가족 탈북…김정은 "억만금 들여서라도 잡아라"," 〈조선일보〉(2021.10.15) https://www.chosun.com/politics/north_korea/2021/10/15/M2IPBYYTMFDGXFAAFJ7N6G5WOY/

47   Oliver, Pamela, Gerad Marwell, Ruy Teixeira(1993), "A Theory of the Critical Mass I. Interdependence, Group Heterogeneity and the Production of Collective

Action," *American Journal of Sociology* 91(3): 522-556.

48 Elster, Jon(2015), *Explaining Social Behavior: More Nuts and Bolts for the Social Sciences*, New York: Cambridge University Press.

49 Granovetter, Mark(1978), "Threshold Models of Collective Behavior," *American Journal of Sociology* 83(6): 1420-1443.

50 Kuran, Timur(1991), "Now out of Never: the Element of Surprise in the East European Revolution of 1989," *World Politics* 44(1): 7-48.

51 미셸 푸코, 오생근 옮김(1994),《감시와 처벌》, 나남.

52 Schelling, Thomas(1978), *Micromotives and Macrobehavior*, New York: W.W. Norton and Company.

53 관찰 가능한 표식으로 유행을 만든 사례에 대한 자세한 소개로 다음을 참조. Berger, Jonah(2013), *Contagious: Why Things Catch on*, New York: Simon &Schuster.

54 류시화 엮음(2005),《사랑하라 한번도 상처받지 않은 것처럼》, 오래된미래.

55 Taleb, Nassim(2007), *The Black Swan: The Impact of the Highly Improbable*, New York: Random House.

56 한병진(2013),《북한, 결국 변할 것인가? 김정은 정권의 현상유지 편향》, 아산정책연구원.

57 Miller, Dale T., Benoit Monin, and Deborah A. Prentice(2000), "Pluralistic Ignorance and Inconsistency Between Private Attitudes and Public Behaviors" in Deborah Terry ed., *Attitudes, Behavior, and Social Context: The Role of Norms and Group Membership*, Mahwah, NJ: Lawrence Erlbaum Associates. pp. 95-113.

58 Kahneman, Daniel(2011), *Thinking, Fast and Slow*, New York: Farrar. Straus and Giroux.

59 Davis, James(1962), "Toward a Theory of Revolution," *American Sociological Review* 27(1): 5-19.

60 Murphy, Kevin, Andrei Shleifer, and Robert Vishny(1992), "The Transition to a Market Economy: Pitfalls of Partial Reform," *Quarterly Journal of Economics* 107(3): 889-906; Roland, Gerard(2000), *Transition and Economics*, Cambridge: MIT Press; Woo, Wing Thye(1994), "The Art of Reforming Centrally Planned Economies: Comparing China, Poland and Russia," *Journal of Comparative Economics* 18(3): 276-308.

61 Hough, Jerry(1997), *Democratization and Revolution in the USSR, 1985-1991*, Washington, D.C.: Brookings Institution Press.

62 Solnick, Steven L.(1998), *Stealing the State: Control and Collapse in Soviet Institutions*,

New York: Cambridge University Press.

63   Shirk, Susan(1993), *The Political Logic of Economic Reform in China*, Berkeley: University of California Press.

64   Olson, Mancur(1982), *The Rise and Decline of Nations: Economic Growth, Stagnation, and Social Rigidities*, New Haven: Yale University Press.

65   니콜로 마키아벨리, 강정인·김경희 옮김(2011),《군주론》, 까치.

66   Oi, Jean C. and Andrew G. Walder(1999), *Property Rights and Economic Reform in China*, Stanford: Stanford University Press.

67   Naughton, Barry(1995), *Growing out of the Plan: Chinese Economic Reform*, New York: Cambridge University Press.

68   Oi, Jean C.(1992), "Fiscal Reform and the Economic Foundations of Local State Corporation in China," *World Politics* 45(1): 99‑126.

69   Orlin, Ben(2018), *Math with Bad Drawings: Illuminating the Ideas that Shape our Reality*. New York: Black Dog & Leventhal Publishers.

70   치킨게임에서 상대의 선택에 대한 각 행위자의 믿음이 결정적이라는 고전적 논의로 다음을 참조. Schelling, Thomas(1960), *The Strategy of Conflict*, Cambridge: Harvard University Press.

71   Fearon, James(1995), "Rationalist Explanation for War," *International Organization* 49(3): 379‑414.

72   Cha, Victor D. and David Kang(2003), *Nuclear North Korea: A Debate on Engagement Strategies*, New York: Columbia University Press.

3장 신생 수령 김일성과 세습 수령 김정은

1   백학순(2010),《북한 권력의 역사: 사상, 정체성, 구조》, 한울.

2   당시 파벌의 허약성에 대한 논의로 서대숙, 서주석 옮김(1989),《김일성: 북한의 지도자》, 청계연구소; 파벌의 응집성 정도가 개인 독재화에 결정적이라는 실증 연구로 Geddes, Barbara, Joseph Wright, and Erica Frantz(2018), *How Dictatorships Work: Power, Personalization and Collapse*. New York: Cambridge University Press.

3   백학순(2010),《북한 권력의 역사: 사상, 정체성, 구조》, 한울.

4   1940년대와 1950년대 김일성의 인사에 대한 자세한 추적으로 다음을 참조. 이홍석(2017), "북한체제의 내구성에 관한 연구: 수령제와 당정군복합체의 제도화를 중심으로," 국민대학교 박사학위논문.

5   백학순(2010),《북한 권력의 역사: 사상, 정체성, 구조》, 한울.

6   백학순(2010),《북한 권력의 역사: 사상, 정체성, 구조》, 한울.

7   Coughlin, Con(2002), *Saddam: His Rise and Fall*, New York: Harper.

8   백학순(2010),《북한 권력의 역사: 사상, 정체성, 구조》, 한울.

9   "〈제89화〉내가 치른 북한숙청(4)-전 내무성부상 강상호 l허가이 암살," 〈중앙일보〉(1993.02.01) https://www.joongang.co.kr/article/2782571#home

10   한병진(2016), "북한정치의 심리학적 고찰,"《제주평화연구원 정책포럼》5권: 1-10.

11   이종석(2000),《북한-중국 관계, 1945-2000》, 중심. 정권 성립 초기 개인 우상화의 구체적인 예로 이홍석(2017), "북한체제의 내구성에 관한 연구: 수령제와 당정군복합체의 제도화를 중심으로," 국민대학교 박사학위논문을 참조.

12   백학순(2010),《북한 권력의 역사: 사상, 정체성, 구조》, 한울.

13   백학순(2010),《북한 권력의 역사: 사상, 정체성, 구조》, 한울.

14   권헌익 · 정병호(2013),《극장국가 북한》, 창작과비평.

15   이종석(2000),《새롭게 쓴 현대 북한의 이해》, 역사비평사.

16   이종석(2000),《새롭게 쓴 현대 북한의 이해》, 역사비평사.

17   김근식(2002), "김정일 시대 북한의 당정군 관계의 변화: 수령제 변화의 함의를 중심으로,"《한국정치학회보》36집 2호: 349-365.

18   이종석(2000),《새롭게 쓴 현대 북한의 이해》, 역사비평사.

19   한병진(2013),《북한, 결국 변할 것인가? 김정은 정권의 현상유지 편향》, 아산정책연구원.

20   한병진(2013),《북한, 결국 변할 것인가? 김정은 정권의 현상유지 편향》, 아산정책연구원.

21   박형중(2019), "권력세습과 통치연합 재편," 오경섭 · 박형중 · 김진하 · 김에스라,《김정은 정권 핵심집단 구성과 권력 동학》, 통일연구원.

22   라종일(2016),《장성택의 길: 신정神政의 불온한 경계인》, 알마, 2016.

23   라종일(2016),《장성택의 길: 신정神政의 불온한 경계인》, 알마, 2016.

24   Tullock, Gordon(1987), *Autocracy*, Boston: Kluwer Academic Publishers.

25   오경섭 · 김진하 · 홍석훈 · 이지순 · 한기범 · 이해정 · 이혜진(2020), 〈김정은 정권 통치담론과 부문별 정책 변화: 텍스트마이닝을 이용한 담화연설분석〉, 통일연구원.

26   "북 '유일사상 10원칙' 첫 개정 세습 · 노동당 부각(종합2보)," 〈연합뉴스〉(2013.08.12) https://www.https://www.yna.co.kr/view/AKR20130812087352014

27   "조선로동당 제7차 대회에서 한 당중앙위원회 사업총화보고," 〈로동신문〉(2016.05.08).

28 애나 파이필드, 이기동 옮김(2019), 《마지막 계승자》, 프리뷰.

29 라종일(2016), 《장성택의 길: 신정神政의 불온한 경계인》, 알마.

30 라종일(2016), 《장성택의 길: 신정神政의 불온한 경계인》, 알마.

31 라종일(2016), 《장성택의 길: 신정神政의 불온한 경계인》, 알마.

32 라종일(2016), 《장성택의 길: 신정神政의 불온한 경계인》, 알마.

33 Geddes, Barbara, Joseph Wright, and Erica Frantz(2018), *How Dictatorships Work: Power, Personalization and Collapse*, New York: Cambridge University Press.

34 오경섭·김진하·박형중·한병진·김에스라(2021), 《김정은 지배체제 구축과 권력의 안정화》, 통일연구원.

35 박형중, "권력세습과 통치연합 재편," 오경섭·박형중·김진하·김에스라 (2019), 《김정은 정권 핵심집단 구성과 권력 동학》, 통일연구원.

36 니콜로 마키아벨리, 강정인·김경희 옮김(2011), 《군주론》, 까치.

37 Pinker, Steven(2008), *Stuff of Thought: Language at a Window into Human Nature*, New York: Penguin Books; Pinker, Steven, Martin Nowak, James Lee(2008), "The Logic of Indirect Speech," *PNAS* 105(3): 833-838.

38 한병진(2021), 《독재의 법칙: 민주주의를 위협하는 탐욕과 배신의 정치사》, 곰출판.

39 Henry Hale(2011), "Formal Constitutions in Informal Politics: Institutions and Democratization in Eurasia," *World Politics* 63(4): 581-617.

40 임혁백(2004), "유신의 역사적 기원: 박정희의 마키아벨리적인 시간(상)," 《한국정치연구》 13집 2호: 223-258.

41 Chwe, Michael Suk-Young(2001), *Rational Ritual: Culture, Coordination, and Common Knowledge*, Princeton: Princeton University Press.

42 라종일(2016), 《장성택의 길: 신정神政의 불온한 경계인》, 알마.

43 라종일(2016), 《장성택의 길: 신정神政의 불온한 경계인》, 알마.

44 "조선로동당 제7차 대회에서 한 당중앙위원회 사업총화보고," 〈로동신문〉 (2016.05.08)

4장 전망과 계획

1 실수가 가장 흔한 원인임을 체계적으로 분석하고 있는 다음의 연구를 참조. Treisman, Daniel(2020), "Democracy by Mistake: How the Errors of Autocrats Trigger Transitions to Freer Government," *American Political Science Review* 114(3): 792-810.

2 Roeder, Philip G.(1993), *Red Sunset: the Failure of Soviet Politics*, Princeton, NJ:

Princeton University Press.

3 "조선신보 "北, 15년안팎에 사회주의강국 일어설 것"," 〈SPN서울평양뉴스〉 (2021.05.06) http://www.spnews.co.kr/news/articleView.html?idxno=38926 (2023년 1월 11일 접속)

4 "김정은, "건설사업 혁신…세계적 수준으로 비약할 것"," 〈통일뉴스〉(2022.02.09) https://www.tongilnews.com/news/articleView.html? idxno=204273 (2023년 1월 11일 접속)

5 Weyland, Kurt(2008), "Toward a New Theory of Institutional Change," *World Politics* 60(2): 281-314.

6 외부적 충격을 강조하는 대신 내재적으로 기존 제도가 침식되는 과정에 대한 일반적 논의로 다음을 참조. Grief, Avner. and David Laitin(2004), "A Theory of Endogenous Institutional Change," *American Political Science Review* 98(4): 633-652.

7 Satter, Daavid(2003), *Darkness at Dawn: The Rise of the Russian Criminal State*, New Haven: Yale University Press.

8 Snyder, Jack(1993), *Myths of Empire: Domestic Politics and International Ambition*, Ithaca, New York: Cornell University Press

9 니콜로 마키아벨리, 강정인·김경희 옮김(2011),《군주론》, 까치.

10 Muller Dennis C.(2003), *Public Choice III*, New York: Cambridge University Press.

11 Tiebout, Charles M.(1956), "A Pure Theory of Local Expenditures," *Journal of Political Economy* 64 (5): 416-424.

12 Alesina, Alberto and Enrico Spolaore(2003), *The Size of Nations*, Cambridge: MIT Press.

13 Lake, David(1992), "Powerful Pacifists: Democratic States and War," *American Political Science Review* 86(1): 24-37.

14 Boix, Carles(2003), *Democracy and Redistribution*, New York: Cambridge University Press; Boix, Carles(2015), *Political Order and Inequality*, New York: Cambridge University Press.

15 Lijphart, Arend(1999), *Patterns of Democracy*, New Haven: Yale University Press;

16 Dahl, Robert(2002), *How Democratic Is the American Constitution?* New Haven: Yale University Press.

17 Elster, Jon(2000), *Ulysses Unbounded*, New York: Cambridge University Press.

18 Burgis, Luke(2021), *Wanting: The Power of Mimetic Desire in Everyday Life*, New York: St. Martin's Press.

에필로그

1   Thaler, Richard H.(2015), *Misbehaving: The Making of Behavioral Economics*, New York: W.W. Norton & Company.

2   Henrich, Joseph(2021), *WEIRDest People in the World*, New York: Farrar, Straus and Giroux.

3   Henrich, Joseph(2021), *WEIRDest People in the World*, New York: Farrar, Straus and Giroux.

4   이에 대한 자세한 소개로 Mlodinow, Leonard(2013), *Subliminal: How Your Unconscious Mind Rules Your Behavior*, New York: Vintage.

5   Cialdini, Robert B.(2006), *Influence: The Psychology of Persuasion*, New York: Harper Business.

6   Page, Scott(2018), *The Model Thinker: What You Need to Know to Make Data Work for You*, New York: Basic Books.

7   Gilovich, Thomas(2016), *The Wisest One in the Room: How You Can Benefit from Social Psychology's Most Powerful Insights*, New York: Free Press.

참고문헌

- 권헌익·정병호(2013),《극장국가 북한》, 창작과비평.
- 김근식(2002), "김정일 시대 북한의 당정군 관계의 변화: 수령제 변화의 함의를 중심으로,"《한국정치학회보》36집 2호: 349-365.
- 김정렴(1990),《김정렴 회고록: 한국경제정책 30년사》, 중앙경제신문.
- 니콜로 마키아벨리, 강정인·김경희 옮김(2011),《군주론》, 까치.
- 라종일(2016),《장성택의 길: 신정神政의 불온한 경계인》, 알마.
- 류시화 엮음(2005),《사랑하라 한번도 상처받지 않은 것처럼》, 오래된 미래.
- 미셸 푸코, 오생근 옮김(1994),《감시와 처벌》, 나남.
- 박종철(1990), "자유당의 경제정책: 원조와 수입대체산업, 농업정책," 동아일보사 편,《현대사를 어떻게 볼 것인가 3》, 동아일보사.
- 백학순(2010),《북한 권력의 역사: 사상, 정체성, 구조》, 한울.
- 버나드 마넹, 곽준혁 옮김(2004),《선거는 민주적인가》, 후마니타스.
- 서대숙, 서주석 옮김(1989),《김일성: 북한의 지도자》, 청계연구소.
- 애나 파이필드, 이기동 옮김(2019), 마지막 계승자, 서울: 프리뷰.
- 오경섭·박형중·김진하·김에스라(2019),《김정은 정권 핵심집단 구성과 권력 동학》, 통일연구원.
- 오경섭·김진하·홍석훈·이지순·한기범·이해정·이혜진(2020),《김정은 정권 통치담론과 부문별 정책 변화: 텍스트마이닝을 이용한 담화연설분석》, 통일연구원.
- 오경섭·김진하·박형중·한병진김·에스라(2021),《김정은 지배체제 구축과 권력의 안정화》, 통일연구원
- 올레크 V. 흘레브뉴크, 유나영 옮김(2017),《스탈린: 독재자의 새로운 얼굴》, 삼인.
- 이종석(2000),《북한-중국 관계, 1945-2000》, 중심.
- 이종석(2000),《새롭게 쓴 현대 북한의 이해》, 역사비평사.
- 이홍석(2017), "북한체제의 내구성에 관한 연구: 수령제와 당정군복합체의 제도화를 중심으로," 국민대학교 박사학위논문.
- 임혁백(2004), "유신의 역사적 기원: 박정희의 마키아벨리적인 시간(상),"《한국정치연구》13집 2호: 223-258.

- 조지 오웰(2019),《1984》, 문학동네.
- 태영호(2018),《3층 서기실의 암호》, 기파랑.
- 한병진(2006), "엘리트의 지대추구 유형과 정권의 변동: 러시아, 북한, 중국의 사례연구,"《국제·지역연구》15권 4호: 1-29.
- 한병진(2007) "미국 헌정질서, 법치 민주주의 삼위일체: 애커만의 이중 민주주의론을 중심으로,"《대한정치학회보》14권 3호: 19-36.
- 한병진(2009), "북한정권의 내구성에 대한 이론적 고찰,"《국가전략》15집 1호: 119-141.
- 한병진(2010), "한국 선거 권위주의의 정치동학,"《대한정치학회보》17집 3호: 265-284.
- 한병진(2010), "합리주의적 국가건설론과 한국적 함의,"《세계지역연구논총》28집 3호: 317-336.
- 한병진(2013),《북한, 결국 변할 것인가? 김정은 정권의 현상유지 편향》, 아산정책연구원.
- 한병진(2016), "북한정치의 심리학적 고찰,"《제주평화연구원 정책포럼》5권: 1-10.
- 한병진(2019),《광장의 법칙: 머리띠 두르고 백전백승을 거두는 정치의 기술》, 곰출판.
- 한병진(2020), "독재의 권력투쟁에 관한 비교연구: 북한, 소련, 중국, 이라크, 시리아 사례를 중심으로,"《국제지역연구》29권 2호: 39-64.
- 한병진(2021),《독재의 법칙: 민주주의를 위협하는 탐욕과 배신의 정치사》, 곰출판.
- 한비, 이운구 옮김(2012),《한비자》, 한길사.

- Acemoglu, Daron and James A. Robinson(2005), *Economic Origins of Dictatorship and Democracy*, New York: Cambridge University Press.
- Ackerman, Bruce(1991), *We the People*, Cambridge University Press.
- Akerlof, Gorge A.(1970), "The Market for Lemons: Quality Uncertainty and the Market Mechanism," *Quarterly Journal of Economics* 84(3): 488-500.
- Alavi, Hamza(1972), "The State in Post Colonial Societies: Pakistan and Bangladesh," *New Left Review*, 74(1).
- Alesina, Alberto and Spolaore, Enrico(2003), *The Size of Nations*, Cambridge: MIT Press.
- Arendt, Hannah(1973), *The Origins of Totalitarianism*. New York: Harcourt Brace Jovanoivch
- Ariely, Dan(2008). *Predictably Irrational*. New York: Harper.

- Arthur, Brian W(1994), *Increasing Returns and Path Dependence in the Economy*, Ann Arbor: University of Michigan Press.

- Asch, Solomon(1955), "Opinions and Social Pressure: Conformity Pressure," *Scientific American* 193(5): 31-35.

- Asch, Solomon(1946), "Forming impressions of personality," *The Journal of Abnormal and Social Psychology* 41(3): 258 - 290.

- Axelord, Robert(1984), *The Evolution of Cooperation*, New York: Basic Books.

- Bates, Robert H., Avner Greif, and Smita Singh(2002), "Organizing Violence," *Journal of Conflict Resolution* 46(5): 599-628.

- Beblawi, Hazem and Giacomo Luciani(1987), *The Rentier State*, London: Croom Helm.

- Bellin, Eva(2004), "The Robustness of Authoritarianism in the Middle East : Exceptionalism in Comparative Perspective," *Comparative Politics* 36(2): 139-157.

- Berger, Jonah(2013), *Contagious: Why Things Catch on*, New York: Simon &Schuster.

- Boix, Carles(2003), *Democracy and Redistribution*, New York: Cambridge University Press.

- Boix, Carles(2015), *Political Order and Inequality*, New York: Cambridge University Press.

- Bratton, Michael and Nicolas Van de Walle(1994), "Neopatrimonial Regimes and Political Transitions in Africa," *World Politics* 46(4): 453-89.

- Brownlee, Jason(2007), "Hereditary Succession in Modern Autocracies," *World Politics* 59(4): 595-628.

- Bueno de Mesquita, Bruce and Alastair Smith(2011), *The Dictator's Handbook: Why Bad Behavior Is Almost Always Good Politics*, New York: Public Affairs.

- Bueno de Mesquita, Bruce, Alastair Smith, Randolph M. Siverson, James D. Morrow(2003), *The Logic of Political Survival*, Cambridge: MIT Press.

- Bunce, Valerie(1983), "The Political Economy of Brezhnev Era: The Rise and Fall of Corporatism," *British Journal of Political Science* 13(2): 129-158.

- Burgis, Luke(2021), *Wanting: The Power of Mimetic Desire in Everyday Life*, New York: St. Martin's Press.

- Byman, Daniel and Jennifer Lind(2010), "Pyongyang's Survival Strategy: Tools of Authoritarian Control in North Korea," *International Security* 35(1): 44-74.

- Cha, Victor D. and David Kang(2003), *Nuclear North Korea: A Debate on Engagement Strategies*, New York: Columbia University Press.

- Christian, Brian and Tom Griffiths(2016), *Live by Algorithms: The Computer Science of*

Human Decisions, New York: Henry Holt and Co.

- Chwe, Michael Suk-Young(2001), *Rational Ritual: Culture, Coordination, and Common Knowledge*, Princeton: Princeton University Press.

- Cialdini, Robert B.(2006), *Influence: The Psychology of Persuasion*, New York: Harper Business.

- Clark, Margaret S. and Judson Mills(1979), "Interpersonal Attraction in Exchange and Communal Relationships," *Journal of Personality and Social Psychology* 37: 12-24.

- Coughlin, Con(2002), *Saddam: His Rise and Fall*, New York: Harper.

- Cox, Gary W(1997), *Making Votes Count: Strategic Coordination in the World's Electoral Systems*, New York: Cambridge University Press.

- Dahl, Robert(2002), *How Democratic Is the American Constitution?* New Haven: Yale University Press.

- Davis, James(1962), "Toward a Theory of Revolution," *American Sociological Review* 27(1): 5-19.

- Dixit, Avinash K.(2007), *Lawlessness and Economics: Alternative Modes of Governance*, Princeton: Princeton University Press.

- Easter, Gerald M.(2000), *Reconstructing the State: Personal Networks and Elite Identity in Soviet Russia*, New York: Cambridge University Press.

- Elster, Jon(2000), *Ulysses Unbounded*, New York: Cambridge University Press.

- Elster, Jon(2015), *Explaining Social Behavior: More Nuts and Bolts for the Social Sciences*, New York: Cambridge University Press.

- Evans, Peter(1995), *Embedded Autonomy*, Princeton: Princeton University Press.

- Fearon, James(1995), "Rationalist Explanation for War," *International Organization* 49(3): 379-414.

- Fearon, James(2011), "Self-Enforcing Democracy," *The Quarterly Journal of Economics* 126(4): 1661-1708.

- Fischhoff, Baruch(1975), "Hindsight is not equal to foresight: The effect of outcome knowledge on judgment under uncertainty," *Journal of Experimental Psychology: Human Perception and Performance* 1(3): 288-299.

- Fiske, Susan, and Shelley E Taylor(2013), *Social Cognition: From Brains to Culture*, New York: Sage.

- Frank H. Robert(2016), *Success and Luck: Good Fortune and the Myth of Meritocracy*, Princeton: Princeton University Press.

- Frieden, Jeffrey A.(1991), *Debt, Development, and Democracy*, Princeton: Princeton University Press.

- Fukuyama, Fancis(2004), *State-Building: Governance and World Order in the 21st Century*, Ithaca: Cornell University Press.
- Gallagher, Mary and Jonathan K. Hanson(2013), "Authoritarian Survival, Resilience, and the Selectorate Theory," in Martin Dimitrov, *Why Communism Did Not Collapse*, New York: Cambridge University Press.
- Geddes, Barbara, Joseph Wright, and Erica Frantz(2018), *How Dictatorships Work: Power, Personalization and Collapse*, Cambridge: Cambridge University Press, 2018.
- Gerschenkron, Alexander(1992), "Economic Backwardness in Historical Perspective" in Mark Granovetter and Richard Swedberg eds. *The Sociology of Economic Life*. Boulder, CO: Westview.
- Gilbert, Daniel(1991), "How Mental Systems Believe," *American Psychologist* 46(2): 111–119.
- Gilovich, Thomas(2016), *The Wisest One in the Room: How You Can Benefit from Social Psychology's Most Powerful Insights*, New York: Free Press.
- Gladwell, Malcom(2006), *Tipping Point*, New York: Little, Brown and Company.
- Gladwell, Malcolm(2019), *Talking to Strangers*, New York: Little, Brown and Company.
- Granovetter, Mark(1978), "Threshold Models of Collective Behavior," *American Journal of Sociology* 83(6): 1420–1443.
- Greene, Kenneth F.(2009), *Why Dominant Parties Lose: Mexico's Democratization in Comparative Perspective*, New York: Cambridge University Press
- Greif, Avner(2006), *Institutions and the Path to the Modern Economy*, New York: Cambridge University Press.
- Grief, Avner. and David Laitin(2004), "A Theory of Endogenous Institutional Change," *American Political Science Review* 98(4): 633–652.
- Haber, Stephen(2003), *The Politics of Property Rights: Political Instability, Credible Commitments, and Economic Growth in Mexico, 1876~1929*, New York: Cambridge University Press.
- Haber, Stephen(2006), "Authoritarian Government," in Barry Weingast and Donald Wittman, eds., *The Oxford Handbook of Political Economy*, Oxford: Oxford University Press.
- Haggard, Stephan(1990), *Pathways from the Periphery: The Politics of Growth in the Newly Industrializing Countries*, Ithaca: Cornell University Press.
- Hale, Henry E.(2005), "Regime Cycles: Democracy, Autocracy, and Revolution in Post-Soviet Eurasia," *World Politics* 58(1): 133–165.

- Hamilton, Alexander, James Madison, John Jay(2015), *The Federalist Papers: A Collection of Essays Written in Favour of the New Constitution*, Dublin, Ohio: Coventry House Publishing.
- Handelman, Stephen(1997), *Comrade Criminal: Russia's New Mafiya*, New Haven: Yale University Press.
- Hardin, Russell(1991), "Hobbesian Political Order," *Political Theory* 19(2): 156-180.
- Hardin, Russell(1996), *One for All: The Logic of Group Conflict*, Princeton: Princeton University Press.
- Harford, Tim(2007), *The Undercover Economist*, New York: Random House.
- Harford, Tim(2022), *The Data Detective: Ten Easy Rules to Make Sense of Statistics*, New York: Riverhead Books.
- Hellman, Joel.(1993), "Bureaucrats vs. Markets? Rethinking the Bureaucratic Response to Market Reform in Centrally Planned Economies," in S.S. Solomon ed. *Beyond Sovietology*, London: M. E. Sharpe.
- Hellman, Joel, Geraint Jones and Daniel Kaufman(2000), "Seize the State, Seize the Day, State Capture, Corruption and Influence in Transition Economics," *Policy Research Working Paper* 2444.
- Henrich, Joseph(2021), *WEIRDest People in the World*, New York: Farrar, Straus and Giroux.
- Hewett, Ed.(1988), *Reforming the Soviet Economy: Equality vs. Efficiency*, Washington, D.C.: Brookings Institution Press.
- Hirschleifer, Jack(2001), *The Dark Side of Force*, New York: Cambridge University Press.
- Hirschman, Albert(1972). *Exit, Voice and Loyalty: Responses to Decline in Firms, Organizations, and States*. Cambridge: Harvard University Press.
- Hirschman, Albert(1993), "Exit, Voice, and the Fate of the German Democratic Republic: an Essay in Conceptual History," *World Politics* 45(1): 173-2002.
- Hoffman, David E.(2002), *The Oligarchs*, New York: Public Affairs.
- Hoffman, Philip T. and Jean-Laurent Rosenthan(2010), "Divided We Fall: The olitical Economy of Warfare and Taxation," Unpublished Manuscript.
- Holmes, Stephen(2003), "Lineages of the Rule of Law" in Jose Maravall and Adam Przeworski eds. *Democracy and the Rule of Law*, New York: Cambridge University Press
- Hough, Jerry(1997), *Democratization and Revolution in the USSR, 1985~1991*, Washington, D.C.: Brookings Institution Press.
- Hough, Jerry and Merle Fainsod(1979), *How the Soviet Union Is Governed*, Cambridge:

Harvard University Press.

- Hume, David(1748), *Political Essays*, New York: Cambridge University Press.
- Huntington, Samuel P.(1968), *Political Order in Changing Societies*, New Haven: Yale University Press.
- Jowitt, Ken(1983), "Soviet Neotraditionalism: The political corruption of a Leninist regime," *Soviet Studies*, 35(3): 275-297.
- Kahneman, Daniel(2011), *Thinking, Fast and Slow*, New York: Farrar. Straus and Giroux.
- Kahneman, Daniel and Amos Tversky(2000), *Choices, Values, and Frames*, New York: Cambridge University Press.
- Karl, Terry Lynn(1997), *The Paradox of Plenty: Oil Booms and Petro-States*, California: University of California Press.
- Kim, Byung-Yeon(2017), *Unveiling the North Korean Economy: Collapses and Transition*, New York: Cambridge University Press.
- Kornai, J.(1986), "The Soft Budget Constraint," *Kyklos*, 39(1): 3-30.
- Kornhauser, William(1959), *The Politics of Mass Society*, Glencoe, IL: Free Press.
- Kunda, Ziva(1999), *Social Cognition: Making Sense of People*, Cambridge: MIT Press.
- Kuran, Timur(1991), "Now out of Never: the Element of Surprise in the East European Revolution of 1989," *World Politics* 44(1): 7-48.
- Kuran, Timur(1995), *Private Truths, Public Lies: The Social Consequences of Preference Falsification*, Cambridge: Harvard University Press.
- Lake, David(1992), "Powerful Pacifists: Democratic States and War," *American Political Science Review*, 86(1): 24-37.
- Leeson, Peter T.(2011), *The Invisible Hook: The Hidden Economics of Pirates*, Princeton: Princeton University Press.
- Leeson, Peter(2014), *Anarchy Unbound: Why Self-Governance Works Better Than You Think*, New York: Cambridge University Press.
- Leeson, Peter T.(2017), *WTF?! An Economic Tour of the Weird*, California: Stanford University Press.
- Levitt, Steven and Stephen Dubner(2015), *Think Like a Freak*, New York: WIlliam Morrow.
- Levy, Jack S.(1984), "The Offensive/Defensive Balance of Military Technology: A Theoretical and Historical Analysis," *International Studies Quarterly* 28(2): 219-238.
- Lijphart, Arend(1999), *Patterns of Democracy*, New Haven: Yale University Press.
- Linz, Juan(2000), *Totalitarianism and Authoritarian Regimes*, Colorado: Lynne Rienner

Publishers.

- Magaloni. Beatriz(2006), *Voting for Autocracy*, New York: Cambridge University Press.
- Mauboussin, Michael(2012), *The Success Equation: Untangling Skill and Luck in Business, Sports, and Investing*, Cambridge: Harvard University Press.
- McEachern, Patrick(2010), *Inside the Red Box: North Korea's Post-totalitarian Politics*, New York: Columbia University Press.
- Mearsheimer, John(2014), *The Tragedy of Great Power Politics*, New York. W.W Norton & Company.
- Merton, Robert(1948), "The Self-Fulfilling Prophecy," *The Antioch Review* 8(2): 193-210.
- Miller, Dale T., Benoit Monin, and Deborah A. Prentice(2000), "Pluralistic Ignorance and Inconsistency Between Private Attitudes and Public Behaviors" in Deborah Terry ed., *Attitudes, Behavior, and Social Context: The Role of Norms and Group Membership*, Mahwah, NJ: Lawrence Erlbaum Associates. pp. 95-113.
- Mlodinow, Leonard(2013), *Subliminal: How Your Unconscious Mind Rules Your Behavior*, New York: Vintage.
- Muller Dennis C.(2003), *Public Choice III*, New York: Cambridge University Press.
- Murphy, Kevin, Andrei Shleifer, and Robert Vishny(1992), "The Transition to a Market Economy: Pitfalls of Partial Reform," *Quarterly Journal of Economics* 107(3): 889-906.
- Myers, David G.(2010). *Social Psychology*. New York: McGraw-Hill.
- Myerson, Roger(2008), "The Autocrat's Credibility Problem and Foundations of the Constitutional State," *American Political Science Review* 102(1): 125-139.
- Myerson, Roger(2009), "Learning From Schelling's Strategy of Conflict," *Journal of Economic Literature* 47(4): 1109-1125.
- Nahirny, Vladimir(1962), "Some Observations on Ideological Groups," *Journal of American Sociology* 67(4): 397-405.
- Naughton, Barry(1995), *Growing out of the Plan: Chinese Economic Reform*, New York: Cambridge University Press.
- Nee, Victor(1992), "Organizational Dynamics of Market Transition: Hybrid Forms, Property Rights, and Mixed Economy in China," *Administrative Science Quarterly* 37(1): 1-27.
- Noelle-Neumann, Elisabeth(1984), *The Spiral of Silence: Our Social Skin*, Chicago: University of Chicago Press.
- North, Douglass(1981), *Structure and Change in Economic History*, W. W. Norton &

Company.

- North, Douglas and Barry Weingast(1989), "Constitutions and Commitment: The Evolution of Institutions Governing Public Choice in Seventeenth-Century England," *Journal of Economic History* 49(4): 803-832.
- Oi, Jean C.(1992), "Fiscal Reform and the Economic Foundations of Local State Corporation in China," *World Politics* 45(1): 99-126.
- Oi, Jean C. and Andrew G. Walder(1999), *Property Rights and Economic Reform in China*, Stanford: Stanford University Press.
- Oliver, Pamela, Gerad Marwell, Ruy Teixeira(1993), "A Theory of the Critical Mass I. Interdependence, Group Heterogeneity and the Production of Collective Action," *American Journal of Sociology* 91(3): 522-556.
- Olson, Mancur(1965), *The Logic of Collective Action*, New York: Cambridge University Press.
- Olson, Mancur(1982), *The Rise and Decline of Nations:Economic Growth,Stagnation,and Social Rigidities*, New Haven: Yale University Press.
- Olson, Mancur(1993), "Dictatorship, Democracy, and Development," *American Political Science Review* 87(3): 567-576.
- Orlin, Ben(2018), *Math with Bad Drawings:Illuminating the Ideas that Shape our Reality*. New York: Black Dog & Leventhal Publishers.
- Page, Scott(2018), *The Model Thinker:What You Need to Know to Make Data Work for You*, New York: Basic Books.
- Pape, Robert(2006), *Dying to Win:The Strategic Logic of Suicide Terrorism*, New York: Random House.
- Pierson, Paul(2000), "Increasing Returns, Path Dependence, and the Study of Politics," *American Political Science Review* 94(2): 251-267.
- Pinker, Steven(2008), *Stuff of Thought:Language at a Window into Human Nature*, New York: Penguin Books.
- Pinker, Steven, Martin Nowak, James Lee(2008), "The Logic of Indirect Speech," *PNAS* 105(3): 833-838.
- Popovic, Srdja(2015), *Blueprint for Revolution:How to Use Rice Pudding, Lego Men, and Other Nonviolent Techniques to Galvanize Communities,Overthrow Dictators,or Simply Change the World*, New York: Spiegel & Grau.
- Powell, Robert(1991), "Absolute and Relative Gains in International Relations Theory," *American Political Science Review* 85(4): 1303-1320.
- Przeworski, Adam(2008), "Self-enforcing Democracy," in Barry R. Weingast and

Donald Wittman(eds.), *The Oxford Handbook of Political Science*, Oxford: Oxford University Press.

- Reno, William(1999), *Warlord Politics and African States*, New York: Lynne Rienner Publishers.

- Riker, William H.(1962), *The Theory of Political Coalitions*, New Haven: Yale University Press.

- Roeder, Philip G.(1993), *Red Sunset:the Failure of Soviet Politics*, Princeton, NJ: Princeton University Press.

- Roland, Gerard(2000), *Transition and Economics*, Cambridge: MIT Press.

- Ross, Michael(2001), "Does Oil Hinder Democracy?" *World Politics* 53(3): 325–361.

- Sachs, Jeffrey(1993), *Poland's Jump to the Market Economy*, Cambridge: MIT Press.

- Satter, David(2003), *Darkness at Dawn:The Rise of the Russian Criminal State*, New Haven, Connecticut: Yale University Press.

- Schamis, Hector E.(2002), *Re-forming the State: the Politics of Privatization in Latin America and Europe*, Ann Arbor: the University of Michigan Press.

- Schapiro, Leonard(1959), *The Communist Party of the Soviet Union*, New York: Random House.

- Schedler, Andreas ed.(2006), *Electoral Authoritarianism: The Dynamics of Unfree Competition*, Boulder: Lynne Rienner Publishers.

- Schelling, Thomas(1960), *The Strategy of Conflict*, Cambridge: Harvard University Press.

- Schelling, Thomas(1978), *Micromotives and Macrobehavior*, New York: W.W. Norton and Company.

- Scott, James(1999). *Seeing like the State*, New Heaven: Yale University Press.

- Shadmehr, Mehdi(2015), "Extremism in Revolutionary Movement," *Games and Economic Behavior* 94(C): 97–121.

- Shafer, D. Michael(1994), *Winners and Losers:How Sectors Shape the Developmental Prospects of State*, Ithaca: Cornell University Press.

- Shirk, Susan(1993), *The Political Logic of Economic Reform in China*, Berkeley: University of California Press.

- Shleifer, Andrei, and Robert W. Vishny(1993), "Corruption," *Quarterly Journal of Economics* 108(3): 599–617.

- Skaperdas, Stergios(2006), "Anarchy" in Barry Weingast, and Donald Wittman eds., *The Oxford Handbook of Political Economy*, New York: Oxford University Press.

- Skocpol, Theda(1979), *State and Social Revolutions*, New York: Cambridge University

Press.

- Snidal, Duncan(1991), "Relative Gains and the Pattern of International Cooperation," *American Political Science Review* 85(3): 701‐726.
- Snyder, Jack(1993), *Myths of Empire: Domestic Politics and International Ambition*, Ithaca, New York: Cornell Univeristy Press
- Solnick, Steven L.(1998), *Stealing the State: Control and Collapse in Soviet Institutions*, New York: Cambridge University Press.
- Soto, Hermando(2003), *The Mystery of Capital: Why Capitalism Triumphs in the West and Fails Everywhere Else*, New York: Basic Books.
- Stephens‐Davidowitz, Seth(2017), *Everybody Lies: Big Data, New Data, and What the Internet Can Tell Us About Who We Really Are*, New York: Dey Street Books.
- Strogatz, Steven(2019), *Infinite Powers: How Calculus Reveals the Secrets of the Universe*, Boston: Mariner Books.
- Sun, Yan(1999), "Reform, State, and Corruption: Is Corruption Less Destructive in China Than in Russia?" *Comparative Politics* 32(1): 1‐20.
- Surowiecki, James(2005), *The Wisdom of Crowds*, Norell, Massachusetts: Anchor.
- Sunstein, Cass(2014), *On Rumors: How Falsehoods Spread, Why We believe Them, and What Can Be Done*, Princeton: Princeton University Press.
- Svolik, Milan W.(2012), *The Politics of Authoritarian Rule*, New York: Cambridge University Press.
- Teiwes, Frederick C.(2001), "Normal Politics with Chinese Characteristics," *The China Journal* 45: 69‐82.
- Taleb, Nassim(2005), *Fooled by Randomness: The Hidden Role of Chance in Life and in the Markets*, New York: Random House.
- Taleb, Nassim(2007), *The Black Swan: The Impact of the Highly Improbable*, New York: Random House.
- Thaler, Richard H.(2015), *Misbehaving: The Making of Behavioral Economics*, New York: W.W. Norton & Company.
- Thomas, Kyle A., Peter DeScioli, Omar Sultan Haque, and Steven Pinker(2014), "The Psychology of Coordination and Common Knowledge," *Journal of Personality and Social Psychology*, 107(4): 657 ‐ 676.
- Tiebout, Charles M.(1956), "A Pure Theory of Local Expenditures," *Journal of Political Economy*, 64 (5): 416‐424,
- Tilly, Charles(1978), *From Mobilization to Revolution*, Reading, MA: Addision‐Wesley.
- Tocqueville, Alexis(1856), *The Old Regime and the Revolution*, New York: Harper and

Brothers.

- Treisman, Daniel(2020), "Democracy by Mistake: How the Errors of Autocrats Trigger Transitions to Freer Government," *American Political Science Review* 114(3): 792-810.
- Tullock, Gordon(1987), *Autocracy*, Boston: Kluwer Academic Publishers.
- Urban, Michael(1997), "Politics and Communism: Figure and Ground" in Michael Urban with Vyacheslav Igrunov and Sergei Mitrokhin, *The Rebirth of Politics in Russia*, New York: Cambridge University Press.
- Walder, Andrew G.(1988), *Communist Neo-Traditionalism: Work and Authority in Chinese Industry*, Berkely: University of California Press.
- Weingast, Barry R. 1995. "The Economic Role of Political Institutions: Market Preserving Federalism and Economic Development." *Journal of Law, Economics, and Organization* 11(1). pp. 1-31.
- Weingast, Barry(1997), "The Foundations of Democracy and Rule of Law," *American Political Science Review* 91(2): 245-263.
- Weyland, Kurt(2008), "Toward a New Theory of Institutional Change," *World Politics* 60(2): 281-314.
- Woo, Wing Thye(1994), "The Art of Reforming Centrally Planned Economies: Comparing China, Poland and Russia," *Journal of Comparative Economics* 18(3): 276-308.

수령,
독재의
정석

수령, 독재의 정석
비교정치로 알아채는 수령제의 내구성

지은이 한병진

1판 1쇄 펴냄 2023년 3월 23일

펴낸곳 곰출판
출판신고 2014년 10월 13일 제2021-000049호
전자우편 book@gombooks.com
전화 070-8285-5829
팩스 02-6305-5829

ISBN 979-11-89327-20-0 03340